进出口贸易实务

（第 2 版）

主　编　李　洋　徐　薇

副主编　唐筱芳　谢　丹　林存文

北京理工大学出版社
BEIJING INSTITUTE OF TECHNOLOGY PRESS

内 容 简 介

本书是为了适应高等院校外贸专业教学需要而编写的。本书在编写结构安排上以进出口贸易流程为序，详细介绍了进出口贸易各环节所必须掌握的知识和技能。全书共分为四个模块，十三个项目。这四个模块分别是：进出口贸易前的准备工作、进出口贸易合同的订立、进出口贸易合同的履行和进出口贸易的后续工作。包含的十三个项目分别是：国际市场调研与寻找贸易机会、熟悉进出口贸易业务流程、选择进出口贸易方式、对外报价、选用适合的支付方式、进出口贸易磋商与签订合同、办理信用证业务、出口备货、办理进出口贸易货物运输业务、办理进出口贸易货物运输保险业务、办理进出口商品的报检与报关、制单结汇及进出口贸易的后续工作。这些项目环环相扣，涵盖了整个进出口贸易的操作环节。

本书除了可作为高等院校外贸专业教学教材，还可供各高等院校的经贸、商务英语等专业教学及自学和培训之用。

本书提供电子课件、教案、习题及答案、UCP600 等相关教学资料。

图书在版编目（CIP）数据

进出口贸易实务 / 李洋，徐薇主编. —2 版. —北京：北京理工大学出版社，2017.1
ISBN 978-7-5682-3686-7

Ⅰ. ①进…　Ⅱ. ①李…　②徐…　Ⅲ. ①进出口贸易-贸易实务-高等学校-教材
Ⅳ. ①F740.4

中国版本图书馆 CIP 数据核字（2017）第 025750 号

出版发行 / 北京理工大学出版社有限责任公司
社　　址 / 北京市海淀区中关村南大街 5 号
邮　　编 / 100081
电　　话 /（010）68914775（总编室）
（010）82562903（教材售后服务热线）
（010）68948351（其他图书服务热线）
网　　址 / http://www.bitpress.com.cn
经　　销 / 全国各地新华书店
印　　刷 / 三河市华骏印务包装有限公司
开　　本 / 787 毫米×1092 毫米　1/16
印　　张 / 16
字　　数 / 376 千字
版　　次 / 2017 年 1 月第 2 版　2017 年 1 月第 1 次印刷
定　　价 / 49.80 元

责任编辑 / 王晓莉
文案编辑 / 王晓莉
责任校对 / 周瑞红
责任印制 / 李志强

前　言

随着全球经济一体化程度的加深，中国经济已逐渐融入世界活动的潮流中。特别是进入21世纪以来，中国的外贸事业出现了飞速增长的势头。据WTO统计，截至2010年中国已经成为世界第一大货物出口国和第二大货物进口国。为了适应我国外贸企业对专业应用型人才的需求以及我国高等院校外贸专业教学的需要，特在长期不断总结理论和实践的基础上编写了本书。

本书依据高等院校的培养宗旨和目标，以满足外贸各岗位对进出口贸易实务知识和能力的要求为设计原则，同时考虑到高职类教学的特点，在结构安排上，力求与外贸实践紧密结合；在内容的安排和编写上，力求做到知识面“宽、浅相结合”“新、旧相结合”“学、用相结合”。在阐述基本概念和原理上做到简明扼要，以“必需和够用”为原则，重点培养操作和分析、解决问题的能力。具体而言，本教材的特点主要体现在以下几个方面：

1. 创新性。本书在结构安排上，以外贸实践的流程为序来安排各项目和任务，彻底摆脱了传统的以外贸理论知识为核心的编写框架，不再是本科教材的压缩形式。同时，在本书的设计上进行了创新，在开始学习每一个项目内容时，为了让教师和学生准确把握该部分学习内容的侧重点和脉络，均安排了“知识目标”和“能力目标”环节。

2. 实用性。本书结合高等院校学生的特点，在内容编写上，适当地插入“相关链接”“课内讨论”和“课内训练”。这使整个教学过程会更加生动、形象，在提高学生的学习兴趣和热情的同时也扩大了学生的知识范围，并能进一步加深学生对教学内容的掌握和理解。

3. 针对性。在编写内容的取舍上尽量偏重于“实践”，在编写用语上尽量做到言简意赅，尽可能用通俗易懂的语言进行表达。本书还配套出版了习题集供学生练习，以加深对知识点的掌握。

本书由李洋、徐薇担任主编，唐筱芳、谢丹、林存文担任副主编。具体分工：李洋负责编写项目七、项目十二、项目十三及相应习题部分；徐薇负责编写项目五、项目十及相应习题部分；唐筱芳负责编写项目四、项目八及相应习题部分；谢丹负责编写项目一、项目二、项目三、项目十一及相应习题部分；林存文负责编写项目六、项目九及相应习题部分。全书由李洋负责设计结构和大纲、进行总纂和修改，最后定稿。

本书提供电子课件、教案、习题及答案、UCP600等相关教学资料。

本书在编写过程中参阅和引用了有关专家学者论著的资料和观点，书中未一一列出，同时还得到了有关贸易公司领导和专家的大力支持和帮助，在此一并表示深深的感谢。

由于编者能力有限，书中疏漏与不足之处在所难免，恳请各位专家、读者批评指正。

编　者

目　录

模块一

进出口贸易前的准备工作

项目一

国际市场调研与寻找贸易机会

知识目标

1. 了解国际市场调研的含义和内容，理解国际市场调研的方法。
2. 掌握寻找客户、发展客户关系的基本技能。

能力目标

1. 能够利用各种方法对国际市场展开调研，了解国际市场的信息，并确定目标市场。
2. 能够通过多个平台寻找客户，并建立业务关系。

任务一　国际市场调研

一、国际市场调研的含义

国际市场调研是指运用科学的调研方法与手段，系统地搜集、记录、整理、分析有关国际市场的各种基本状况及其影响因素，以帮助企业制定有效的市场营销决策，实现企业经营目标。进出口贸易活动是一个由产至销不断循环的过程，从产品设计开始，到目标市场选择、贸易磋商、备货出运、收汇结算都应建立在对市场了解的前提下进行。因此在开展进出口贸易活动之前进行市场调研活动就显得尤为重要。

二、国际市场调研的内容

国际市场调研与国内市场调研相比，范围更广，更困难，更复杂。从国际贸易商品进出口角度看，国际市场调研主要包括国际市场环境调研、国际市场商品情况调研、国际市场营销情况调研、国外客户情况调研等。

1. 国际市场环境调研

外贸企业开展进出口商品贸易，如同军队作战首先需分析地形、了解作战环境一样，需先了解商务市场环境，做到知己知彼，百战不殆。外贸企业对国际市场环境调研的主要内容为：

（1）国外经济环境。包括一国的经济结构、经济发展水平、经济发展前景、就业、收入分配等。

（2）国外政治和法律环境。包括政府结构的重要经济政策，政府对贸易实行的鼓励、限制措施，有关外贸方面的法律法规，如关税、配额、国内税收、外汇限制、卫生检疫、安全条例等。

（3）国外文化环境。包括使用的语言、教育水平、宗教、风俗习惯、价值观念等。

（4）其他。包括国外人口、交通、地理等情况。

2. 国际市场商品情况调研

外贸企业要把产品打入国际市场或从市场进口产品，除需了解国外市场环境外，还需了解国外商品市场情况，主要包括以下几个方面：

（1）国外市场商品的供给情况。包括商品供应的渠道、来源，国外生产厂家、生产能力、数量及库存情况等。

（2）国外市场商品需求情况。包括国外市场对商品需求的品种、数量、质量要求等。

（3）国际市场商品价格情况。包括国际市场商品的价格、价格与供求变动的关系等。

3. 国际市场营销情况调研

国际市场营销情况调研是对国际市场营销组合情况的调研，除上述已经提到的商品及价格外，一般还应包括：

（1）商品销售渠道。包括销售网络设立、批零商的经营能力、经营利润、消费者对他们的印象、售后服务等。

（2）广告宣传。包括消费者购买动机、广告内容、广告时间、方式、效果等。

（3）竞争分析。包括竞争者产品质量、价格、政策、广告、分配路线、占有率等。

4. 国外客户情况调研

每个商品都有自己的销售（进货）渠道。销售（进货）渠道是由不同客户所组成的。外贸企业进出口商品必须选择合适的销售（进货）渠道与客户，做好国外客户的调查研究。一般说来，商务企业对国外客户的调查研究主要包括以下内容：

（1）客户政治情况。主要了解客户的政治背景、与政界的关系、公司企业负责人参加的党派及对我国的政治态度。

（2）客户资信情况。包括客户拥有的资本和信誉两个方面。资本指企业的注册资本、实有资本、公积金、其他财产以及资产负债等情况。信誉指企业的经营作风。

（3）客户经营业务范围。主要指客户的公司企业经营的商品及其品种。

（4）客户公司、企业业务。指客户的公司企业是中间商还是使用户。

（5）客户经营能力。指客户业务活动能力、资金融通能力、贸易关系、经营方式和销售渠道等。

相关链接

欧盟的商业习惯

与欧洲人打交道、谈生意，必须知道他们的作息时间。他们闭目养神时，讨厌一切来访与电话。法国人上班的时间比英国人早得多，他们喜欢在上班后一边工作，一边断断续续吃早餐，这种公私兼顾之举，被比利时人视为“不光彩的行为”。瑞士人上班的时间就格外早。如苏黎世的银行家喜欢将处理重要公务的时间，安排在上午7时，而且要求对方必须提前5～15分钟到场。否则，他们就毫不客气地取消会面。德国人和英国人的午餐时间是中午12时和下午1时，而西班牙人的午餐时间却是下午3时。根据传统习惯，希腊人下午2时到5时为午休时间，既不办公，又不操持家务。如果有人在这个时候给希腊人打电话，那是万万使不得的。由于德国人和希腊人的作息时间有差异，因此德国人与希腊人洽谈生意时，选择合适的时间成为一大难题。在希腊，商贾们喜欢上午运筹帷幄，下午会晤、洽谈。然而，当他们午休酣睡未醒时，德国人就早已回家了，因为他们每天下班的时间是下午4时。

摘自林道《欧洲人的作息时间》

三、国际市场调研的方法

国际市场调研是复杂细致的工作，需有严格、科学的程序和方法。

企业对国际市场调研获取的资料，按其取得的途径不同，一般分为两类：一类是通过自己亲自观察、询问、登记取得的，称为原始资料。另一类是别人搜集到的，调查者根据自己研究的需要，将其取来为己所用，称为二手资料。人们又把它分为案头调研法和实地调研法。

1. 案头调研法

案头调研法就是第二手资料调研或文献调研，它是以在室内查阅的方式搜集与研究项目有关资料的过程。第二手资料的信息来源渠道很多，如企业内部有关资料、本国或外国政府及研究机构的资料、国际组织出版的国际市场资料、国际商会和行业协会提供的资料，等等。

2. 实地调研法

实地调研法是国际市场调研人员采用实际调研的方式直接到国际市场上搜集情报信息的方法。采用这种方法搜集到的资料，就是第一手资料，也称为原始资料。实地调研常用的调研方法有三种：询问法、观察法和实验法。

例如，外贸企业进行国外市场环境、商品及营销情况调查，一般可通过下列渠道、方法进行：派出国推销小组深入国外市场以销售、问卷、谈话等形式进行调查（一手资料）；通过各种媒体（报纸、杂志、新闻广播、计算机数据库等）寻找信息资料（二手资料）；委托国外驻华或我驻外商务机构进行调查。通过以上调查，外贸企业基本上可以解决应选择哪个国家或地区作为自己的目标市场、应该出口（进口）哪些产品以及以什么样的价格或方法进出口。

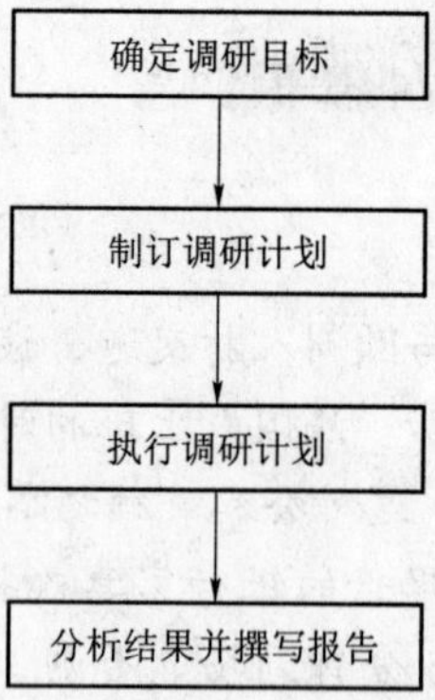

图 1–1　国际市场调研的步骤

四、国际市场调研的步骤

国际市场调研包括以下四个基本步骤（见图 1–1）：

（一）确定调研目标

市场调研的目的在于帮助企业准确地做出经营战略和营销决策，应针对本企业所面临的市场状况确定市场调研的目标和范围。

（二）制订调研计划

国际市场调研计划包括以下几个内容：

（1）确定所需的信息资料。在调研过程中需要的信息资料有：国际市场环境信息、国际市场产品信息、国际市场促销信息、国际市场竞争信息四个方面。

（2）确定信息资料的来源。国际市场信息的来源分为直接信息和间接信息两大类（见表 1–1）。

（3）确定所使用的调研方法。主要的调研方法有：实地访问、电话调研、信函调研等。

（4）确定调研所需的经费和时间。经费的高低和时间的长短将直接影响调研项目的可行性。

表 1–1　国际市场信息来源

直接信息来源	派调研人员到目标市场进行考察
	委托本国驻外经济贸易机构进行调查
	企业在世界各地的销售网点从市场反馈中得到的信息
	委托市场所在国的中间商搜集有关信息
间接信息来源	进出口国政府机构（如商务部、海关、外管局）
	国际组织（如联合国、国际商会、WTO、IMF）
	网络（搜索引擎、电子商务网站）
	专业展览会和市场（广交会、义乌小商品市场）
	图书馆（实体图书馆和电子图书馆）
	其他组织机构（如驻外使馆、银行、行业协会）

（三）执行调研计划

执行调研计划主要包括收集、处理和分析数据资料等工作。该工作由调研人员完成，也可委托企业外部专业调研公司完成。

（四）分析结果并撰写报告

将市场调查获得的分散、凌乱的资料进行整理、分类和加工，整理完资料后，再根据分析的结果撰写一份调研报告。

任务二　寻找贸易机会

在对国际目标市场进行调研后，应该根据自己产品的特性选择适当途径开拓客户资源。进出口工作的业务员要获得客户资源，除了利用公司原有提供的信息以外，还需有相关技巧才能培养出属于自己的客户。

一、充分利用网络平台

我们可以充分利用 B2B 网站、搜索引擎、网络黄页、行业网站等寻找潜在客户。

（一）B2B 网站

很多 B2B（Business to Business）网站都在为国内外的买卖双方提供信息桥梁。目前使用较多的有阿里巴巴、中国制造网、DIY Trade 等（见表 1–2）。

表 1–2　部分 B2B 网站

序号	网址名称	网　址	描　述
1	中国制造网	http://www.made-in-china.com	资深全球采购网站
2	阿里巴巴	http://www.alibaba.com	提供全球企业信息、供求信息和产品大全
3	India Mart	http://www.indiamart.com	印度最大的 B2B 平台，提供供求信息
4	DIY Trade	http://www.diytrade.com	提供中国商品对外贸易的各种商品供求信息
6	跨国采购网	http://www.globalimporter.net	其采购信息和采购论坛非常实用
7	Asian Products	http://www.asianproducts.com	为亚洲国家的产品提供 B2B 平台

（二）搜索引擎

在国际贸易中选择搜索引擎（见表 1–3）寻找客户的效果也不错，但是需要适当的方法。比如不要固定只用几个搜索引擎，同样的关键词，使用不同的搜索引擎搜索会有不同的结果。另外，很多产品都有本国语言或英语的关键词。在寻找客户信息的时候可以输入产品或者客户类型进行搜索，如输入“buy/import/purchase+产品名称”进行搜索或者“distributor/buyer/wholesalers+产品名称”。如果对目标市场的国籍有要求的话，还可以加上国名英文或国名缩写字母。这样就可以从这种搜索结果中得到所关心的产品的信息。

表 1–3　部分搜索引擎网站

序号	网址名称	网　址	描　述
1	谷歌	http://www.google.com	全球通用搜索引擎
2	百度	http://www.baidu.com	最大的中文信息搜索引擎

续表

序号	网址名称	网　址	描　述
3	雅虎	http://www.yahoo.com	全球通用信息搜索引擎
4	Business	http://www.business.com	提供商务信息搜索服务

（三）网络黄页

网络黄页（Yellow Page）又叫作工商名录，收录了国内外著名的贸易公司及商号的名称、电话、传真、公司地址、主要经营项目等情况。各个国家都有自己的企业黄页，但比较著名的有欧洲黄页（www.europage.com），它是一个利用多种语言、利用多媒体技术进行欧洲市场推广的专业商业目录，使用印刷册、光盘和网络三种媒体形式，展示语言多达 25 种，是进出口公司和出口型生产企业特别是中小企业寻找海外客户，尤其是欧洲客户的首选途径。美国黄页（www.yellowpages.com）则专注于提供本地化搜索服务，在美国市场上受到追捧。表 1–4 所示为一些较常用的网络黄页名称及网址。

表 1–4　一些较常用的网络黄页名称及网址

序号	网址名称	网　址	描　述
1	AOL Local Yellow Pages	http://yellowpages.aol.com	美国在线本地黄页，提供企业地址、电话号码、地图等信息
2	欧洲黄页	http://www.europages.com	含 33 个欧洲国家的商业名录，覆盖面较广
3	Pages jaunes	http://www.pagesjaunes.fr	提供法国公司的名录地址等信息
4	澳大利亚黄页	http://www.yellowpages.com.au	澳大利亚的信息黄页，信息丰富
5	Yellow Pages	http://www.yellowpages.com	提供本地化的黄页搜索
6	Super Pages	http://www.superpages.com	提供本地化的黄页搜索
7	Delhi Yellow Pages	http://www.indobase.com	提供印度企业名录

二、利用各种展览会

随着对外经济交往的逐年扩大，各式各样的展览会成为外贸企业获取商机的重要途径。

（一）国内展览会

国内每年有许多展览会，比如创办于 1957 年的中国进出口商品交易会，是我国进出口商品的第一大交易会。除了广交会外，还有一些针对行业的展会，比如中国文化用品商品交易会、中国国际五金展览会、中国国际针织博览会等（表 1–5 提供了 2016 年部分国内展览会信息）。展览会不仅为商品提供了展示的空间，还提供了与外商直接洽谈的机会。通过这样的活动，买卖双方增进了解，减少交易风险，从而可以建立更加稳定的业务关系。

表 1–5　2016 年部分国内展览会信息

序号	展 会 名 称	举办地点	时间	行业
1	中国进出口商品交易会（广交会）	广州	4 月、10 月	综合类
2	中国文化用品商品交易会	上海	6 月	文化用品类
3	中国国际五金展览会	上海	11 月	五金类
4	中国国际针织博览会	上海	3 月	纺织类

（二）国外展览会

除了参加国内展会，到国外参展也成了新的寻找客户的途径。国外的展会有很多，但大部分都是针对行业进行，比如针对小商品的德国法兰克福国际时尚消费品展览会，针对玩具的香港玩具展览会，针对光学产品的意大利米兰国际光学、验光设备及眼镜展览会等。表 1–6 所示为世界部分主要国家的展览会。

表 1–6　世界部分主要国家的展览会

主办国	主要展览会
德国	科隆五金展、科隆国际婴幼儿及少年儿童用品博览会、柏林电子消费品展览会、法兰克福国际汽车博览会、科隆食品展览会等
美国	拉斯维加斯国际服装博览会，全美餐馆、旅游用品博览会，美国春季体育用品展览会，纽约国际美容及保健产品展览会等
英国	皇家展览会、国际建筑展览会、英国国际汽车展览会、国际食品饮料展览会、国际塑料及橡胶展览会、英国家具展览会等
法国	巴黎国际展览会、马赛国际展览会、国际食品工业展览会、国际汽车展览会、国际农业展览会等
日本	东京国际礼品博览会、日本国际消费品博览会、大阪中国纺织成衣展览会等

项目二

熟悉进出口贸易业务流程

知识目标

掌握常见的进、出口贸易业务流程。

能力目标

能够熟悉进、出口贸易的流程和贸易过程中的各项工作的衔接。

收集完客户信息，并对客户信息进行相应资信调查后，业务员就要开始逐步完成进出口业务工作。需要考虑的工作包括如何与客户进行具体磋商、订立合同和履行合同。

一、出口业务流程

一般来讲一个出口业务流程需要包括四个部分内容：

（一）交易前的准备阶段

1. 组织货源和了解产品

在出口业务活动开展之初，业务员需要取得外销商品的基本报价和可售产品的数量。此外，对于外销产品的型号、功能、颜色等基本情况也该有所了解。

2. 了解市场制订销售计划

根据产品的特征，应选择适当的市场作为目标市场，了解其特点以及信息的获取渠道。

3. 寻找客户

在充分考虑商品特征和市场特点后，业务员可以通过各种途径获得进口商信息。并对已获得的进口商信息进行适当调研，最终确认准备联系的客户名录。

（二）贸易磋商与合同签订

1. 贸易磋商

出口贸易磋商包括询盘、发盘、还盘和接受四个环节。业务员可以根据确认联系的客户名录进行卖方询盘，然后根据对方发盘进行还盘或接受。询盘和还盘并不是必然存在，发盘和接受才是合同签订的必要环节。

2. 合同签订

根据贸易磋商所达成的交易条件，卖方与买方签订进出口贸易合同。进出口贸易合同是约束买卖双方的法律文件，因此在签订合同时特别需要注意条款的用语措辞并考虑在履约过程中有可能出现的各种情况，避免履约时处于被动地位。

（三）履行合同阶段

1. 催证、审证、改证

在以信用证作为结算方式时，卖方需要关注信用证开到的时间。如果接近合同规定的开证日期仍未收到信用证，卖方需要及时向买方发出催证函，以催其早日开出信用。收到信用证后，卖方需要及时对信用证进行审核。核对信用证与合同是否一致，并审核信用中是否存在难以执行的条款。如果存在需要修改的内容，卖方需及时向对方提出修改申请。

2. 向工厂下订单

根据合同或信用证要求，卖方需要及时准备货物。为减少交易风险，业务员在下订单前最好能确认收到信用证或预付款。下单后，卖方需要保证货物生产进度，并跟进产品的生产过程，以保证产品质量。在接受交付的货物以后，需要对货物进行清点、整理包装、刷唛等后续工作。

3. 租船订舱

如使用 CIF 或 CFR 术语成交，在货物生产完成以后，卖方就要开始向船公司要求租船订舱。船公司根据实际情况对货物进行配舱。

4. 报检

若货物属于法定检验商品，卖方需要指示工厂向当地的商检局办理报检手续。如产地为报关地，则检验通过后取得出境货物通关单；如产地不在报关地，则凭产地商检局出具的换证凭证或电子换证凭条到报关所在地的商检局换取出境货物通关单。

5. 报关

报检之后，卖方需将货物送至海关监管场所。由卖方或卖方代理人负责向海关办理报关手续。报关之前要取得报关所需要的所有单证，并积极配合海关查验。海关查验通过后，在相关单据上盖章，同意放行。

6. 装船出运

卖方或货代凭加盖海关放行章的装箱单，安排货物装运。在使用 FOB、CFR 术语成交的合同时，卖方将货物装船后，都需要及时向买方发出装船通知。货物装上船后，凭场站收据或大副收据至船公司换取正本海运提单。

7. 投保

在 CIF 术语成交的合同中，卖方还需要在货物出运之前为货物投保，并取得保险单据。

8. 制单结汇

卖方根据结算方式的不同制作相应单据，单据应该保证单证一致或者单同一致、单单一致。最后根据合同中指定的结算方式，完成结汇。

（四）出口业务的其他工作

1. 出口退税

制单结汇后，如出口商品符合出口退税条件，出口商可凭相关材料向税务机关办理出口退税手续。

2. 争议与索赔

如果出现了争议、违约或货物遇险等情况，卖方还需要根据合同条款处理争议与索赔工作。

CIF 条件下出口货物流程如图 2–1 所示。

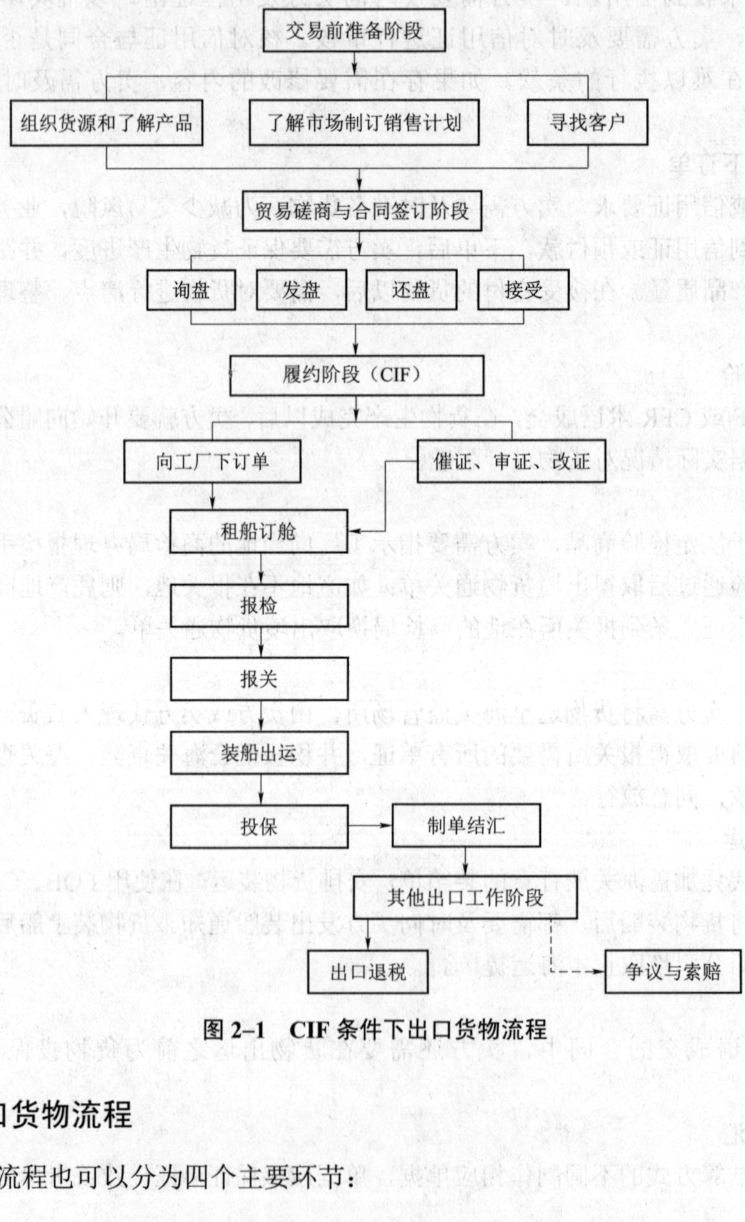

图 2–1 CIF 条件下出口货物流程

二、进口货物流程

进口货物流程也可以分为四个主要环节：

（一）交易前准备阶段

1. 了解产品

了解即将购买产品的特征和市场行情，为选择出口商和贸易磋商打下良好基础。根据产品和市场特点通过适当的途径获得出口商信息，并对出口商信息进行资信调查，选择资信情况好的进口商作为联系对象。

2. 制订商品经营计划

对即将购买的商品要有经营计划，需要在国内销售的，还要选择适当的经销商。

（二）贸易磋商与合同签订

进口合同的交易磋商与合同签订并没有太大不同。买方也可以进行询盘和还盘，并经发盘和接受两个环节签订合同。

（三）合同履行

1. 办理进口证件

在履行进口合同以前，需要向商务部、海关等部门办理各种证件，如进口许可证、进口免税证明等。

2. 开立信用证

如结算方式为信用证，买方需要按时向银行申请开立信用证。开立信用证需谨慎，内容需要和合同一致，以减少修改信用证带来的重复工作。

3. 租船订舱

如按照 FOB 等需要买方派船的术语成交，买方需要向船公司申请舱位，并将航线信息通知卖方。

4. 投保

如按照 FOB、CFR 等需要买方投保的术语成交，买方还需要在接到卖方装船通知后为货物投保。

5. 付款赎单

如按照信用证结算方式成交，买方审单无误后付款，从开证行处取得全套单据。如按托收方式成交，买方通过付款或承兑取得单据。如按汇付方式成交，根据约定条件取得单据。

6. 接收货物

货到码头后，根据通知凭指定单据提货。

7. 报检报关

对于法定检验货物需要在规定时间内报检。如发现货物出现残损、短损的，根据合同约定凭商检机构开出的检验证书进行索赔。完成报检手续后，凭各项单据向海关报关。海关查验通过后，缴交各项税费，并最终提取货物。

（四）其他进口工作

如果在进口合同履约中出现了争议、违约或货物遇险等情况，买方还需要根据合同条款处理争议与索赔工作。

FOB 条件下进口贸易流程如图 2–2 所示。

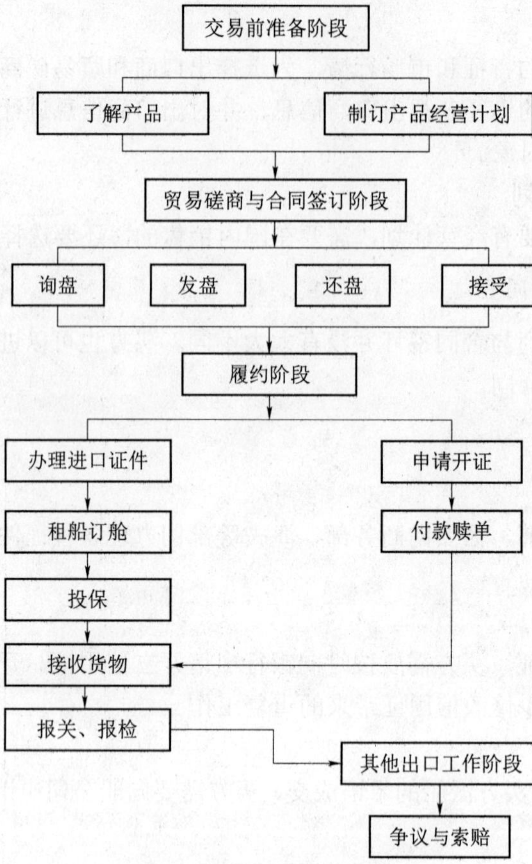

图 2–2　FOB 条件下进口贸易流程

项目三

选择进出口贸易方式

知识目标

1. 了解并掌握常见的贸易方式，熟知各种贸易方式的特点。
2. 熟悉跨境电商贸易方式的特点及基本操作流程。

能力目标

1. 能正确选择适合的贸易方式。
2. 能够通过跨境电商方式从事外贸业务。

贸易方式是指国际贸易中买卖双方所采用的各种交易的具体做法。在对外贸易活动中，每一笔交易都要通过一定的贸易方式来进行。贸易方式是在买卖双方交易过程中伴随着不同商品、不同地区和不同对象，根据双方的需要形成的。当前在国际贸易中流行着各种各样的贸易方式，随着国际贸易的发展，新的贸易方式也不断涌现。

任务一　选择传统贸易方式

国际贸易发展至今，可以选择的贸易方式越来越多，常见的贸易方式主要有以下几种：

一、寄售与展卖

（一）寄售

寄售（Consignment）是一种委托代售的贸易方式。它是指委托人（货主）先将货物运往寄售地，委托国外一个代销人（受托人），按照寄售协议规定的条件，由代销人代替货主进行销售，在货物出售后，由代销人向货主结算货款的一种贸易方式。在我国进出口业务中，寄售方式运用并不普遍，但在某些商品的交易中，为了满足促进成交、扩大出口的需要，也可灵活适当运用寄售方式。

在国际贸易中寄售有以下几个特点：

（1）寄售人先将货物运至目的地市场（寄售地），然后经代销人在寄售地向当地买主销售。因此，它是典型的凭实物进行买卖的现货交易。

（2）寄售人与代销人之间是委托代售关系，而非买卖关系。代销人只根据寄售人的指示处置货物，货物的所有权在寄售地出售之前仍属寄售人。

（3）寄售货物在售出之前，包括运输途中和到达寄售地后的一切费用和风险，均由寄售人承担。

（二）展卖

展卖是利用展览会和博览会及其他交易会形式，对商品实行展销结合的一种贸易方式。目前，世界各国利用展览会和博览会进行展销结合已经非常普遍。

展卖方式有以下几个优势：

（1）有利于宣传出口商品，扩大影响，招揽潜在买主，促进交易。

（2）有利于建立和发展客户关系，扩大销售地区和范围。

（3）有利于开展市场调研，直接听取潜在客户的意见，改进产品销售，增强出口竞争能力。

相关链接

中国进出口商品交易会

中国进出口商品交易会，又称广交会，创办于1957年春，每年春秋两季在广州举办，由商务部和广东省人民政府联合主办，中国对外贸易中心承办。是中国目前历史最长、规模最大、商品种类最全、到会采购商最多且分布国别地区最广、成交效果最好、信誉最佳的综合性国际贸易盛会。

广交会历经60年改革创新发展，经受各种严峻考验从未中断，加强了中国与世界的贸易往来，展示了中国形象和发展成就，是中国企业开拓国际市场的最优质平台，是贯彻实施我国外贸发展战略的引导示范基地。已成为中国外贸第一促进平台，是中国外贸的晴雨表和风向标，是中国对外开放的窗口、缩影和标志。

截至2016年4月第119届，广交会累计出口成交约1.2万亿美元，累计到会境外采购商约764万人。目前，每届广交会展览规模达118万平方米，境内外参展企业超过2.4万家，210多个国家和地区的近20万境外采购商与会。

二、经销与代理

（一）经销

经销（Distribution）是指进口商（经销商 Distributor）与国外出口商（供货商 Supplier）达成协议，承担在规定的期限和地域内购销指定商品的义务。

按经销商权限的不同，经销方式可分为两种：

（1）一般经销，又称定销。在这种方式下，经销商不享有独家专营权，供货商可在同一时间、同一地区内委派几家商号来经销同类商品。这种经销商与国外供货商之间的关系同一般进口商和出口商之间的关系并无本质区别，所不同的只是确立了相对长期和稳固的购销关系。

（2）包销（Exclusive Sales），又称独家经销，是指出口商与国外经销商达成协议，在一定时间内把指定商品在指定地区的独家经营权授于该经销商。包销商则承诺不经营其他来源的同类或可替代的商品。通过包销协议，双方可以建立起一种稳定的长期的买卖关系。

（二）代理

国际贸易中的代理业务，是指以委托人为一方，委托独立的代理人为另一方，在约定的地区和期限内，代理人以委托人的名义与资金从事代购、代销指定商品的贸易方式。代理商根据推销商品的结果，收取佣金作为报酬。代理商与出口商之间是委托代理关系。代理按委托人对代理人授权之大小，代理方式又可分为独家代理、一般代理和总代理等。

三、加工贸易

加工贸易是指经营企业进口全部或者部分原辅材料、零部件、元器件、包装物料（以下简称料件），经加工或装配后，将制成品复出口的经营活动，包括来料加工、进料加工和来件装配。

（1）来料加工。通常是指加工一方由国外另一方提供原料、辅料和包装材料，按照双方商定的质量、规格、款式加工为成品，交给对方，自己收取加工费。有的是全部由对方来料，有的是一部分由对方来料，一部分由加工方采用本国原料的辅料。此外，有时对方只提出式样、规格等要求，而由加工方使用当地的原、辅料进行加工生产。这种做法常被称为“来样加工”。

（2）进料加工。又叫以进养出，指用外汇购入国外的原材料、辅料，利用本国的技术、设备和劳力，加工成成品后，销往国外市场。这类业务中，经营的企业以买主的身份与国外签订购买原材料的合同，又以卖主的身份签订成品的出口合同。两个合同体现为两笔交易，它们都是以所有权转移为特征的货物买卖。进料加工贸易要注意所加工的成品在国际市场上要有销路。否则，进口原料外汇很难平衡，从这一点看进料加工要承担价格风险和成品的销售风险。

（3）来件装配。是指由国外委托方提供零部件、元器件，有的还提供包装物料，委托国内承接方按其工艺设计要求进行装配，成品交给委托方处置，承接方按约定收取转配费。

四、现汇贸易、易货贸易和补偿贸易

按照贸易清偿方式不同，国际贸易可以分为现汇贸易、易货贸易和补偿贸易。

（一）现汇贸易

现汇贸易是指以现汇结算方式进行交易的贸易。由于现汇在运用上灵活、广泛，可以自由地兑换其他货币，所以，该方式是目前国际贸易活动中运用最普遍的一种。在当今的国际 贸易中，能作为清偿工具的货币主要有美元、欧元、日元等。

（二）易货贸易

易货贸易是指商品交易的双方依据相互间签订的易货协定或易货合同，以货物经过计价作为结算方式，互相交换货物的一种交易行为。此种方式比较适用于那些外汇不足，出现国际债务危机或因其他各种原因无法以自由结汇方式进行相互交易的国家。

（三）补偿贸易

补偿贸易是指交易的一方在对方提供信用的基础上，进口设备技术，然后以该设备技术所生产的产品，分期抵付进口设备技术的价款及利息的贸易方式。按照偿付标的不同，补偿贸易大体上可分为以下四类：

（1）直接产品补偿。即产品返销，是补偿贸易的基本形式，即用进口的设备、物资所生产的产品去偿还进口设备、物资的贷款。

（2）其他产品补偿。当所交易的设备本身并不生产物质产品，或设备所生产的直接产品非对方所需或在国际市场上不好销时，可由双方根据需要和可能进行协商，用回购其他产品来代替。

（3）部分抵偿。即对进口设备的贷款和引进技术的费用，部分用商品偿还，部分用货币偿还。

（4）劳务补偿。即买方用对方的机器设备和原材料进行加工装配，成品交对方销售。用逐年工缴费抵付从对方进口设备的贷款。

任务二　选择跨境电商贸易方式

一、跨境电子商务的含义

跨境电子商务，其概念有广义和狭义之分。广义的跨境电商，指分属不同关境的交易主体，通过电子商务的方式完成进出口贸易中的展示、洽谈和交易环节，并通过跨境物流送达商品、完成交割的一种国际商业活动。

而狭义的跨境电商则是通过计算机网络实现商品的跨境零售，达成交易进行支付结算，并采用快件、小包等方式，通过跨境物流将商品送达消费者手中的交易过程。

二、跨境电商的特征

1. 全球性

由于信息在全球互联网上流动的便捷和快速，跨境电商可以使从事外贸的卖方直接面对来自不同国家的消费者，消除了供需之间信息不对称的问题，减少了传统贸易所必须涉及的交易环节，减低了交易成本。

2. 无形性

跨境电子商务使用计算机网络技术进行，在贸易中实现了电子化、数字化和虚拟化，无论是订购还是支付都可以经由互联网进行，涉及数字化产品的交付都可以通过网络进行。在跨境电子商务交易过程中，运输单据、交易合同以及各种票据都是以电子文件的形式存在。

3. 匿名性

由于跨境电子商务的非中心化和全球性的特性，因此很难识别电子商务用户的身份和其所处的地理位置。在线交易的消费者往往不显示自己的真实身份和自己的地理位置，重要的是这丝毫不影响交易的进行，网络的匿名性也允许消费者这样做。

三、跨境电商的分类

（一）按商品流向分类

按商品的流向分类，跨境电商可以分为出口跨境电子商务和进口跨境电子商务。

出口跨境电子商务，是指将本国生产或加工的商品通过电子商务平台达成交易、收取货款，并通过跨境物流运送商品、输往国外市场的一种国际商业活动。

进口跨境电子商务，是指将外国商品通过电子商务平台达到交易、支付货款，并通过跨境物流运送商品、输入本国市场的一种国际商业活动。

（二）按商业模式分类

按商业模式分类，跨境电子商务主要有 B2B、B2C 和 C2C 三种模式。其中 B2C 和 C2C 跨境电商统称为在线零售。

B2B 跨境电商，即 Business to Business，又指在线批发，是外贸企业间通过互联网进行的产品、服务以及信息交换的一种商业模式。B2B 跨境电商企业面对的最终客户为企业或者企业集团。目前，这种跨境电商模式还是市场主流，代表企业有中国制造、阿里巴巴国际站和环球资源网等。

B2C 跨境电商，即 Business to Consumer，是跨境电商企业针对个人消费者展开的网上零售活动。目前，B2C 类跨境电商在中国整体跨境电商市场交易规模中所占比重不断升高，代表企业主要有速卖通、亚马逊、兰亭集势、米兰网、大龙网等。

C2C 跨境电商，即 Consumer to Consumer，是指从事外贸活动的个人对国外个人消费者进行的网络零售商业活动。目前，敦煌网、Ebay、Wish 等电商平台还可以提供个人账户注册的店铺服务。

图 3–1 所示为不同跨境电商与传统外贸流通渠道的比较。

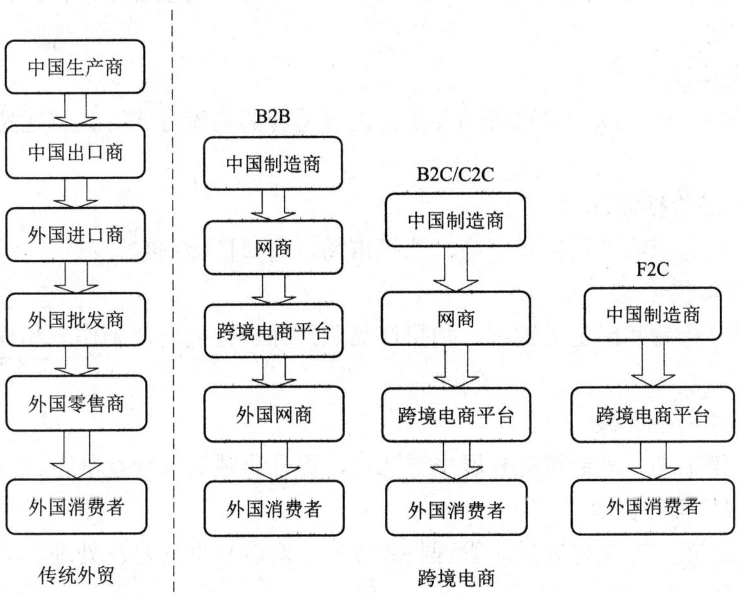

图 3–1 不同跨境电商与传统外贸流通渠道的比较

我国电商出口以 B2B 和 B2C 为主，进口以 B2C 为主。除上述三种之外，F2C 跨境电商也日益兴起，F2C（Factory to Consumer），即从工厂到消费者。F2C 模式直接将自加工的产品送到消费者手中，可以理解为工厂借助网络平台进行的商品直销。F2C 使消费者向工厂下订单成为可能，是 B2C 模式的升级版。F2C 最大的优势是极具竞争力的价格优势、有效的全程品控、快速的市场反应，这是 B2C 跨境电商无法抗衡的。

（三）按运营方式分类

按运营方式分类，现阶段跨境电子商务主要有两种类型：平台运营跨境电商和自建网站运营跨境电商。平台运营跨境电商，是指从事跨境电商的交易主体在亚马逊、Ebay 等诸多电商平台上开设网站从事外贸业务活动；自建网站运营跨境电商，如兰亭集势、环球易购等，是企业在自建网站上从事相关外贸业务活动，其中兰亭集势属于综合类跨境电商企业，环球易购属于垂直型电商企业。

四、跨境电商对国际贸易的影响

网上订货、网上促销、网上谈判、网上支付都为国际贸易开辟了新的发展形式。跨境电商的发展加速全球客商之间的信息交流和沟通，打破时空的限制、加快了商业周期循环，高效利用有限资源、降低成本、提高利润，有利于增强企业的国际竞争力。因此跨境电商正掀起国际贸易领域里的一场新的革命。它的运用扩展了国际贸易的空间和场所、缩短了国际贸易的距离和时间、简化了国际贸易的程序和过程，使国际贸易活动全球化、智能化、即时化、无形化，实现了跨时代的深刻变革。

五、出口跨境电商操作流程

1. 建立网店

在选定电商平台上注册网店信息。不同的平台对注册的要求都不一样，根据平台要求填写信息，完成注册。

2. 设置运费模板

根据产品特性、运往国家对物流的要求，选择适合的物流方式并计算运费，并在平台内完成设置。

3. 选品与产品价格核算

根据自身情况选择适当的销售产品，选择市场，选择目标顾客。

4. 产品发布与优化

拟定产品英文标题和确定关键字，拍摄产品照片并进行处理，制作产品详细页，优化完善产品信息。

5. 店铺营销和平台活动

利用平台营销工具、平台资源开展平台活动，提升店铺的综合竞争力。

6. 店铺客服与支付管理

创建绑定国际第三方支付方式，管理收款账户。对客户询问进行处理，对客户付款情况进行跟踪。

7. 发货与纠纷处理

对订单商品进行出货，并督促物流配送。对客户售后问题进行处理，对客户评价进行积极管理。

图 3–2 所示为出口跨境电商的操作流程。

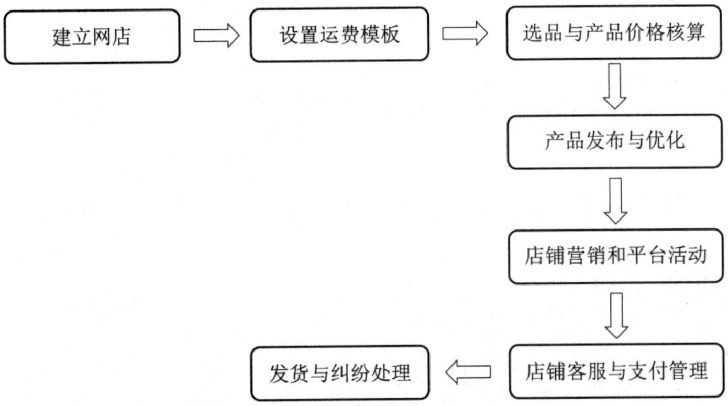

图 3–2　出口跨境电商的操作流程

模块二

进出口贸易合同的订立

项目四

对外报价

知识目标

1. 了解贸易术语的含义、作用及与贸易术语有关的国际惯例。

2. 掌握《国际贸易术语解释通则 2010》(以下简称《INCOTERMS 2010》)中的 11 个贸易术语的基本含义。

3. 了解出口商品的作价方法和计价货币的选用。

4. 掌握出口商品的价格构成、报价核算、还价核算和成本核算，进口商品成本核算，佣金与折扣的应用，主要贸易术语间的价格换算以及拟定价格条款应注意事项。

能力目标

1. 能够熟悉各种贸易术语的特点、内容。

2. 能够正确地选用贸易术语。

3. 能够熟练进行报价核算、还价核算、成本核算和进口商品成本核算。

4. 能够准确合理地拟定对外贸易合同中价格条款的内容。

任务一　了解贸易术语和其有关的国际贸易惯例

国际贸易的买卖双方分处两国，相距遥远，在卖方交货和买方接货的过程中，涉及许多问题。例如：由何方办理租运输工具、装货、卸货、办理货运保险、申领进出口许可证和报关纳税等进出口手续；由何方支付运费、装卸费、保险费、税捐和其他杂项费用；由何方负担货物在运输途中可能发生的损坏和灭失的风险。如果每笔交易都要求买卖双方对上述手续、费用和风险，逐项反复洽商，将耗费大量的时间和费用，并影响交易的达成。贸易术语正是为了解决这些问题，在长期的货物贸易实践中逐渐产生和发展起来的。

一、贸易术语的含义和作用

贸易术语（Trade Terms），又称贸易条件、价格术语，是进出口商品价格的一个重要组成部分。它是用一个简短的概念（例如“Free on Board”,）或三个字母的缩写（例如“FOB”），来说明交货地点、商品的价格构成和买卖双方有关费用、风险和责任的划分，确定卖方交货和买方接货应尽的义务。

在国际贸易中采用贸易术语，主要是为了确定交货条件，即说明买卖双方在交接货物方面彼此承担责任、费用和风险的划分。同时，贸易术语也可用来表示成交商品的价格构成因素，特别是货价中所包含的从属费用。由于其价格构成因素不同，成交价格也有所区别。由此可见，贸易术语具有双重性，即一方面表示交货条件，另一方面表示成交价格的构成因素。这两者是紧密相关的。

贸易术语的作用不仅体现在可以简化交易磋商内容、节省交易时间和费用、便利贸易发展，而且贸易术语是买卖双方交易磋商的基础，是履行合同义务及享受合同权利的依据，是解决合同争议与纠纷的重要准则。

二、有关贸易术语的国际惯例

为了统一有关各方对贸易术语的理解，通常根据相关的国际贸易惯例来规范特定贸易术语的名称和内容。与贸易术语相关的国际贸易惯例包括三种，在国际贸易实践中，INCOTERMS 应用最为广泛，其他两种惯例较为少用。

（一）《1932 年华沙—牛津规则》

《1932 年华沙—牛津规则》（Warsaw-Oxford Rules）是由国际法协会专门为解释 CIF 术语而制定的。最早版本形成于 1928 年的华沙会议，称为《1928 年华沙规则》，共包括 22 条内容，主要依据英国的贸易习惯和判例制定。其后在 1930 年的纽约会议、1931 年的巴黎会议和 1932 年的牛津会议上进行修订，修订后的内容为 21 条，并更名为《1932 年华沙—牛津规则》。这一规则对于 CIF 的性质，买卖双方所承担的风险、责任和费用的划分以及所有权转移的方式等问题都做了比较详细的解释，但由于多年未做修订，该规则现已难以适应国际贸易的发展，故在实际业务中很少适用。

（二）《1990 年美国对外贸易定义修订本》

《美国对外贸易定义》是由美国几个商业团体制定的。它最早于 1919 年在纽约制定，原称为《美国出口报价及其缩写》，后来于 1940 年在美国第 27 届全国对外贸易会议上对该条例做了修订，并于 1941 年经美国商会、美国进口商协会和美国全国对外贸易协会所组成的联合委员会通过，命名为《1941 年美国对外贸易定义修订本》。1990 年该惯例再次进行了修订，称为《1990 年美国对外贸易定义修订本》（Revised American Foreign Trade Definitions 1990）。

该惯例对 EXW（Named Place）、FOB（Free on Board）、FAS（Free Along Side）、CFR（Named Point of Destination）、CIF（Named Point of Destination）和 DEQ（Delivered Ex Quay）六种贸易术语做了解释。

《美国对外贸易定义》主要在北美国家采用。由于它对贸易术语的解释与 INCOTERMS 有明显的差异，所以，在同北美国家进行交易时应加以注意。

（三）《国际贸易术语解释通则》

国际商会自 20 世纪 20 年代初即开始对重要的贸易术语做统一解释的研究，1936 年提出了一套解释贸易术语的具有国际性的统一规则，定名为《INCOTERMS 1936》，其副标题为“International Rules for the Interpretation of Trade Terms”，译作“国际贸易术语解释通则”。随后，国际商会为适应国际贸易实践的不断发展，先后于1953年、1967年、1976年、1980年、1990年和2000年对INCOTERMS做了6次修订和补充。最新一次于2010年9月完成，《国际贸易术语解释通则2010》（以下简称《INCOTERMS 2010》），即国际商会第715E号出版物（ICC Publication No.715E）于2010年1月1日起生效。

1. INCOTERMS的历次修订

（1）《INCOTERMS 1953》。

它包括9种贸易术语：Ex Works，FOB/FOT，FAS，FOB，C&F，CIF，DCP，Ex Ship，Ex Quay。

（2）《INCOTERMS 1967》。

它包括11种贸易术语，即在1953年版基础上为适应边境贸易的发展，增加了DAF和DDP。

（3）《INCOTERMS 1976》。

它包括12种贸易术语，即在1967年版基础上为适应航空货运业务的发展，增加了起运地机场交货术语FOA。

（4）《INCOTERMS 1980》。

它包括14种贸易术语，即在1976年版基础上为适应集装箱多式联运业务的要求，增加了FRC和CIP。

（5）《INCOTERMS 1990》。

它包括13种贸易术语，即删掉只适用单一运输方式FOB/FOT、FOA，新增DDU；首次将贸易术语的名称规范为三字母代码，变FRC为FCA、变C&F为CFR、变DCP为CPT、变Ex Ship为DES、变Ex Quay为DEQ；首次将13种贸易术语按英文缩写字头分为E、F、C、D四组；首次列出买卖双方各自对应的10项义务；首次确立电子单证与纸质单证具有同等效力。

（6）《INCOTERMS 2000》。

它包括13种贸易术语，与1990年版相比，只在FAS和DEQ术语下关于清关和支付关税的义务以及在FCA术语下关于装货和卸货的义务涉及内容上做了实质性变更，并沿用了INCOTERMS 1990的分组方式。

E组：启运术语，仅包括EXW（工厂交货）一种贸易术语。卖方在其所在地将货物交给买方。

F组：主运费未付术语，包括FCA（货交承运人）、FAS（装运港船边交货）和FOB（装运港船上交货）三种贸易术语。使用F组术语时，卖方必须按买方的指示交运货物，因为是由买方订立运输合同和指定承运人的。

C组：主运费已付术语，包括CFR（成本加运费）、CIF（成本、保险费加运费）、CPT（运费付至目的地）和CIP（运费/保险费付至目的地）四种贸易术语。使用F组术语时，卖方必须按通常条件自费订立运输合同；在CIF和CIP术语下，卖方还必须办理保险并支付保险费。

D组：到达术语，包括DAF（边境交货）、DES（目的港船上交货）、DEQ（目的港码头交货）、DDU（未完税交货）和DDP（完税后交货）五种贸易术语。使用D组术语，卖方必须负责将货物运送到约定的目的地或目的港，并负担货物运至该处为止的全部风险和费用。按 D 组术语订立的买卖合同属于到货合同。

（7）《INCOTERMS 2010》。

它包括 11 种贸易术语，即删掉 2000 年版中内容交叉重合的 DAF、DES、DEQ 和 DDU 四个贸易术语，经过整合后增加了 DAT 和 DAP 两个贸易术语。

将 11 种贸易术语按照适用范围分为两大类：一类为适用于任何单一运输方式或多种运输方式的术语，包括 EXW、FCA、CPT、CIP、DAT、DAP 和 DDP；另一类为适用于海运和内河水运的术语，包括 FAS、FOB、CFR 和 CIF（见表 4–1）。

表 4–1 《INCOTERMS 2010》的 11 种贸易术语

适用范围	国际代码	中英文全称
任何单一运输方式或多种运输方式	EXW	Ex Works（insert named place of delivery）《INCOTERMS 2010[①]》 工厂交货（插入指定交货地点）
	FCA	Free Carrier（insert named place of delivery）《INCOTERMS 2010》 货交承运人（插入指定交货地点）
	CPT	Carriage Paid To (insert named place of destination)《INCOTERMS 2010》 运费付至（插入指定目的地）
	CIP	Carriage and Insurance Paid To (insert named place of destination)《INCOTERMS 2010》 运费和保险费付至（插入指定目的地）
	DAT	Delivered At Terminal (insert named terminal at port or place of destination)《INCOTERMS 2010》 运输终端交货（插入指定港口或目的地的运输终端）
	DAP	Delivered At Place (insert named place of destination)《INCOTERMS 2010》 目的地交货（插入指定目的地）
	DDP	Delivered Duty Paid (insert named place of destination)《INCOTERMS 2010》 完税后交货（插入指定目的地）
海运和内河水运	FAS	Free Alongside Ship (insert named port of shipment)《INCOTERMS 2010》 装运港船边交货（插入指定装运港）
	FOB	Free On Board (insert named port of shipment)《INCOTERMS 2010》 装运港船上交货（插入指定装运港）
	CFR	Cost and Freight (insert named port of shipment)《INCOTERMS 2010》 成本加运费（插入指定目的港）
	CIF	Cost Insurance and Freight (insert named port of shipment)《INCOTERMS 2010》 成本、保险费加运费（插入指定目的港）

① 贸易术语的规范表述应包括术语、地点或地址、适用的 INCOTERMS 版本，例如，CIF LONDON INCOTERMS 2010。

2.《INCOTERMS 2010》的主要变化

（1）贸易术语的数量由原来的 13 种变为 11 种。

（2）贸易术语分类的调整。由原来的 E、F、C、D 四组分为两类适用于各种运输方式和水运两大类。

（3）删除了《2000年国际贸易术语解释通则》4个术语，即DAF、DES、DEQ、DDU，只保留了DDP。

（4）新增了2种贸易术语，即DAT（Delivered At Terminal，目的地或目的港的集散站交货）和DAP（Delivered At Place，指定目的地交货）。即用DAP取代了DAF、DES和DDU三个术语，DAT取代了DEQ，且扩展至适用于一切运输方式。

（5）取消了“船舷”的概念，在FOB、CFR、CIF术语条件下，卖方承担货物装上船为止的一切风险，买方承担货物自装运港装上船后的一切风险。

（6）在FAS、FOB、CFR和CIF等术语中加入了货物在运输期间被多次买卖（连环贸易）的责任义务的划分。

（7）使用范围的扩大。考虑到对于一些大的区域贸易集团内部贸易的特点，国际商会规定，INCOTERMS 2010不仅适用于国际销售合同，也适用于国内销售合同。

三、《INCOTERMS 2010》概述

虽然《INCOTERMS 2010》于2011年1月1日正式生效，但是《INCOTERMS 2010》实施后并非《INCOTERMS 2000》就自动作废。因为国际贸易惯例本身不是法律，对国际贸易当事人不产生必然的强制性约束力。当事人在订立贸易合同时仍然可以选择适用《INCOTERMS 2000》，甚至《INCOTERMS 1990》。但如果想在合同中适用《INCOTERMS 2010》，则应在合同中做出明确表示。

尽管《INCOTERMS 2010》没有沿用《INCOTERMS 2000》的分类方式，只是简单地将11种贸易术语按照适用范围分为两类（见表4–2），但《INCOTERMS 2000》的分类与分组仍有重要意义。

表4–2 《INCOTERMS 2010》按交货地点分类与分组

按交货地点分类	组别	性质	国际代码	交货地点	适用范围
出口国境内	E组	启运术语	EXW	商品所在地	全能
	F组	主运费未付术语	FCA	出口国指定地点	全能
			FAS	装运港船边	水运
			FOB	装运港船上	水运
	C组	主运费已付术语	CFR	装运港船上	水运
			CIF	装运港船上	水运
			CPT	出口国指定地点	全能
			CIP	出口国指定地点	全能
进口国境内	D组	到达术语	DAT	进口国指定地点	全能
			DAP	进口国指定地点	全能
			DDP	进口国指定地点	全能

（一）卖方/买方一般义务（A1/B1 General Obligations）

卖方一般义务包括交货和交单，即提供买卖合同约定的货物和商业发票，如需提供其他单据，买卖双方需要在合同中做出明确约定。

买方一般义务是按照买卖合同约定支付价款。

买卖双方一般义务中所指的任何单证在双方约定或符合惯例的情况下，可以是同等作用的电子记录或程序（见表4–3）。

表4–3 《INCOTERMS 2010》买卖双方义务对照

A 卖方义务	B 买方义务
A1 卖方一般义务	B1 买方一般义务
A2 许可证、授权、安检通关和其他手续	B2 许可证、授权、安检通关和其他手续
A3 运输合同与保险合同	B3 运输合同与保险合同
A4 交货	B4 收取货物
A5 风险转移	B5 风险转移
A6 费用划分	B6 费用划分
A7 通知买方	B7 通知卖方
A8 交货凭证	B8 交货证据
A9 查对—包装—标记	B9 货物检验
A10 协助提供信息及相关费用	B10 协助提供信息及相关费用

（二）许可证、授权、安检通关和其他手续（A2/B2 Licences，Authorizations，Security Clearances and Other Forma Lities）

在涉及该项义务的情况下，除EXW术语外，卖方必须自付风险和费用，取得所需的出口许可证或其他官方授权，办理货物出口所需的一切海关手续。

在涉及该项义务的情况下，除DDP术语外，买方必须自付风险和费用，取得所需的进口许可证或其他官方授权，办理货物进口所需的一切海关手续。

（三）运输合同与保险合同（A3/B3 Contracts of Carriage and Insurance）

EXW术语下，卖方对买方无订立运输合同和保险合同的义务。

FCA、FAS和FOB术语下，买方必须自付费用签订运输合同，卖方对买方无订立运输合同的义务，但若买方提出要求或按商业习惯，卖方可以按照通常条件签订运输合同，但由买方承担风险和费用。卖方可以拒绝签订运输合同，如果拒绝，卖方应立即通知买方。

CFR、CIF、CPT、CIP、DAT、DAP和DDP术语下，卖方必须自付费用签订运输合同，买方对卖方无订立运输合同的义务。

在CIF和CIP术语下，卖方必须自付费用取得货物保险，买方对卖方无订立保险合同的义务。

在 EXW、FCA、FAS、FOB、CFR、CPT、DAT、DAP 和 DDP 术语下，卖方对买方无订立保险合同的义务，但应买方要求，卖方必须向买方提供取得保险所需信息。

（四）交货/收取货物（A4/B4 Delivery/Taking Delivery）

在 EXW、FCA、CPT 和 CIP 术语下，卖方可在合同约定日期或期限内，在出口国境内任何约定地点交货。

在 FAS、FOB、CFR 和 CIF 术语下，卖方可在合同约定日期或期限内，在出口国境内指定装运港交货。

在 DAT、DAP 和 DDP 术语下，卖方可在合同约定日期或期限内，在进口国境内指定目的港或目的地交货。

当卖方完成交货义务时，买方必须收取货物。

（五）风险转移（A5/B5 Transfer of Risks）

通常情况下，卖方承担完成交货义务之前货物灭失或损坏的一切风险，买方承担卖方完成交货义务之后货物灭失或损坏的一切风险。

（六）费用划分（A6/B6 Allocation of Costs）

通常情况下，《INCOTERMS 2010》买卖双方关于进出口清关、货物装卸、运费、保险费的划分如表 4–4 所示。

表 4–4 《INCOTERMS 2010》买卖双方费用划分

项目	出口清关	装货费	运费	保险费	进口清关	卸货费
EXW	买方	买方	买方	买方	买方	买方
FAS	卖方	买方	买方	买方	买方	买方
FCA	卖方	卖方/买方	买方	买方	买方	买方
FOB	卖方	卖方	买方	买方	买方	买方
CFR	卖方	卖方	卖方	买方	买方	买方
CPT	卖方	卖方	卖方	买方	买方	买方
CIF	卖方	卖方	卖方	卖方	买方	买方
CIP	卖方	卖方	卖方	卖方	买方	买方
DAT	卖方	卖方	卖方	卖方	买方	卖方
DAP	卖方	卖方	卖方	卖方	买方	买方
DDP	卖方	卖方	卖方	卖方	卖方	买方

（七）通知买方/通知卖方（A7/B7 Notices to the Buyer/Seller）

卖方必须就已完成或无法完成交货给予买方充分的通知，以便买方采取收取货物通常所需要的措施。

买方必须就相关事项给予卖方充分的通知，如买方有权决定的在约定期限内的交货时间和/或指定地点内的收取货物点、买方指定的承运人或船名等。

（八）交货凭证/交货证据（A8/B8 Delivery Document/Proof of Delivery）

在 EXW 术语下，卖方对买方无义务提供交货凭证，买方有义务向卖方提供其已收取货物的相关凭证。

在 FAS、FOB 和 FCA 术语下，卖方必须自付费用向买方提供完成交货的通常凭证，应买方要求并由其承担风险和费用，卖方必须协助买方取得运输凭证。

在 CFR、CPT、CIF 和 CIP 术语下，卖方自付费用向买方提供运输凭证，该运输凭证必须载明合同中的货物，且其签发日期应在约定运输期限内，并能使买方在指定目的地向承运人索取货物，或能使买方在货物运输途中以向下家买方转让或通知承运人方式出售货物。当运输凭证以可转让形式签发且有数份正本时，卖方必须将整套正本提交给买方。当该运输凭证与合同相符时，买方必须接受。

在 DAT、DAP 和 DDP 术语下，卖方必须自付费用向买方提供凭证，以确保买方能够收取货物，买方必须接受卖方提供的符合合同的交货凭证。

（九）查对–包装–标记/货物检验（A9/B9 Checking-packaging-marking/Inspection of Goods）

卖方必须支付交货所需的查对费用，如查对质量、丈量、过磅、点数的费用，以及出口国有关机构强制进行的装运前检验费用。在需要时自付费用以适合货物运输的方式对货物进行包装，并做适当标记。

买方必须支付任何装运前必需的检验费用，但出口国有关机构强制进行的检验除外（不包括 EXW 和 DDP 术语）。

（十）协助提供信息及相关费用（A10/B10 Assistance With Information and Related Costs）

买卖双方必须及时相互提供或协助对方取得其清关、过境所需要的任何单证和信息，包括安全信息，相关费用由对方承担。

任务二　掌握全能贸易术语

在实际业务中，买卖双方使用的贸易术语多选择适用国际商会《国际贸易术语解释通则》最新版本，本节所述“全能贸易术语”指《INCOTERMS 2010》中适用于任何单一运输方式或多种运输方式的术语，包括 EXW、FCA、CPT、CIP、DAT、DAP 和 DDP。

一、EXW

Ex Works（insert named place of delivery），工厂交货（插入指定交货地点）。

EXW 是指卖方在其所在地（如工场、工厂或仓库等）将备妥的货物交付买方，以履行其交货义务。EXW 术语是卖方承担责任最小的一种贸易术语，适合国内贸易。

（一）买卖双方基本义务

EXW 术语买卖双方基本义务如表 4–5 所示。

表 4–5 EXW 术语买卖双方基本义务

卖 方	买 方
1. 在其所在地或其他指定地点将符合合同约定的货物交给买方处置时即完成交货 2. 必须给予买方收取货物所需的任何通知 3. 承担货物在交货地点交给买方处置之前的所有费用和风险 4. 货物需要包装时，卖方必须自付费用包装货物，使之适合运输并做适当标记 5. 提供商业发票或相等的电子信息	1. 承担自交货地点收取货物之后的所有费用和风险 2. 自付费用取得进口许可证或其他官方授权，办理货物进口海关手续 3. 按合同约定收取货物，提供已收取货物的相关凭证，支付价款

（二）使用 EXW 应注意的问题

（1）在 EXW 术语后面要写明指定交付点，如果没有写明，且有不止一个交付点可供使用时，卖方可以选择对其来说最方便的交付点。

（2）卖方不需要将货物装上任何前来接收货物的运输工具，如果卖方方便装货，应使用 FCA。

（3）需要清关时，卖方无须办理出口清关手续。

课内讨论 4–1

厦门某茶叶 A 公司采用 EXW 贸易术语与在厦外资 B 公司签订了一份红茶出口至伦敦的合同。装运的那天，B 公司派车去 A 公司的仓库接货，A 公司业务人员主动将货物装上 B 公司来车。不料当天雪后路滑，一装运工人不慎摔倒，导致茶叶包装破裂，该装运工人受伤，部分茶叶受损。事后，A 公司向 B 公司提出索赔要求，B 公司拒绝接受，请问 B 公司的拒绝是否有理？

二、FCA

Free Carrier（insert named place of delivery），货交承运人（插入指定交货地点）。

（一）买卖双方基本义务

FCA 术语买卖双方基本义务如表 4–6 所示。

表 4–6 FCA 术语买卖双方基本义务

卖 方	买 方
1. 在其所在地或其他指定地点将符合合同约定的货物交给买方指定的承运人或其他人处置时即完成交货 2. 完成交货后必须及时通知买方 3. 承担货交承运人之前的所有费用和风险 4. 自负风险和费用，取得出口许可证或其他官方批准证件，办理货物出口所需的一切海关手续 5. 提供商业发票或相等的电子信息，协助买方取得运输凭证	1. 自付费用签订从指定的交货地点起运货物的合同，并及时通知卖方 2. 承担货交承运人之后的所有费用和风险 3. 自付费用取得进口许可证或其他官方授权，办理货物进口和从他国过境运输所需的海关手续 4. 按合同约定收取货物，提供已收取货物的相关凭证，支付价款

（二）使用 FCA 术语应注意的事项

（1）在 FCA 术语后面要写明指定交付点，如果没有写明，且有不止一个交付点可供使用时，卖方可以选择对其来说最方便的交付点。

（2）根据《INCOTERMS 2010》，在卖方所在地交货，卖方要负责将货物装上买方提供的运输工具；在其他指定地点交货时，当货物在卖方的运输工具上可供卸载，并可由承运人或买方指定的其他人处置时，卖方完成交货，即卖方不负责卸货。

（3）根据《INCOTERMS 2010》，"承运人"是指与其签订运输合同的人。若买方指定承运人以外的其他人收取货物，则当卖方将货物交给此人时，即视为已履行了交货义务。

（4）采用 FCA 术语，买方应自付费用订立从指定地点承运货物的运输合同，并指定承运人，但当卖方被要求协助与承运人订立合同时，只要买方承担费用和风险，卖方也可以办理。当然，卖方也可以拒绝订立运输合同，如若拒绝，则应立即通知买方，以便买方另做安排。

三、CPT

Carriage Paid To（insert named place of destination），运费付至（插入指定目的地）。

（一）买卖双方基本义务

CPT 术语买卖双方基本义务如表 4–7 所示。

表 4–7　CPT 术语买卖双方基本义务

卖　方	买　方
1. 订立将货物运往指定目的地的运输合同，并支付有关运费 2. 在合同规定的时间，将合同规定的货物交给承运人或其他人处置时即完成交货 3. 完成交货后必须及时通知买方 4. 承担货交承运人之前的所有费用和风险 5. 自负风险和费用，取得出口许可证或其他官方批准证件，办理货物出口所需的一切海关手续 6. 提供商业发票或相等的电子信息，协助买方取得运输凭证	1. 承担货交承运人之后的所有费用和风险 2. 自付费用取得进口许可证或其他官方授权，办理货物进口和从他国过境运输所需的海关手续 3. 按合同约定收取货物，提供已收取货物的相关凭证，支付价款

（二）使用 CPT 术语应注意的事项

（1）按照 CPT 术语成交，虽然卖方要负责订立从启运地到指定目的地的运输契约，并支付运费，但是卖方承担的风险并没有延伸至目的地。货物自交货地点至目的地的运输途中的风险由买方承担，卖方只承担货物交给承运人控制之前的风险。在多式联运情况下，卖方承担的风险自货物交给第一承运人控制时即转移给买方。

（2）采用 CPT 术语时，由卖方指定承运人，自费订立运输合同，将货物运往指定的目的地，并支付正常运费。正常运费之外的其他有关费用，一般由买方负担。

卖方将货物交给承运人之后，应向买方发出货物已交付的通知，以便于买方在目的地办理货运保险和受领货物。如果双方未能确定买方受领货物的具体地点，卖方可以在目的地选择最适合其要求的地点。

（3）根据《INCOTERMS 2010》，卸货费由买方支付，但卖方要注意运输合同与买卖合同的协调，如果卖方按照运输合同在指定目的地发生了卸货费，除非另有约定，卖方无权向买方要求偿付。

（4）卖方向买方提供的运输凭证必须载明合同中的货物，且其签发日期应在约定运输期限内，并能使买方在指定目的地向承运人索取货物，或能使买方在货物运输途中以向下家买方转让或通知承运人方式出售货物。当运输凭证以可转让形式签发且有数份正本时，卖方必须将整套正本提交给买方。

四、CIP

Carriage and Insurance Paid To（insert named place of destination)，运费、保险费付至（插入指定目的地）。

（一）买卖双方基本义务

CIP 术语买卖双方基本义务如表 4–8 所示。

表 4–8　CIP 术语买卖双方基本义务

卖　方	买　方
1. 订立将货物运往指定目的地的运输合同，并支付有关运费 2. 自付费用取得货物保险 3. 在合同规定的时间，将合同规定的货物交给承运人或其他人处置时即完成交货 4. 完成交货后必须及时通知买方 5. 承担货交承运人之前的所有费用和风险 6. 自负风险和费用，取得出口许可证或其他官方批准证件，办理货物出口所需的一切海关手续 7. 提供商业发票或相等的电子信息，协助买方取得运输凭证、保险单	1. 承担货交承运人之后的所有费用和风险 2. 自付费用取得进口许可证或其他官方授权，办理货物进口和从他国过境运输所需的海关手续 3. 按合同约定收取货物，提供已收取货物的相关凭证，支付价款

（二）使用 CIP 术语应注意的事项

（1）按 CIP 术语成交的合同，卖方要负责办理货运保险，并支付保险费，但货物从交货地点运往目的地的运输途中的风险由买方承担。所以，卖方的投保仍属于代办性质。《INCOTERMS 2010》规定：一般情况下，卖方要按双方协商确定的险别投保，如果双方未在合同中规定应投保的险别，则由卖方按惯例投保最低的险别，保险金额一般是在合同价格的基础上加成 10%。即 CIP 合同价款的 110%，并以合同货币投保。

（2）买卖双方在合同中要写明交货地点，交货地点也是风险转移点。如果运输到约定目的地涉及多个承运人，且双方不能就交货地点达成一致时，当卖方在某个完全由其选择且买方不能控制的点将货物交付给第一承运人时，风险转移至买方。

（3）在 CIP 术语后面要写明指定目的地点，便于卖方签订将货物运至该目的地的运输合同，准确核算并支付运费。

五、DAT

Delivered At Terminal（insert named terminal at port or place of destination)，运输终端交货（插入指定港口或目的地的运输终端），该术语是《INCOTERMS 2010》新增术语。

（一）买卖双方基本义务

DAT 术语买卖双方基本义务如表 4–9 所示。

表 4–9 DAT 术语买卖双方基本义务

卖 方	买 方
1. 订立将货物运往指定港口或目的地的运输终端运输合同，并支付有关运费 2. 在指定港口或目的地的运输终端将合同规定的货物从抵达的运输工具上卸下交给买方处置时即完成交货 3. 必须向买方发出通知，以便买方采取收取货物通常所需的措施 4. 承担在运输终端之前的所有费用和风险 5. 自负风险和费用，取得出口许可证或其他官方批准证件，办理货物出口所需的一切海关手续 6. 提供商业发票或相等的电子信息	1. 承担运输终端交货之后的所有费用和风险 2. 自付费用取得进口许可证或其他官方授权，办理货物进口所需的海关手续 3. 按合同约定收取货物，提供已收取货物的相关凭证，支付价款

（二）使用 DAT 术语应注意的事项

（1）DAT 是《INCOTERMS 2010》新增术语，卖方在指定港口或目的地的运输终端交货，但卖方要负责将货物从到达的运输工具上卸下，这一点与《INCOTERMS 2000》中的 DEQ 类似。卖方在订立运输合同时要注意运输合同与买卖合同相关交货地点的协调，如果卖方按照运输合同在指定目的地发生了卸货费，除非另有约定，卖方无权向买方要求偿付。

（2）“运输终端”意味着进口国境内任何地点，而不论该地点是否有遮盖，例如码头、仓库、集装箱堆场或公路、铁路、空运货站。

（3）由于卖方承担在特定交货地点交货前的风险，买卖双方应尽可能确切地约定运输终端的地址，最好能具体到约定港口或目的地运输终端内特定的点。如果没有约定特定的交货点或该交货点不能确定，卖方可以在指定港口或目的地运输终端选择最适合其目的地的交货点。

（4）卖方对买方没有订立保险合同的义务，但由于整个运输过程的风险要由卖方承担，卖方通常会通过投保规避货物运输风险。如果双方希望由卖方承担将货物由运输终端运输或搬运至另一地点的风险和费用，则应使用 DAP 或 DDP 术语。

六、DAP

Delivered at Place（insert named place of destination），目的地交货（插入指定目的地），该术语是《INCOTERMS 2010》新增术语。

（一）买卖双方基本义务

DAP 术语买卖双方基本义务如表 4–10 所示。

表 4–10 DAP 术语买卖双方基本义务

卖 方	买 方
1. 订立将货物运往指定目的地或指定目的地内约定的地点的运输合同，并支付有关运费	1. 承担在指定目的地运输工具上交货之后的所有费用和风险

续表

卖　方	买　方
2. 在指定目的地将合同规定的货物放在已抵达的运输工具上交给买方处置时即完成交货 3. 必须向买方发出通知，以便买方采取收取货物通常所需的措施 4. 承担在指定目的地运输工具上交货之前的所有费用和风险 5. 自负风险和费用，取得出口许可证或其他官方批准证件，办理货物出口和交货前从他国过境运输所需的一切海关手续 6. 提供商业发票或相等的电子信息	2. 自付费用取得进口许可证或其他官方授权，办理货物进口所需的海关手续 3. 按合同约定收取货物，提供已收取货物的相关凭证，支付价款

（二）使用 DAP 术语应注意的事项

（1）DAP 是《INCOTERMS 2010》新增术语，卖方在指定目的地交货，但卖方不负责将货物从到达的运输工具上卸下，这一点与《INCOTERMS 2000》中的 DAF、DES 和 DDU 类似。卖方在订立运输合同时要注意运输合同与买卖合同相关交货地点的协调，如果卖方按照运输合同在指定目的地发生了卸货费，除非另有约定，卖方无权向买方要求偿付。

（2）由于卖方承担在特定交货地点交货前的风险，买卖双方应尽可能清楚地指出目的地的地址，最好能具体到指定目的地内特定的点。如果没有约定特定的交货点或该交货点不能确定，卖方可以在指定目的地选择最适合其目的地的交货点。

（3）卖方对买方没有订立保险合同的义务，但由于整个运输过程的风险要由卖方承担，卖方通常会通过投保规避货物运输风险。

（4）如果双方希望由卖方办理进口所需的许可证或其他官方授权，以及货物进口所需一切的海关手续，包括支付所有进口关税，则应使用 DDP 术语。

七、DDP

Delivered Duty Paid（insert named place of destination），完税后交货（插入指定目的地）。DDP 术语是卖方承担责任、费用和风险最大的一种术语。

（一）买卖双方基本义务

DDP 术语买卖双方基本义务如表 4–11 所示。

表 4–11　DDP 术语买卖双方基本义务

卖　方	买　方
1. 订立将货物运往指定目的地或指定目的地内约定的地点的运输合同，并支付有关运费 2. 在指定目的地将合同规定的、已完成进口清关且可供卸载的货物交给买方处置时即完成交货 3. 必须向买方发出通知，以便买方采取收取货物通常所需的措施 4. 承担在指定目的地运输工具上交货之前的所有费用和风险，包括出口和进口关税 5. 自负风险和费用，取得出口和进口许可证或其他官方批准证件，办理货物出口、从他国过境运输和进口所需的一切海关手续 6. 提供商业发票及买方能够收取货物的凭证或相等的电子信息	1. 承担在指定目的地运输工具上交货之后的所有费用和风险 2. 按合同约定收取货物，提供已收取货物的相关凭证，支付价款

（二）使用 DDP 术语应注意的事项

（1）在 DDP 的交货条件下，卖方是在办理了进口结关手续后在指定目的地交货的，这实际上是卖方已将货物运进了进口方的国内市场。如果卖方不能直接或间接地取得进口许可证或办理进口手续，则不应所有 DDP 术语。

（2）如果双方当事人愿意从卖方的义务中排除货物进口时需支付的某些费用，如增值税，则应就此意思加注字句，如“完税后交货，增值税未付（插入指定目的地）”，以使之明确。

（3）买方要负责在指定目的地将货物从到达的运输工具上卸下。卖方在订立运输合同时要注意运输合同与买卖合同相关交货地点的协调，如果卖方按照运输合同在指定目的地发生了卸货费，除非另有约定，卖方无权向买方要求偿付。

（4）由于卖方承担在特定交货地点交货前的风险，买卖双方应尽可能清楚订明指定目的地的地址，最好能具体到指定目的地内特定的点。如果没有约定特定的交货点或该交货点不能确定，卖方可以在指定目的地选择最适合其目的地的交货点。

（5）卖方对买方没有订立保险合同的义务，但由于整个运输过程的风险要由卖方承担，卖方通常会通过投保规避货物运输风险。

任务三　掌握水运贸易术语

本节所述“水运贸易术语”是指《INCOTERMS 2010》中适用于海运和内河水运的术语，包括 FAS、FOB、CFR 和 CIF。

一、FAS

Free Alongside Ship（insert named port of shipment），船边交货（插入指定装运港）。

（一）买卖双方基本义务

FAS 术语买卖双方基本义务如表 4–12 所示。

表 4–12　FAS 术语买卖双方基本义务

卖　方	买　方
1. 在约定的日期或期限内将合同规定的货物在指定装运港交到买方指定的船边或“取得”已经这样交运的货物即为完成交货，并及时通知买方 2. 承担货交装运港船边之前的所有费用和风险 3. 自负风险和费用，取得出口许可证或其他官方批准证件，办理货物出口所需的一切海关手续 4. 提供商业发票和通常的证明其完成交货义务或相等的电子信息	1. 自付费用订立从指定装运港到目的港的运输合同，并将船名、装船点和在需要时其在约定期限内选择的交货时间向卖方发出充分通知 2. 承担货交装运港船边之后的所有费用和风险 3. 按合同约定收取货物，接受交货凭证，支付价款 4. 自付费用取得进口许可证或其他官方授权，办理货物进口和从他国过境运输所需的海关手续

（二）使用 FAS 术语应注意的事项

（1）在实际义务中，当买方指定的载货船舶能够直接靠岸时，“船边”指码头上装卸工具所及的范围，如果买方所派的船只不能靠岸，卖方则负责要用驳船把货物运至船边，完成船边交货。

（2）当使用集装箱运输货物时，卖方通常将货物在集装箱码头移交给承运人，而非交到船边，这时不宜使用 FAS 术语，而应使用 FCA 术语。

（3）由于卖方承担在特定交货地点交货前的风险和费用，而且这些费用和相关作业费可能因各港口惯例不同而变化，所以买卖双方应尽可能清楚地指定装运港内的交货点。如果没有约定特定的交货点或该交货点不能确定，卖方可以在指定装运港选择最适合其目的的交货点。

二、FOB

Free on Board（insert named port of shipment），船上交货（插入指定装运港）。

（一）买卖双方基本义务

FOB 术语买卖双方基本义务如表 4–13 所示。

表 4–13　FOB 术语买卖双方基本义务

卖　方	买　方
1. 在指定装运港按合同规定日期或期限内，将货物装到买方指定的船上或通过“取得”已交付至船上货物的方式交货，并及时通知买方 2. 承担货交指定装运港船上之前的所有费用和风险 3. 自负风险和费用，取得出口许可证或其他官方批准证件，办理货物出口所需的一切海关手续 4. 提供商业发票和通常的证明其完成交货义务或相等的电子信息，协助买方取得运输凭证	1. 自付费用订立从指定装运港到目的港的运输合同，并将船名、装船点和在需要时其在约定期限内选择的交货时间向卖方发出充分通知 2. 承担货交指定装运港船上之后的所有费用和风险 3. 自付费用取得进口许可证或其他官方授权，办理货物进口和从他国过境运输所需的海关手续 4. 按合同约定收取货物，接受交货凭证，支付价款

（二）《1990 年美国对外贸易定义修订本》对 FOB 的解释

《1990 年美国对外贸易定义修订本》对 FOB 的解释分为六种，其中只有“指定装运港船上交货”FOB Vessel（named port of shipment）与《INCOTERMS 2010》对 FOB 术语的解释相近。但仍有下列不同：

（1）美国惯例把 FOB 笼统地解释为在某处某种运输工具上交货，其适用范围很广，因此，在同美国、加拿大等国的商人按 FOB 订立合同时，除必须标明装运港名称外，还必须在 FOB 后加上“船舶”（Vessel）字样。如果只订为“FOB San Francisco”而漏写“Vessel”字样，则卖方只负责把货物运到旧金山城内的任何处所，不负责把货物运到旧金山港口并交到船上。

（2）在费用负担上，规定买方要支付卖方协助提供出口单证的费用以及出口税和因出口而产生的其他费用。

（3）FOB Vessel 多用于美国厂商向美国出口商报价，即 FOB Vessel 既可以用于国际贸易，也可用于国内贸易，而《INCOTERMS 2010》中的 FOB 主要用于国际贸易。

（三）使用 FOB 术语应注意的事项

（1）使用 FOB 术语时，卖方在装运港将货物装上船时完成交货，而载货船舶由买方负责租船订舱，所以，买卖双方必须注意船货衔接问题。

（2）当使用集装箱运输货物时，卖方通常将货物在集装箱码头移交给承运人，而非交到船上，这时不宜使用 FOB 术语，而应使用 FCA 术语。

课内讨论 4–2

我国某内陆出口公司于2016年2月向日本出口30公吨[①]红茶，每公吨40箱，共1 200箱，每公吨售价1 800美元，FOB新港，共54 000美元，装运期为2月25日之前，货物装集装箱。该出口公司在天津设有办事处，于是在2月上旬便将货物运到天津，由天津办事处负责订箱装船。不料货物在天津存仓后的第二天，仓库午夜着火，抢救不及，1 200箱红茶全部被焚。办事处立即通知内地公司总部并要求尽快补发30公吨。否则无法按期装船。结果该出口公司因货源不济，只好要求日商将装运期延长15天，日商同意但提出价格下降5%，经双方协商，最终降价3%。请问从此案例中我方应吸取什么教训？

（3）卖方装船后，必须及时向买方发出装船通知，以便买方及时办理投保手续。

（4）FOB 术语与 FCA 术语的异同。FOB 术语的价格构成模式与 FCA 术语类似，均为运费在外价，按这两种术语成交的合同均属装运合同。FCA 与 FOB 的主要不同在于适用的运输方式、交货和风险转移的地点不同。FCA 术语适用于各种运输方式，交货地点视不同运输方式的不同约定而定，其风险划分是卖方将货物交至承运人时转移；FOB 术语仅用于海运和内河运输，交货地点为装运港船上，风险划分以装运港船为界。

（四）FOB 术语的变形

在按 FOB 条件成交时，卖方要负责支付货物装上船之前的一切费用。但各国对于“装船”的概念没有统一的解释，有关装船的各项费用由谁负担，各国的惯例或习惯做法也不完全一致。如果采用班轮运输，船方管装管卸，装卸费计入班轮运费之中，自然由负责租船的买方承担；而采用程租船运输，船方一般不负担装卸费用。这就必须明确装船的各项费用应由谁负担。为了说明装船费用的负担问题，双方往往在 FOB 术语后加列附加条件，这就形成了 FOB 的变形。主要包括以下几种。

1. FOB 班轮条件（FOB Liner Terms）

指装船费用按照班轮的做法处理，即由船方或买方承担。所以，采用这一变形，卖方不负担装船的有关费用。

2. FOB 吊钩下交货（FOB Under Tackle）

指卖方负担费用将货物交到买方指定船只的吊钩所及之处，而吊装入舱以及其他各项费用，概由买方负担。

3. FOB 理舱费在内（FOB Stowed）

指卖方负责将货物装入船舱并承担包括理舱费在内的装船费用。理舱费是指货物入舱后进行安置和整理的费用。

4. FOB 平舱费在内（FOB Trimmed）

指卖方负责将货物装入船舱并承担包括平舱费在内的装船费用。平舱费是指对装入船舱

---

① 1公吨=1千克。

的散装货物进行平整所需的费用。

在许多标准合同中，为表明由卖方承担包括理舱费和平舱费在内的各项装船费用，常采用 FOBST（FOB Stowed and Trimmed）方式。

FOB 的上述变形，只是为了表明装船费用由谁负担而产生的，并不改变 FOB 的交货地点以及风险划分的界限。为了避免因理解上的偏差引起争执，建议买卖双方在使用 FOB 变形术语时应在合同中明确规定这种变形是仅限于费用的划分还是包括了风险在内。

三、CFR

Cost and Freight（insert named port of destination），成本加运费（插入指定目的港）。

（一）买卖双方基本义务

CFR 术语买卖双方基本义务如表 4–14 所示。

表 4–14　CFR 术语买卖双方基本义务

卖　方	买　方
1. 自付费用订立从指定装运港到目的港的运输合同 2. 在指定装运港按合同规定日期或期限内，将货物装到买方指定的船上或通过“取得”已交付至船上货物的方式交货，并及时通知买方 3. 承担货交指定装运港船上之前的所有费用和风险 4. 自负风险和费用，取得出口许可证或其他官方批准证件，办理货物出口所需的一切海关手续 5. 提供商业发票和通常的证明其完成交货义务或相等的电子信息	1. 承担货交指定装运港船上之后的所有费用和风险 2. 自付费用取得进口许可证或其他官方授权，办理货物进口和从他国过境运输所需的海关手续 3. 按合同约定收取货物，接受交货凭证，支付价款

（二）使用 CFR 的注意事项

（1）按 CFR 条件成交时，由卖方安排运输，由买方办理货运保险。如卖方不及时发出装船通知，则买方就无法及时办理货运保险，甚至有可能出现漏保货运险的情况。因此，卖方装船后务必及时向买方发出装船通知，否则，卖方应承担货物在运输途中的风险和损失。

课内讨论 4–3

上海 A 贸易公司按 CFR 条件与法国 B 贸易公司签订了一批茶叶出口合同，价值 10 万美元。货物于 2016 年 2 月 10 日上午装船完毕，业务员因为当天下午到外地出差，忘记向 B 贸易公司发出装船通知，直到 2 月 13 日上班才想起来并发出装船通知。法商收到装船通知后立即向当地保险公司投保，不料该保险公司已获悉装载该货的轮船已于 2 月 12 日凌晨在海上遇难沉船而拒绝承保。法方即来电称：由于你方晚发装船通知以致我方无法投保，因货轮已罹难，货物损失应由你方负担并赔偿我方利润及费用损失 10 000 美元。不久我方通过银行寄去的全套货运单证被退回。请问法国客户这种做法是否合理？

（2）在进口业务中，按 CFR 条件成交时，鉴于由外商安排装运，由我方负责保险，故应选择资信好的国外客户成交，并对船舶提出适当要求，以防外商与船方勾结，出具假提单，租用不适航的船舶，或伪造品质证书与产地证明。若出现这类情况，会使我方蒙受不应有的损失。

（3）虽然卖方必须签订运输合同，并支付将货物运至指定目的港的运费，但卖方完成交货是在装运港船上，风险也随着交货转移，所以买卖双方应在合同中尽可能准确地约定装运港。

（4）CFR 术语变形与 CIF 术语一样。

（5）CFR 与 CPT 的异同。CFR 术语的价格构成模式与 CPT 术语类似，均为运费在内价，按这两种术语成交的合同均属装运合同。CFR 与 CPT 的主要不同在于适用的运输方式、交货和风险转移的地点不同。CPT 术语适用于各种运输方式，交货地点视不同运输方式的不同约定而定，其风险划分是卖方将货物交至承运人时转移；CFR 术语仅用于海运和内河运输，交货地点为装运港船上，风险划分以装运港船为界。

四、CIF

Cost，Insurance and Freight（insert named port of destination），成本、保险费加运费（插入指定目的港）。

（一）买卖双方基本义务

CIF 术语买卖双方基本义务如表 4–15 所示。

表 4–15　CIF 术语买卖双方基本义务

卖　方	买　方
1. 自付费用订立从指定装运港到目的港的运输合同 2. 在指定装运港按合同规定日期或期限内，将货物装到买方指定的船上或通过“取得”已交付至船上货物的方式交货，并及时通知买方 3. 承担货交指定装运港船上之前的所有费用和风险 4. 自付费用办理货物运输保险 5. 自负风险和费用，取得出口许可证或其他官方批准证件，办理货物出口所需的一切海关手续 6. 提供商业发票和通常的证明其完成交货义务或相等的电子信息	1. 承担货交指定装运港船上之后的所有费用和风险 2. 自付费用取得进口许可证或其他官方授权，办理货物进口和从他国过境运输所需的海关手续 3. 按合同约定收取货物，接受交货凭证，支付价款

（二）使用 CIF 术语应注意的事项

（1）卖方办理保险的责任。在 CIF 合同中，卖方是为了买方的利益办理货运保险的，因为此项保险主要是为了保障货物装船后在运输途中的风险。最低保险金额应为合同规定的价款加 10%，并以合同货币投保。

（2）象征性交货问题。从交货方式来看，CIF 是一种典型的象征性交货（Symbolic Delivery）。所谓象征性交货，是针对实际交货（Physical Delivery）而言。前者指卖方只要按期在约定地点完成装运，并向买方提交合同规定的包括物权凭证在内的有关单证，就算完成了交货义务，而无须保证到货。后者则是指卖方要在规定的时间和地点，将符合合同规定的货物提交给买方或其指定人，而不能以交单代替交货。在象征性交货方式下，卖方是凭单交货，买方是凭单付款，只要卖方按时向买方提交了符合合同规定的全套单据，即使货物在运输途中损坏或灭失，买方也必须履行付款义务。反之，如果卖方提交的单据不符合要求，即使货物完好无损地运达目的地，买方仍有权拒付货款。由此可见，CIF 交易实际上是一种单据的买卖。所以，装运单据在 CIF 交易中具有特别重要的意义。但是，必须指出，按 CIF 术语成交，卖方履行其交单义务，只是得到买方付款的前提条件，除此之外，他还必须履行交货义务。如果卖方提交的货物不符合要求，买方即使已经付款，仍然可以根据合同的规定向卖方提出索赔。

（3）CIF 合同属于“装运合同”。在 CIF 术语下，卖方在装运港将货物装上船，即完成了交货义务。因此，采用 CIF 术语订立的合同属于“装运合同”。

（4）CIF 与 CIP 的区别。CIF 术语的价格构成模式与 CIP 术语类似，它们的价格构成中都包括了通常的运费和约定的保险费，按这两种术语成交的合同均属装运合同。CIF 与 CIP 的主要不同在于适用的运输方式、交货和风险转移的地点不同。CIP 术语适用于各种运输方式，交货地点视不同运输方式的不同约定而定，其风险划分是卖方将货物交至承运人时转移；CIF 术语仅用于海运和内河运输，交货地点为装运港船上，风险划分以装运港船为界。

（三）CIF 的变形

在国际贸易中，大宗商品的交易通常采用程租船运输，在多数情况下，船公司一般是不负担装卸费的。因此，在 CIF 条件下，买卖双方容易在卸货费由何方负担的问题上引起争议。为了明确责任，买卖双方应在合同中对卸货费由谁负担的问题做出明确具体的规定。

在 CIF 术语后加列各种附加条件（CFR 术语一样），只是为了明确卸货费由谁负担，并不影响交货地点和风险转移的界线。若要改变交货地点和风险转移界限，买卖双方应在合同中加以明确。

1. CIF/CFR 班轮条件（CIF/CFR Liner Terms）

这是指卸货费按班轮办法处理，即买方不负担卸货费。

2. CIF/CFR 卸到岸上（CIF/CFR Landed）

这是指由卖方负担卸货费，其中包括驳运费在内。

3. CIF/CFR 吊钩下交货（CIF/CFR EX Tackle）

这是指卖方负责将货物从船舱吊起卸到船舶吊钩所及之处（码头上或驳船上）的费用。在船舶不能靠岸的情况下，租用驳船的费用和货物从驳船卸到岸上的费用，概由买方负担。

4. CIF/CFR 舱底交货（CIF/CFR Ex Ship's Hold）

这是指货物运到目的港后，由买方自行启舱，并负担货物从舱底卸到码头的费用。

（四）FCA、CPT、CIP 与 FOB、CFR、CIF 的比较

FCA、CPT 和 CIP 三种术语与 FOB、CFR 和 CIF 三种术语买卖双方责任划分的基本原则是相同的，但又有不同之处，主要表现在以下几方面（见表 4–16）。

表 4–16　FCA、CPT、CIP 与 FOB、CFR、CIF 的异同

比较项目	FOB/CFR/CIF	FCA/CPT/CIP
运输方式	海运和内河运输	各种运输方式（单式和多式）
承运人	船公司	船公司、铁路局、航空公司或多式联运经营人
交货地点	装运港船上	视不同运输方式而定
风险转移界限	装运港船上	货交承运人监管后

续表

比较项目	FOB/CFR/CIF	FCA/CPT/CIP
装卸费用负担	FOB 的各种变形以明确装船费用由谁承担 CFR、CIF 的各种变形以明确卸货费用由谁承担	已经计入运费，不需要通过术语的变形解决装卸费用的负担问题
运输单据	已装船清洁提单	提单、海运单、内河运单、铁路运单、公路运单、航空运单或多式联运单据
后注地名	FOB 后加注装运港名称 CFR、CIF 后加注目的港名称	FCA 后加注装运地名称 CPT、CIP 后加注目的地名称

任务四　正确选用贸易术语

贸易术语是对外成交价格中的重要组成部分，使用恰当与否直接关系到买卖双方的经济利益。因此，在进行交易磋商时，贸易双方都从自身的利害得失考虑，都希望采用对自己有利的贸易术语。为了顺利履行合同，提高经济效益，在选择贸易术语时应考虑以下几个因素。

一、考虑所使用的运输方式

不同的贸易术语都有其相应的适用范围，所以选择贸易术语时应考虑所使用的运输方式。如 FOB、CFR 和 CIF 术语只适用海洋运输和内河运输，而不适用于空运、铁路和公路运输。如买卖双方拟使用空运、铁路和公路运输，则应选用 FCA、CPT 和 CIP 术语。在我国，随着使用集装箱运输和多式联运方式的不断扩大和发展，为适应这种发展趋势，可以适当扩大使用 FCA、CPT 和 CIP 术语，尤其是内陆企业产品的出口采用集装箱运输和多式联运时应考虑选择 FCA、CPT 和 CIP 术语，这样不仅节省运费而且使货物风险提前转移给买方，还能提早取得货运单据办理结汇。

二、考虑运费和保险费的因素

各种贸易术语的价格构成各不相同，运费、保险费是构成价格的一部分。因此，在选用贸易术语时，应考虑运费、保险费的因素。一般来说，在出口贸易中，我方应争取选用 CIF 和 CFR 术语。在进口贸易中，应争取选用 FOB 术语。对 FCA、CPT 和 CIP 术语的选用也应按上述原则掌握。这样有利于节省运费和保险费的外汇支出，并有利于促进我国对外运输事业和保险事业的发展。另外，在选用贸易术语时，还应注意运费变动的趋势。当运费看涨时，为了避免承担运费上涨的风险，出口时应选用 FOB 术语，进口时应选用 CIF 或 CFR 术语。如因某种原因，采用由我方安排运输的贸易术语时，则应对货价进行调整，将运费上涨的风险考虑到货价中去。

三、考虑货物的特性

在国际贸易中，进出口货物的品种繁多，不同类别的货物具有不同的特点，对运输方面的要求各不相同，运费开支的大小也有差异。有些货物价值较低，但运费占货价的比重较大，对这类货物，出口应选用 FOB 术语，进口选用 CIF 或 CFR 术语。此外，成交量的大小，也涉及运输安排的难易和经济核算的问题，因此，也要考虑贸易术语的选用。

四、考虑办理进出口货物的结关手续有无困难

在国际贸易中，关于进出口货物的结关手续，有些国家规定只能由结关所在国的当事人安排或代为办理。有些国家则无此项限制。因此，买方在选用 EXW 或卖方在选用 DDP 条件成交时，则应充分考虑某些进出口国政府的规定。

五、按实际需要，灵活掌握

选用贸易术语时，也要根据实际需要，做到灵活掌握。例如，有些国家为了支持本国保险事业的发展，规定在进口时，须由本国办理保险，我方为表示与其合作的意向，出口也可采用 FOB 或 CFR 术语。又如，我在出口大宗商品时，国外买方为了争取到运费和保险费的优惠，要求自行办理租船订舱和保险，为了发展双方贸易，也可采用 FOB 术语。在进口贸易中，如进口货物的数量不大，也可采用 CIF 贸易术语。

总之，选用贸易术语要考虑的因素是很多方面的，我们应根据不同贸易对象、不同商品、不同贸易条件进行全盘考虑，最终选择出能维护国家和企业最大利益的贸易术语。

任务五 核算进出口商品价格

一、出口报价核算

出口报价核算一般包括明确商品价格构成、核算实际成本、费用、预期利润和出口报价等五个步骤。

（一）明确商品价格构成

明确商品价格构成是出口报价核算的前提，出口商品的价格构成包括实际成本、费用和预期利润三部分，如果货物需要支付佣金，还需要核算佣金。国际贸易中常用贸易术语价格的基本构成为：

FOB 价/FCA 价=实际成本+国内费用+（佣金）+预期利润

CFR 价/CPT 价=实际成本+国内费用+国外运费+（佣金）+预期利润

CIF 价/CIP 价=实际成本+国内费用+国外运费+国外保险费+（佣金）+预期利润

=FOB 价/FCA 价+国外运费+国外保费

=CFR 价/CPT 价+国外保费

（二）核算实际成本

实际成本也称为实际采购成本，是外贸业务员出口报价考虑的最基本元素。

大多数出口商都是从供货商那里采购产品后出口，对于出口商而言，这一成本就是采购成本，采购成本含有增值税。

增值税是以商品进入流通环节所发生的增值额为课税对象的一种流转税。由于出口商品是进入国外的流通领域，因此，许多国家为降低出口商品的成本，增强其产品在国际市场上

的竞争力，往往对出口商品采取增值税款全额或按一定比例退还的做法。

在实施出口退税制度的情况下，出口商在核算价格时，应将含税的采购成本中的出口退税部分予以扣除，从而得出实际采购成本。即对于出口企业来讲，企业的实际成本是采购成本扣除国家退税收入的成本，计算公式如下：

实际成本=采购成本–出口退税额

出口退税额=采购成本÷（1+增值税率）×出口退税率

课内训练 4-1

荣盛进出口贸易公司出口某冷冻水产品 10 公吨，每公吨的采购成本为 5 000 元人民币，增值税率 17%，出口退税率 13%，求该水产品每公吨的实际成本。（保留两位小数）

解： 每公吨出口退税额=采购成本÷（1+增值税率）×出口退税率

=5 000÷（1+17%）×13%=555.56（元/公吨）

每公吨实际成本=采购成本–出口退税额

=5 000–555.56=4 444.44（元/公吨）

（三）核算出口费用

出口商品的费用包括国内费用和国外费用两部分。

1. 国内费用

国内费用项目较多，主要有：

（1）国内运输费：出口货物在装运前所发生的境内运输费，通常有卡车运输费、内河运输费、路桥费、过境费及装卸费。

（2）包装费：通常包括在采购成本之中，但如果客户对货物的包装有特殊的要求，由此产生的费用就要作为包装费另加。

（3）仓储费：需要提前采购或另外存仓的货物往往会发生仓储费用。

（4）认证费：出口商办理出口许可、配额、产地证明或其他证明所支付的费用。

（5）港区港杂费：出口货物在装运前在港区码头所需支付的各种费用。

（6）商检费：出口商品检验机构根据国家的有关规定或出口商的请求对货物进行检验所发生的费用。

（7）捐税：国家对出口商品征收、代收或退还的有关税费，通常有出口关税、增值税等。

（8）垫款利息：出口企业从支付供应商货款到收到出口货款期间，对采购成本所垫付的银行利息。计算公式为：

垫款利息=采购成本×贷款年利率×垫款天数÷360

（9）业务费用：出口商在经营中发生的有关费用，如：通信费、交通费、交际费、广告费等，又称经营管理费。

（10）银行费用：在出口业务中，外贸企业可能涉及的国内外银行费用包括通知费、议付费、不符点处理费、电报费、偿付费、修改费、托收费等。

出口商品涉及的各种国内费用在报价时大部分还没有发生，因此该费用的核算实际是一种估算。其方法有两种：

一是明细核算法。将商品装运前的各项费用根据以往的经验进行估算并相加，然后除以出口商品数量获得单位商品装运前的费用，即：单位出口商品国内总费用=国内总费用÷出口商品数量。

二是采用定额费用率法，是指出口商根据以往经验，在业务操作中对货物装运前发生的费用按公司年度支出规定一个百分比，一般为公司采购成本的3%～10%。实际业务中，该费率由贸易公司按不同的商品、交易额大小、竞争的激烈程度自行确定。

课内训练 4–2

荣盛进出口贸易公司出口某冷冻水产品10公吨，每公吨的采购成本为5 000元人民币，估计该批货物国内运杂费共计1 200元，出口商检费300元，报关费100元，港区港杂费900元，其他各种费用共计1 000元，另银行手续费为500元，求每公吨水产品的国内费用。

解：案例中已估算了装运前各项费用，故采用第一种方法：

每公吨冷冻水产品国内费用=各项装运前费用之和÷出口数量

=（1 200+300+100+900+1 000+500）÷10=400（元/公吨）

若采用第二种方法，假定定额费率为采购成本的8%，则

每公吨水产品的国内费用=5 000×8%=400（元/公吨）

究竟用哪一种方法确定单位产品国内费用，应以所采数据的准确性、价格的竞争性及定价策略等综合考虑决定。在实践中，因出口费用涉及项目繁杂，单位众多，各项费用不易精确估算，故而常用定额费率的方法加以核算。

2. 国外费用

（1）核算出口运费。

出口运费是自装运港至目的港的海上运输费用。出口交易中，采用 CFR/CPT、CIF/CIP 贸易术语成交的条件下，办理运输并支付运费是出口商的责任，出口商需核算海洋运费。

目前，在出口贸易中采用集装箱运输方式较为普遍，因此，在这里我们主要介绍集装箱运输海运费的计算方法。

在核算海运费时，出口商首先要根据报价数量算出商品体积，然后与货代核实该批货物到目的港的运价。如果报价数量正好够装整箱，则直接取其运价为海运费；如果不够装整箱，则用产品总体积×拼箱的价格来算出海运费。由于运价都以美元显示，在核算完海运费后，应根据当天汇率换算成人民币。

课内训练 4–3

出口商品“三色戴帽熊”到加拿大，目的港是蒙特利尔港口。每箱装 60 只，每箱体积0.164 平方米。试分别计算报价数量为5 000件和9 120件的海运费。（保留两位小数）

解：第1步：计算产品体积

已知商品“三色戴帽熊”的体积是每箱0.164立方米，每箱装60只。先计算商品体积。

报价数量为5 000件，总体积=5 000÷60×0.164=13.67（立方米）

报价数量为9 120件，总体积=9 120÷60×0.164=24.928（立方米）

注：不足装一箱以一箱计。

第 2 步：查运价

与货代进行运费核实，查运至加拿大蒙特利尔港的海运费分别是：每 20 英尺[①]集装箱 1 350 美元，每 40 英尺集装箱 2 430 美元，拼箱每立方米 65 美元。

通常一个 20 英尺集装箱的有效容积为 25 立方米，40 英尺集装箱的有效容积为 55 立方米。

根据第 1 步计算出的体积结果来看，5 000 件货物的体积不足装一个 20 尺柜，宜采用拼箱，9 120 件货物的体积接近 25 立方米，宜采用 20 尺[②]集装箱。

第 3 步：计算海运费

报价数量为 5 000 件，海运费=13.67×65=888.30（美元）

报价数量为 9 120 件，海运费=1 350（美元）

第 4 步：换算成人民币

查询银行今日汇率，1 美元=6.35 人民币元

报价数量为 5 000 件，海运费（人民币）=888.30×6.35=5 640.71（元）

报价数量为 9 120 件，海运费（人民币）=1 350×6.35=8 572.50（元）

（2）核算出口保费。

出口贸易中，在以 CIF/CIP 术语成交的情况下，由出口商办理保险并支付保费，出口商需要向保险公司查询保险费率，用以核算保险费。公式如下：

保险费=保险金额×保险费率

保险金额=CIF 价×（1+保险加成率）

在进出口贸易中，根据有关的国际惯例，保险加成率通常为 10%。出口商也可根据进口商的要求与保险公司约定不同的保险加成率。

课内训练 4-4

出口商品“三色戴帽熊”1 000 只的 CIF 总价为 10 000 美元，进口商要求按成交价格的 110%投保一切险（保险费率 0.8%）和战争险（保险费率 0.08%），试计算这批货物的保险费（保留两位小数）。

解：保险金额=10 000×110%=11 000（美元）

保险费=11 000×（0.8%+0.08%）=96.8（美元）

查询银行汇率，1 美元=6.35 人民币元

保费换算人民币=96.8×6.35=614.68（元）

（四）核算佣金

佣金（Commission）是买方或卖方付给中间商的报酬。

佣金通常以买卖双方的成交额或发票金额为基础来计算。

佣金=含佣价×佣金率

---

① 1 英尺=0.305 米。

② 1 尺=0.333 米。

（五）核算预期利润（Expected Profit）

在出口贸易中，利润作为企业自己的收入，其核算的方法由企业自行决定，通常设定一定的百分比作为利润率来核算，计算利润的基数有两种：一是可以用某一成本（采购成本或出口成本）作为计算利润的基数；二是以出口报价为基数，实践中具体以哪种为基数由各企业根据实际情况自定。

（1）利润=采购成本×利润率　或　利润=出口成本×利润率。

（2）利润=出口报价（FOB、CFR、CIF）×利润率。

（六）主要贸易术语的价格换算

（1）已知 FOB/FCA 价，换算为其他价：

CFR/CPT 价=FOB/FCA 价+国外运费

CIF/CIP 价=（FOB/FCA 价+国外运费）÷（1–投保加成×保险费率）

（2）已知 CFR/CPT 价，换算为其他价：

FOB/FCA 价=CFR/CPT 价–国外运费

CIF/CIP 价=CFR/CPT 价÷（1–投保加成×保险费率）

（3）已知 CIF/CIP 价，换算为其他价：

FOB/FCA 价=CIF/CIP 价×（1–投保加成×保险费率）–国外运费

CFR/CPT 价=CIF/CIP 价×（1–投保加成×保险费率）

（七）核算出口报价

明确出口商品的价格构成及各要素的核算方法后，就可以着手进行出口报价的核算了，下面通过一个具体的案例，来说明出口报价核算的操作。

课内训练 4–5

厦门荣盛进出口贸易公司出口日本某冷冻水产品 10 公吨，每公吨的采购成本为 5 000 元，增值税率 17%，出口退税率 13%，估计该批货物国内运杂费共计 1 200 元，出口商检费 300 元，报关费 100 元，港区港杂费 900 元，其他各种费用共计 1 000 元，另银行手续费为 500 元。海洋运费（厦门至神户）：一个 20 英尺集装箱为 2 200 美元，10 公吨水产品刚好装一个 20 尺柜，客户要求按 CIF 价的 110%投保，保险费率 0.85%，荣盛公司该批货物的预期利润 10%（以采购成本为基数）。查当日外汇牌价：人民币对美元汇率 6.40:1，请核算 FOB、CFR 和 CIF 报价（美元）（结果保留两位小数）。

解答：1. 出口退税额=采购成本÷（1+增值税率）×出口退税率

=5 000÷（1+17%）×13%=555.56（元/公吨）

实际成本=采购成本–出口退税额

=5 000–555.56=4 444.44（元/公吨）

2. 国内费用=（1 200+300+100+900+1 000+500）÷10=400（元/公吨）

3. 出口运费=2 200÷10=220 美元×6.4=1 408（元/公吨）

4. 出口保费=CIF 报价×110%×0.85%（元/公吨）

5. 利润=采购成本×10%=5 000×10%=500（元/公吨）

FOB报价=实际成本+国内费用+预期利润

=4 444.44+400+500

=5 344.44（元/公吨）

换算成美元报价：5 344.44÷6.4=835.07（美元/公吨）

CFR报价=实际成本+国内费用+出口运费+预期利润

=4 444.44+400+1 408+500

=6 752.44（元/公吨）

换算成美元报价：6 752.44÷6.4=1 055.07（美元/公吨）

或：已知FOB价，CFR=FOB+出口运费=835.07+220=1 055.07（美元/公吨）

CIF报价=实际成本+国内费用+出口运费+出口保费+预期利润

=4 444.44+400+1 408+ CIF报价×110%×0.85%+500

CIF报价−CIF报价×110%×0.85%=6 752.44（元/公吨）

CIF报价×（1−110%×0.85%）=6 752.44（元/公吨）

CIF报价=6 752.44÷（1−110%×0.85%）

=6 816.17÷6.4=1 065.03（美元/公吨）

或已知CFR价，CIF报价=CFR÷（1−投保加成×保险费率）

=1 055.07÷（1−110%×0.85%）

=1 065.03（美元/公吨）

二、出口成本核算

在我国现行体制下，外贸企业是自主经营、独立核算和自负盈亏独立的经济实体。外贸企业的盈亏是考核外贸企业经营管理水平的重要指标。为了控制亏损，增加盈利，我外贸企业在对外报价或磋商交易前，都必须对拟出口的商品作成本核算。一般只有在有盈利的情况下，才能对外组织成交。判断企业是否盈亏，主要通过两个指标进行，一个是出口换汇成本，另一个是出口盈亏率。

1. 出口换汇成本

出口换汇成本是指商品出口后净收入每1美元所耗费的人民币成本。计算公式为：

$$\text{出口换汇成本}=\frac{\text{出口商品总成本（人民币元）}}{\text{FOB出口销售外汇净收入（美元）}}$$

（1）出口商品总成本。

出口商品总成本，指外贸企业为出口商品支付的国内总成本。

出口商品总成本=采购成本（含增值税）+国内费用−出口退税收入

出口退税收入=采购成本（含增值税）÷（1+增值税率）×出口退税率

（2）出口销售外汇净收入。

出口销售外汇净收入，指出口外汇总收入扣除国外劳务费用（如国外运费、保费、佣金）等非贸易外汇后的外汇收入，即以FOB价成交所得的外汇收入。

通常把换汇成本与当时的银行外汇牌价进行对比，换汇成本低于牌价则可保本或盈利，高于牌价则意味着亏损。例如，当日的人民币对美元的买入价是USD1=RMB6.35，若计算出换汇成本为 6.05 人民币元/美元，则可盈利；若计算出换汇成本为 6.55 人民币元/美元），则会亏损。

2. 出口盈亏额和出口盈亏率

（1）出口盈亏额：指出口销售人民币净收入与出口商品总成本的差额。

出口盈亏额=出口销售人民币净收入−出口商品总成本

=FOB 外币价×银行外汇买入价−出口商品总成本

（2）出口盈亏率：指盈亏额与出口总成本的比例，用百分数表示。它是用来衡量出口盈亏程度的重要指标。

$$出口盈亏率=\frac{出口盈亏额}{出口总成本}\times 100\%$$

实践中，也有一些外贸企业直接用换汇成本与银行外汇买入价相比来计算出口盈亏率。

$$出口盈亏率=\frac{银行外汇买入价-换汇成本}{换汇成本}\times 100\%$$

课内训练 4-6

我某外贸公司出售一批绿茶至伦敦，出口总价为 6 万美元 CIF 伦敦，中国口岸到伦敦的运费和保险费占 10%。这批货物的国内采购成本为人民币 351 000 元（含增值税 17%），该外贸公司的费用定额率为 5%，退税率为 15%，结汇时银行外汇买入价为 1 美元折合人民币 6.40 元。试计算这笔出口交易的换汇成本和出口盈亏率。

解：出口商品总成本=采购成本（含增值税）+国内费用−出口退税收入

=351 000 + 351 000×5%−［351 000÷（1+17%）］×15%

=323 550（人民币元）

FOB 出口销售外汇净收入（美元）=CIF 总价−出口运费−出口保费

=60 000−60 000×10%=54 000（美元）

$$出口换汇成本=\frac{出口商品总成本（人民币元）}{FOB出口销售外汇净收入（美元）}$$

=323 550÷54 000

=5.99（人民币元/美元）

$$出口盈亏率=\frac{出口盈亏额}{出口总成本}\times 100\%$$

$$=\frac{出口销售人民币净收入-出口商品总成本}{出口商品总成本}\times 100\%$$

=［（54 000×6.40−323 550）÷323 550］×100%=6.82%

或：$$出口盈亏率=\frac{银行外汇买入价-换汇成本}{换汇成本}\times 100\%$$

=［（6.40−5.99）÷5.99］×100%=6.82%

三、进口商品成本的核算

（一）进口货物成本的计算公式

FOB 进口货物成本=FOB 进口合同价+运费+保险费+进口国内费用+进口税费

CFR 进口货物成本=CFR 进口合同价+保险费+进口国内总费用+进口税费

CIF 进口货物成本=CIF 进口合同价+进口国内总费用+进口税费

（二）进口合同价格

进口合同价格在进口合同成立之前是一种估价，是买卖双方通过磋商可以取得一致意见的合同价格，有时也是进口方争取以此为基础交易的价格。

（三）进口国内总费用

进口国内费用包括的内容有：

（1）卸货费、驳船费、码头建设费、码头仓租费等费用；

（2）进口商品的检验费和其他公证费用；

（3）银行费用，如开证费及其他手续费；

（4）报关提货费；

（5）国内运费、仓租费；

（6）从开证付款至收回货款之间所发生的利息支出；

（7）其他费用。

（四）进口货物应纳进口关税额的计算

海关在征收关税的工作中，要做到依率计征，除了要对进出口货物进行税则归类，确定应按哪个税号的适用税率征税外，还要正确审定计征关税的计税价格，计税价格即海关完税价格，是海关计征关税的依据。

（1）进口货物完税价格。进口货物完税价格由海关以进口货物的成交价格为基础审核确定。一般包括货价、货物运抵中华人民共和国海关境内输入地点起卸前的运费和保费。通常以 CIF 价为基础。若货物在交易的过程中，卖方付给我方正常的折扣，则应在成交价格中扣除。

进口货物采用 CFR 价格术语成交，应加国外保险费组成完税价格。其公式为：

进口关税完税价格=CFR+国外保险费=CFR÷（1–投保加成×保险费率）

进口货物采用 FOB 价格术语成交，应加国外保险费和运费组成完税价格，其公式为：

进口关税完税价格=CFR+国外运费+国外保险费

=（FOB 价+国外运费）÷（1–投保加成×保险费率）

（2）进口货物应纳进口关税额的计算。进口关税的完税价格确定后，查出适用的进口关税税率就可以直接进行计算了。其公式为：

进口关税额=应纳税进口货物数量×进口关税完税价格×进口关税税率

（五）进口货物应纳消费税额的计算

从国外进口应税消费品，海关要征收进口消费税。进口消费税的计算执行从量税和从价税两种计算方法。

（1）从价定率消费税征收。我国消费税采用价内税，即计税价格组成中包括消费税税额。

单位货物应纳进口消费税税额=组成计税价格×进口消费税税率

组成计税价格=进口关税完税价格+进口关税+进口消费税

其中，进口关税完税价格即上述进口货物完税价格。故公式可整理为：

组成计税价格=（进口关税完税价格+进口关税）÷（1–进口消费税税率）

（2）实行从量定额征收应税消费税，以海关核定的应税消费进口数量为计税依据，计算公式为：

应纳进口消费税额=应纳税进口货物数量×适用定额税率

（六）应纳增值税计算

增值税属于价外税，其大小由组成应纳增值税价格与适用的增值税税率计算所得，即：

应纳进口增值税额=组成计税价格×进口增值税率×应纳税进口货物数量

组成计税价格=进口关税完税价格+进口关税+进口消费税

若进口货物非应税消费品，则不征消费税。

课内训练 4–7

我国 A 公司进口雪茄烟 100 箱，每箱价格为 1 500 元，设每箱运费为 100 元，保险费率为 1%，要求计算该批货物应纳关税税额、消费税额、增值税额。

解：查得海关税则，雪茄烟进口关税为 65%，消费税率 40%，增值税率 17%

单位进口关税完税价格=（FOB 价+国外运费）÷（1–投保加成×保险费率）

=（1 500+100）÷（1–110%×1%）=1 617.80（元）

应纳进口关税额=应纳进口货物数量×单位进口关税完税价格×进口关税税率

=100×1 617.80×65%=105 156.72（元）

组成单位消费税计税价格=（关税完税价格+进口关税）÷（1–进口消费税税率）

=（1 617.80+ 1 051.57）÷（1–40%）

=4 448.95（元）

应纳消费税额=组成消费税计税价格×进口消费税率×应纳进口数量

=4 448.95×40%×100

=177 958（元）

组成单位增值税计税价格=进口关税完税价格+进口关税+进口消费税

=1 617.80+4 448.95+1 779.58

=7 846.33（元）

应纳增值税额=组成增值税计税价格×进口增值税税率×应纳税进口数量

=7 846.33×17%×100

=133 387.61（元）

（七）进口总成本

将以上各项加总即得：

进口总成本=FOB 合同价+运费+保险费+进口货物国内总费用+进口关税+进口消费税+进口增值税

=CFR 合同价+保险费+进口货物国内总费用+进口关税+进口消费税+进口增值税

=CIF 合同价+进口货物国内总费用+进口关税+进口消费税+进口增值税

若在上例中，国内总费用采用定额费率的方法确定为是合同价格的 3%，则

CIF 价=FOB 合同价+国外运费+国外保险费

=（FOB 合同价+国外运费）÷（1–投保加成×保险费率）

CIF 合同总价=［（1 500+100）÷（1–110%×1%）］×100=161 779.58（元）

进口货物国内总费用=1 500×100×3%=4 500（元）

进口货物总成本=161 779.58+4 500+105 156.72+177 958+133 387.61=582 781.91（元）

若进口是通过中间商进行的，还要加上佣金。

任务六　掌握进出口贸易合同中的价格条款

在国际货物买卖中，价格是交易双方争议的焦点，关系着交易双方的经济利益。因此，在实际业务中，交易双方应了解各种作价方法和国际市场商品价格变动趋势，选择合适的计价货币，充分考虑影响价格的各种因素，合理地制定国际货物买卖合同中的价格条款。

一、影响进出口商品成交价格的因素

进出口商品的价格是受多种因素影响的，除了应遵循平等互利的作价原则外，还应考虑下列因素进行合理定价：

1. 要考虑商品的质量和档次

在国际市场上，一般都贯彻按质论价的原则，即好货好价，次货次价。品质的优劣，档次的高低，包装装潢的好坏，式样的新旧，商标、品牌的知名度，都影响商品的价格。

2. 要考虑运输距离的远近

国际货物买卖，一般都要通过长途运输。运输距离的远近，影响运费和保险费的开支，从而影响商品的价格。因此，确定商品价格时，必须核算运输成本，做好比价工作，以体现地区差价。

3. 要考虑交货地点和交货条件

在国际贸易中，由于交货地点和交货条件不同，买卖双方承担的责任、费用和风险有别，在确定进出口商品价格时，必须考虑这些因素。例如，同一运输距离内成交的同一商品，按 CIF 成交同按 CIF Ex Ship 条件成交，其价格应当不同。

4. 要考虑季节性需求的变化

在国际市场上，某些节令性商品，如赶在节令前到货，抢行应市，即能卖上好价。过了节令的商品，其售价往往很低，甚至以低于成本的“跳楼价”出售。因此，应充分利用季节性需求的变化，切实掌握好季节性差价，争取按对我有利的价格成交。

5. 要考虑成交数量

按国际贸易的习惯做法，成交量的大小影响价格。即成交量大时，在价格上应给予适当

优惠，或者采用数量折扣的办法；反之，如成交量过少，甚至低于起订量时，也可以适当提高出售价格。那种不论成交量多少，都采取同一个价格成交的做法是不当的，我们应当掌握好数量方面的差价。

6. 要考虑支付条件和汇率变动的风险

支付条件是否有利和汇率变动风险的大小，都影响商品的价格。例如，同一商品在其他交易条件相同的情况下，采取预付货款和凭信用证付款方式下，其价格应当有所区别。同时，确定商品价格时，一般应争取采用对自身有利的货币成交，如采用不利的货币成交时，应当把汇率变动的风险考虑到货价中去，即适当提高出售价格或压低购买价格。

此外，交货期的远近、市场销售习惯和消费者的爱好与否等因素，对确定价格也有不同程度的影响，我们必须在调查研究的基础上通盘考虑，权衡得失，然后确定适当的价格。

二、计价货币的选择

根据国际贸易的特点，用来计价的货币，可以是出口国家货币，也可以是进口国家货币或双方同意的第三国货币。

进出口贸易从订约到履行合同，往往需要有一个过程。在此期间，计价货币的币值可能会发生变化，甚至会出现大幅的起伏，其结果必然直接影响贸易双方的经济利益。因此，在选用外国货币计价时，一定要慎重，既要考虑所使用货币的稳定性和安全性，又要考虑货币的可兑换性，以减少由于外汇汇率变动可能造成的损失。

通常商品的出口贸易，采用币值坚挺或汇率上浮趋势的“硬币”计价比较有利；商品的进口贸易，则采用软汇率下降趋势的“软币”计价比较合算。但在实际业务中，以什么货币作为计价货币，还应视双方的交易习惯、经营意图以及价格而定。如果为达成交易而不得不采用对我方不利的货币，则可设法用下述两种办法补救：一是根据该种货币今后可能的变动幅度，相应调整对外报价；二是在可能条件下，争取订立保值条款，以避免计价货币汇率变动所带来的风险。

三、进出口贸易的作价方法

在进出口贸易中，作价方法多种多样，根据合同当事人的意愿，可以采取如下作价方法。

（一）固定作价

固定作价是指交易双方在协商一致的基础上，对合同价格予以明确、具体的规定。

固定价格的规定方法是国际市场上较常见的方法。例如：买卖茶叶合同中的价格条款为：USD6 000 per M/T FOB XIAMEN. 此价格为固定价格，双方必须按此价格结算货款，即使在订约后市价发生变化，任何一方也不得要求变更原价格。

这种做法的优点是明确、具体、肯定，便于核算和执行。缺点是采用固定作价，当事人要承担从签约到交货付款乃至转卖时价格波动的风险。遇到行市变动激烈时，信用不好的商人可能寻找借口撕毁合同从而影响合同的履行。

（二）非固定价格

由于国际市场行情多变，有时还会出现大的动荡，价格涨跌难以判断。为了防范因合同规定了固定价格，会造成经济损失，买卖双方可以采取灵活变通的作价方法，采用非固定价格的方法。

1. 具体价格待定

（1）在价格条款中明确规定定价时间和方法。例如，“在装船月份前20天，参照当地及国际市场价格水平，协商议定正式价格”或“以提单日期的国际市场价格为基础议定价格”。

（2）在合同中只规定议价时间。例如，“由双方在××年×月×日协商确定价格”。

由于买卖双方采用“价格待定”的方法，因价格未确定，合同未有效成立，存在着一方借故随时撤销合同的风险，实际业务中要慎重使用。

2. 暂定价格

买卖双方商定一个初步价格，作为开立信用证和初步付款的依据，当双方确定最后价格后再进行清算，多退少补。例如，暂定价格为每件2 000港元CIF香港，于装船月份15天前由双方协商确定价格。（HK$2 000 per bale CIF Hong Kong, the above is a provisional price which shall be determined through negotiation between the buyer and seller 15 days before the month of shipment.）

由于订有“暂定价格”的条款，合同仍有较大的不稳定性，在实际业务中采用这种做法，应以双方关系密切，信誉可靠的客户为限。

3. 部分固定价格，部分非固定价格

这种作价方法适用于大宗商品交易，分期分批交货的方式。即期交货的商品采取固定价格，远期交货的商品采取非固定作价，以前期交货的价格为基础，根据后期市场行情的变化，在交货前一定期限内由双方商定后一批次货物的价格，以此类推，直到交易完成。

（三）价格调整条款（滑动价格）

价格调整条款是指在订约时只规定初步价格，同时规定，如原材料和工资等发生变化，按原材料价格和工资等的变动来计算合同的最终价格。它主要适用于类似生产加工期较长的机器设备等商品的合同。价格调整条款这种做法已被联合国欧洲委员会纳入它所制订的一些“标准合同”之中，而且其应用范围已从机械设备交易扩展到一些初级产品的交易，因而具有一定的普遍性。

四、佣金和折扣

实际业务中，在磋商和确定价格时，往往要涉及佣金和折扣的规定。正确掌握和运用佣金与折扣，有利于灵活掌握价格和调动外商经营我产品的积极性。

（一）佣金（Commission）

佣金是指代理人或经纪人、中间商因介绍交易或代买代卖所获取的报酬。佣金有明佣和暗佣之分，明佣是在买卖合同上公开表明的佣金。暗佣对实际买方保密，由卖方暗中支付给中间人，不在买卖合同上表明。正确运用佣金，可以调动中间商推销和经营我商品的积极性，增强有关货物在国外市场的竞争力，从而扩大销售。

1. 佣金的表示方法

（1）用文字表示。

例如：每打 100 英镑 CIF 伦敦包括佣金 2%。

£100.00 per dozen CIF London including 2% commission.

（2）用英文字母“C”表示。

例如：每打 100 英镑 CIF 伦敦包括佣金 2%。

£100.00 per dozen CIFC2% London.

（3）用绝对数表示。

例如：付给 ABC 公司佣金每公吨 50 美元。

Pay ABC Co.USD 50 as commission per M/T.

在实践中，规定佣金率的做法比较常见。佣金的比例应合理掌握，一般控制在 1%～5%，不宜偏高。

2. 佣金的计算方法

佣金通常以买卖双方的成交额或发票金额为基础计算的。

佣金的计算公式：

佣金=含佣价×佣金率

净价=含佣价−佣金=含佣价×（1−佣金率）

含佣价=净价/（1−佣金率）

课内训练 4-8

福建某品牌服装进出口公司对外报价：型号 T03 高档羊毛男西服每套 200 美元 CIF 纽约，外商要求包含 4%的佣金。在保持我方净收入不变的情况下，我方应报价多少？

解： 含佣价=净价÷（1−佣金率）

CIFC4%=CIF 净价÷（1−4%）=200÷（1−4%）=208.33（美元）

3. 佣金的支付方法

佣金的支付方法有两种：一种是由中间代理商直接从货价中扣除；另一种是在卖方收到全部货款后，再按事先约定的期限和佣金率，另行支付给中间代理商。

（二）折扣（Discount）

折扣是卖方给予买方一定的价格减让。使用折扣是一种促销手段，主要是为了达到照顾老客户，确保销售渠道和扩大销售等目的。

1. 折扣的表示方法

（1）用文字表示。

例如：每打 100 英镑 CIF 伦敦减 2%折扣。

£100.00 per dozen CIF London less 2% discount.

（2）用绝对数表示。

例如：折扣每公吨 5 美元。

Discount USD 5.00 per M/T.

2. 折扣的计算方法

折扣通常是以成交额或发票金额为基础计算出来。

折扣额=含折扣价×折扣率

净收入=含折扣价×（1–折扣率）=含折扣价–折扣额

课内训练 4–9

厦门某茶叶贸易公司对外报价：Green tea, USD 100 per carton CFR Hamburg less 2% discount，则实际的单价为多少？

解： 净价=含折扣价×（1–折扣率）=100×（1–2%）=98（美元）

3. 折扣的支付方法

折扣一般在买方支付货款时自行扣下。

五、合同中的价格条款

（一）基本内容

进出口贸易合同中的价格条款，一般包括商品的单价和总值两项基本内容。

1. 单价（Unit Price）

单价由四个部分组成，即包括计量单位、单位价格金额、计价货币和贸易术语。

例如：US$2 000 per M/T CIF Los Angeles（每公吨 CIF 洛杉矶 2 000 美元）

2. 总值（Total Amount）

总值或称总价，是单价同数量的乘积，也就是一笔交易的总金额。

（二）规定价格条款应注意事项

（1）合理确定商品单价，防止作价偏高或偏低；

（2）根据实际经营情况，市场条件和经营意图，权衡利弊，选择适当的贸易术语；

（3）争取选用有利的计价货币，以避免汇率变动带来的风险，如采用了不利的计价货币时，应采取必要的保值措施；

（4）当对市场行情摸不准时，为避免价格变动的风险，应运用灵活作价的方法或价格调整条款；

（5）如交货品质和数量约定有机动幅度时，则对机动部分的作价方法一并明确做出规定；

（6）如包装材料和包装费用另行计价时，对其作价方法也应具体做出规定；

（7）参照国际贸易习惯做法，注意合理运用佣金和折扣；

（8）单价中涉及的计量单位、计价货币、装卸地名称等，必须书写规范、清楚、准确，以利于合同的履行。

（三）国际货物买卖合同中价格条款实例

(1) Unit Price: Green tea USD 500 per case CIF New York;

Total Value: USD 50 000 (Say US Dollars fifty thousand only).

单价：绿茶每箱 500 美元 CIF 纽约，总价 50 000 美元。

(2) Unit Price: Black female windbreaker medium size at USD 35/pc CIF Hamburg less 2% discount; Total value: USD 35 000 (Say US Dollars thirty-five thousand).

单价：黑色女风衣中码每件 35 美元 CIF 汉堡折扣 2%；总价 35 000 美元。

(3) Seller reserves the right to adjust the contracted price, if prior to delivery,there is any variation in the cost of labor or raw material or component parts.

如果在交货前劳动力原材料成本或其组成部分发生任何变化，卖方有权调整合同价格。

项目五

选用适合的支付方式

知识目标

1. 了解国际结算票据的种类。
2. 掌握各种结算方式的基本知识。

能力目标

1. 掌握不同结算工具的流转特点。
2. 掌握各种结算方式的业务程序。
3. 能够准确合理地拟定对外贸易合同中支付条款的内容。

任务一　了解金融票据

进出口贸易的货款结算可以使用的支付工具有货币和票据。货币既是计价工具，又是实际支付工具，由于现金结算风险大、周转慢，货款收付通常使用信用工具或支付凭证，作为支付工具之一的票据是现代国际货款收付的主要工具。

在进出口贸易货款的收付中，主要使用汇票，有时也使用本票和支票。

一、汇票

（一）汇票的含义及当事人

1. 汇票的定义

汇票（Draft/Bill of Exchange）是出票人（Drawer）签发的，要求受票人（Drawee）在见票时或在指定的日期无条件支付一定金额给其指定的受款人（Payee）的书面支付命令。

《英国票据法》将其定义为：汇票是由一人签发给另一人的无条件书面支付命令，要求受票人见票时或于未来某一规定的或可以确定的时间，将一定金额的款项支付给某一特定的人或其指定人或持票人。

《中华人民共和国票据法》（以下简称《票据法》）第十九条规定：汇票是由出票人签发的，委托付款人在见票时或者在指定日期无条件支付确定的金额给收款人或者持票人的票据。

2. 汇票的基本当事人

汇票的基本当事人一般有三个，即出票人、受票人和受款人。

（1）出票人（Drawer）：即签发汇票的人。在进出口业务中，通常是出口商。

（2）受票人（Drawee）：即汇票的付款人。在进出口业务中，通常是进口商或其指定的银行。在信用证结算方式下，若信用证没有指定付款人，根据《跟单信用证统一惯例》（以下简称《UCP600》）规定，开证行即付款人。

（3）受款人（Payee）：即汇票规定的可受领金额的人。在进出口业务中，若信用证没有特别指定，受款人通常是出口商本人或其指定银行。除此之外，汇票在使用中还可能出现一些非基本当事人，如：背书人（Endorser）、保证人（Guarantor）等。

（二）汇票的种类

1. 按有无附有货运单据，可分为光票汇票和跟单汇票

（1）光票汇票（Clean Bill），是不附带货运单据的汇票。光票的流通完全依靠当事人的信用，即完全凭出票人、付款人或背书人的资信来保证付款。在国际贸易中，对少量货运，或收取保险费、运费等其他费用时，可采用光票向对方收款。

（2）跟单汇票（Documentary Bill），是附带货运单据的汇票，以承兑或付款作为交付单据的条件。除了有当事人的信用保证外，还有货物作为保证。因此，在国际贸易中，这种汇票使用较为广泛。

2. 按付款时间，可分为即期汇票和远期汇票

（1）即期汇票（Sight Bill），是在提示或见票时立即付款的汇票。

（2）远期汇票（Time Bill or Usance Bill），是在一定期限或特定日期付款的汇票。

3. 按出票人不同，可分为商业汇票和银行汇票

（1）商业汇票（Trade Bill），是指出票人是商号、企业或个人，付款人可以是商号、个人，也可以是银行的汇票。在国际贸易结算中，出口商用逆汇法，向国外进口商收取货款而签发的汇票，即属商业汇票。跟单汇票多是商业汇票。

（2）银行汇票（Banker's Bill），是由银行签发后，交汇款人，由汇款人寄交国外收款人向付款行取款，此种汇款方式称为顺汇法。银行汇票的出票人和付款人都是银行，且多是光票。

4. 按承兑人的不同，分为商业承兑汇票和银行承兑汇票

（1）商业承兑汇票（Trader's Acceptance Bill），是由商号、企业或个人出票而以另一个商号、企业或个人为付款人，并经付款人承兑后的远期汇票。商业承兑汇票是建立在商业信用基础上的。

（2）银行承兑汇票（Banker's Acceptance Bill），是由银行承兑的远期汇票，它是建立在银行信用基础上的。所以银行汇票比商业承兑汇票更易于被人们接受，并且能在市场上流通。

（三）汇票的基本内容

汇票样本如图 5-1 所示。

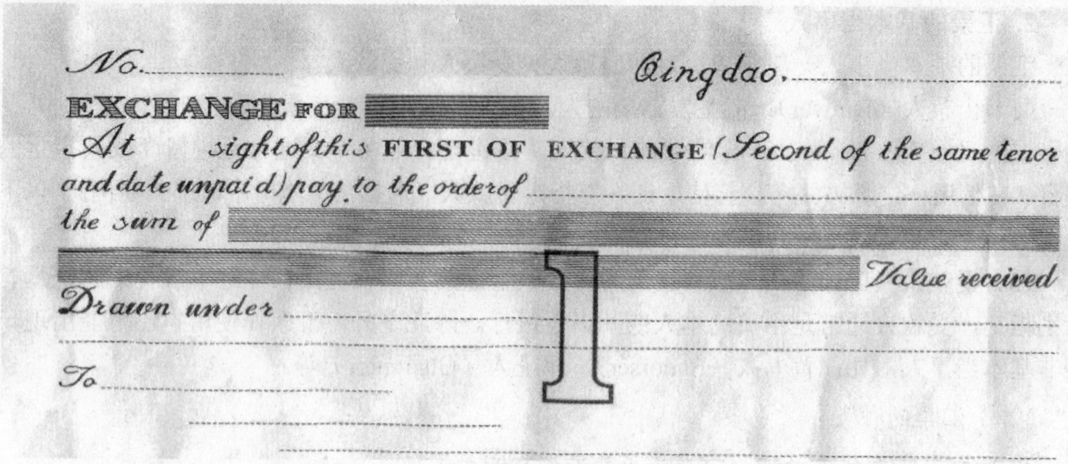
No. .... Qingdao, ...

EXCHANGE FOR

At sight of this FIRST OF EXCHANGE (Second of the same tenor and date unpaid) pay to the order of ....

the sum of

Value received

Drawn under ....

To ....

图 5-1 汇票样本

1. 绝对记载事项

汇票必须要式齐全。《票据法》第 22 条规定了汇票的必备内容：

（1）表明“汇票”的字样。

（2）无条件支付命令。

（3）确定的金额。

（4）付款人名称或商号。

（5）收款人名称或商号。

（6）出票日期。

（7）出票人签章。

2. 相对记载事项

（1）付款期限（若欠缺，推定为见票即付）。

（2）付款地点（若欠缺，推定为付款人的营业场所或住所）。

（3）出票地点（若欠缺，推定为出票人的营业场所或住所）。

（4）汇票编号。

（5）出票依据。

（6）付一不付二或付二不付一。

（7）利息和利率。

汇票属于资金单据，它可以代替货币进行转让或流通。因此，汇票是一种很重要的有价证券。为了防止遗失，一般汇票有两张正本，即 FIRST EXCHANGE 和 SECOND EXCHANGE。根据票据法的规定，两张汇票具有同等效力，但付款人付一不付二，付二不付一，先到先付，后到无效。银行在寄送单据时，一般也要将两张正本汇票分为两个邮政班次向国外寄发，以防在邮程中丢失。

（四）汇票的使用

汇票使用过程中的各种行为，都由《票据法》加以规范。主要有出票、提示、承兑和付款。如需转让，通常应经过背书行为。如汇票遭拒付，还需做成拒绝证书并行使追索权。汇票的基本票据行为如图 5–2 所示。

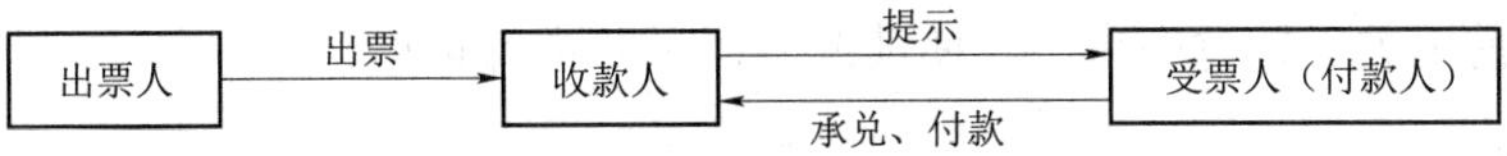

图 5–2　汇票的基本票据行为

1. 出票

出票（Issue）是出票人签发汇票并交付给收款人的行为。出票后，出票人即承担保证汇票得到承兑和付款的责任。如汇票遭到拒付，出票人应接受持票人的追索，清偿汇票金额、利息和有关费用。这个过程由两部分组成，一是出票人写成汇票并在汇票上签字；二是由出票人将汇票交付给收款人。

2. 提示

提示（Presentation）是持票人将汇票提交付款人要求承兑或付款的行为，是持票人要求取得票据权利的必要程序。提示又分付款提示和承兑提示。提示均应在法定期限内进行。

3. 承兑

承兑（Acceptance）指付款人在持票人向其提示远期汇票（即期汇票不需经过承兑步骤）时，在汇票上签名，承诺于汇票到期时付款的行为。具体做法是付款人在汇票正面写明“已承兑（Accepted）”字样，注明承兑日期，并由本人签章后交还持票人，所以承兑已包含了两个过程：“写成”和“交付”。付款人一旦对汇票做承兑，即成为承兑人，从法律上就具有了以主债务人的地位承担汇票到期时付款的法律责任。

我国《票据法》第 42 条规定，未写明承兑日期的，以付款人自收到提示承兑的汇票之日起的第三天为承兑日期。第 43 条明确规定承兑附有条件的，视为拒绝承兑。

4. 付款

付款人在汇票到期日，向提示汇票的合法持票人足额支付货款。持票人将汇票注销后交给付款人作为收款证明。汇票所代表的债务债权关系即告终止。

5. 背书

汇票可以通过背书（Endorsement）或仅通过交付进行流通转让。所谓背书，就是由汇票的收款人或持票人在汇票的背面或者粘单上记载有关的事项并签单的行为。

贴现（Discount）是远期汇票承兑后，持票人在汇票到期前到银行兑换现款，银行从票面金额中扣贴现利息后付给持票人余款的行为。汇票的贴现实际上是汇票的买卖。

6. 拒付

持票人向付款人提示，付款人拒绝付款或拒绝承兑，均称拒付（Dishonor）。另外，付款人逃匿、死亡或依法宣告破产或责令终止业务活动的，以致持票人无法实现提示，也称拒付。此外，如果付款人是虚构的人物或根本没有资格支付汇票的人，以及经过合理努力后都无法做出提示的，也可视为拒付。

7. 追索

汇票出现拒付，持票人有追索（Recourse）权。即有权向其前手（背书人、出票人）要求偿付汇票金额、利息和其他费用的权利。在追索前必须按规定做成拒绝证书和发出拒付通知。拒绝证书，用以证明持票已进行提示而未获结果，由付款地公证机构出具，也可由付款人自行出具退票理由书；或有关的司法文书拒付通知，这是持票人凭以向前手追索的法律依据。用以通知前手关于拒付的事实，使其准备偿付并进行再追索。

二、本票

1. 本票的含义

本票（Promissory Notes）是一个人向另一个人签发的，保证即期或定期或在可以确定的将来的时间，对某人或其指定人或持票人支付一定金额的无条件书面承诺。我国《票据法》第 73 条规定本票的定义是：本票是由出票人签发的，承诺自己在见票时无条件支付确定的金额给收款人或持票人的票据。第 2 款接着规定，本法所指的本票是指银行本票，不包括商业本票，更不包括个人本票。

2. 本票的种类

（1）一般本票（Promissory Note）：出票人为企业或个人，票据可以是即期本票，也可是远期本票。

（2）银行本票（Casher's Order）：出票人是银行，只能是即期本票。

三、支票

支票（Cheque，Check）是出票人签发，委托办理支票存款业务的银行或者其他金融机构在见票时无条件支付确定的金额给收款人或持票人的票据。

支票是以银行为付款人的即期汇票，可以看作汇票的特例。支票出票人签发的支票金额不得超出其在付款人处的存款金额。如果存款低于支票金额，银行将拒付。这种支票称为空头支票，出票人要负法律上的责任。

开立支票存款账户和领用支票，必须有可靠的资信，并存入一定的资金。支票可分为现金支票和转账支票。支票一经背书即可流通转让，具有通货作用，成为替代货币发挥流通手段和支付手段职能的信用流通工具。运用支票进行货币结算，可以减少现金的流通量，节约货币流通费用。

任务二　掌握信用证结算方式

一、信用证的概述与业务流程

信用证支付方式是随着国际贸易的发展，在银行参与国际贸易结算的过程中逐步形成和完善起来的。随着商业信任危机的不断加深，进出口商都担心对方不履行义务而使自己遭受损失，建立在商业信用基础上的汇付和托收方式已完全不能适应国际贸易发展的需要。采用银行保证付款的信用证支付方式对出口商安全收汇更有保障，因此逐渐成为国际贸易结算中影响最大、应用最广泛的一种主要结算方式。

（一）信用证的概述

信用证（Letter of Credit，L/C），是开证银行根据开证申请人的请求和指示，以自身的名义向受益人开立的有一定金额，并在一定期限内凭规定的单据承诺付款的书面承诺。简而言之，信用证是一种由银行开立的有条件的付款承诺书。

信用证属于银行信用，采用的是逆汇法。它是由进口地银行应进口商的请求和指示，开给出口商的一种保证支付货款的书面凭证。只要出口商按照信用证条款的规定在一定期限内提交符合信用证的单据，就可以从开证银行获取货款。

1. 信用证的性质和特点

（1）信用证支付是一种银行信用。

（2）信用证是独立于合同之外的一种自足文件。

（3）信用证是一项纯单据业务。

2. 信用证当事人

（1）开证申请人。

开证申请人（Applicant）是向银行申请开具信用证的人，通常是进口商。

（2）开证行。

开证行（Opening Bank, Issuing Bank）是应开证申请人的要求开立信用证、承担保证付款责任的银行。开证行一般是开证申请人的账户行，这样既便于进口商从开证行获得资金融通的便利，也利于银行更方便、更清楚地掌握进口商的情况。

（3）受益人。

受益人（Beneficiary）是信用证指定的唯一享有凭该信用证交付单据、支取款项权利的人，通常是出口商。受益人同时还是信用证汇票的出票人、货物运输单据的托运人。

（4）通知行。

通知行（Advising Bank）是开证行在出口国的代理人。通知行的责任是及时通知或转递信用证，证明信用证的真实性并及时澄清疑点。如通知行不能确定信用证的表面真实性，即无法核对信用证的签署或密押，则应毫不延误地告知从其收到指示的银行，说明其不能确定信用证的真实性。如通知行仍决定通知该信用证，则必须告知受益人它不能核对信用证的真实性。通知行对信用证内容不承担责任。

（5）保兑行。

保兑行（Confirming Bank）是应开证行的要求在不可撤销信用证上加具保兑的银行。通常由通知行做保兑行。保兑行承担与开证行相同的责任。保兑行一旦对该信用证加具了保兑，就对信用证负独立的确定的付款责任。

（6）付款行。

付款行（Paying Bank, Drawee Bank）是开证行的付款代理人。开证行在信用证中指定另一家银行为信用证项下汇票上的付款人，这银行就是付款行。如果开证行资信不佳，付款行有权拒绝代为付款。但是，付款行一旦付款，即不得向受益人追索，而只能向开证行索偿。

（7）承兑行。

承兑行（Accepting Bank）是在汇票正面签字承诺到期付款的银行。在远期信用证项下，承兑行可以是开证行本身，也可以是通知行或其他愿意付款的出口地银行。

（8）议付行。

议付行（Negotiation Bank）是受开证银行的委托，应受益人要求对所提交的单据进行审核并付款的银行。议付行通常是通知行或出口商所在地的其他银行。除非信用证限定某一指定银行作为议付行，否则受益人可选择在当地的任何一家往来银行议付。议付行议付后对受益人有追索权。

（9）偿付行。

偿付行（Reimbursing Bank）是开证行指定的对议付行或付款行、承兑行进行偿付的代理人。为了方便结算，开证行有时委托另一家有账户关系的银行代其向议付行、付款行或承兑行偿付，偿付行只有在开证行存有足够的款项并受到开证行的偿付指示时才付款。偿付行偿付后再向开证行索偿。

3.《跟单信用证统一惯例》

国际商会为明确信用证有关当事人的权利、责任、付款的定义和术语，减少因解释不同而引起各有关当事人之间的争议和纠纷，调和各有关当事人之间的矛盾，在1930年拟定了《商业跟单信用证统一惯例》（Uniform Customs and Practice for Commercial Documentary Credits），并于1933年正式公布。随着国际贸易的发展，国际商会分别在1951年、1962年、1974年、1978年、1983年、1993年对其进行了多次修订，称为《跟单信用证统一惯例》（Uniform Customs and Practice for Documentary Credits）。2006年10月在巴黎召开的国际商会银行委员会会议上，各国代表表决一致通过了《跟单信用证统一惯例》国际商会第600号出版物（简称《UCP600》），于2007年7月1日起正式实施。

《UCP600》被各国银行和贸易界广泛采用，已成为信用证业务的国际惯例，它本身不具有强制的法律效力，但目前各国仲裁机构和法院几乎都把它作为裁决跨国信用证纠纷的依据，因此有着非常广泛的适应性。

4. 信用证的格式

信用证格式主要包括Telex信函格式和SWIFT格式。随着通信技术的发展，SWIFT信用证正逐渐取代Telex信用证。

利用SWIFT（Society For Worldwide Interbank Financial Telecommunication）系统设计的特殊格式（Format），通过SWIFT系统传递信用证信息（Message）的信用证称为SWIFT信用证，又称“环球电协信用证”。采用SWIFT信用证，必须遵守SWIFT使用手册的规定，使用SWIFT手册规定代号，而且信用证必须按国际商会制定的《UCP600》规定，在信用证中可以省去银行的承诺条款，但并不能免去银行应承担的义务。

目前开立SWIFT信用证的格式代号为MT700和MT701。

（二）信用证的业务流程

信用证种类不同，信用证条款的规定各异，其业务环节和手续也不尽相同，但基本环节大体相同。跟单信用证的业务流程如图5–3所示。

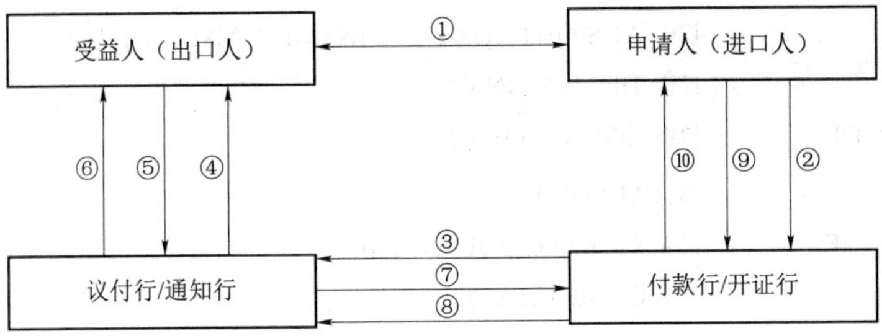

图 5–3　跟单信用证的业务流程

说明：

① 进口人（开证人）与出口人（受益人）订立买卖合同，规定以信用证方式支付货款。

② 进口人向当地银行提出申请，填写开证申请书，交纳押金或提供其他担保，申请开证行开证。

③ 开证银行根据申请书内容，向出口人（受益人）开出信用证，并寄发给通知行请其通知受益人。

④ 通知行核对印鉴（或密押）确定无误后，将信用证通知受益人。

⑤ 出口人（受益人）审核信用证确定与合同相符后，按信用证规定装运货物，并备齐各项单据，开立汇票，在信用证有效期内送交当地银行（议付银行）请求议付。

⑥ 议付银行按信用证条款审核单据无误后，按照汇票金额扣除利息，把货款垫付给受益人（押汇）。

⑦ 议付行将汇票和单据寄开证行或其指定的付款行索偿。

⑧ 开证行或其指定的付款行核对单据确定无误后，付款给议付行。

⑨ 开证行通知开证人付款赎单，开证人审单确定无误后付清货款。

⑩ 开证行将货运单据送交进口人（开证人）。

二、信用证的内容与种类

（一）信用证的内容

在实际进出口业务中，信用证的格式有多种，以下以 MT700 格式为例，介绍信用证的主要内容。

MT700 信用证

MT 700
RECEIVED FROM BANK OF ROAYL,ITALY
ISSUE OF A DOCUMENTARY CREDIT

SEQUENCE OF TOTAL	27: 1/1
FORM OF DOC. CREDIT	40A: IRREVOCABLE
DOC.CREDIT NUMBER	20: 088696000825
DATE OF ISSUE	31C: 151015
EXPIRY	31D: DATE 160130 PLACE CHINA
APPLICANT	50: SPIL BERG DI YONG KEE FUI
VIA A.DE GASPERI 4　24018	VILLA D' ALME' (BG) ITALY
BENEFICIARY	59: CHINA PACKAGING UNION GUANGZHOU CO., LTD.
	7/F.,NO.753 DONGEFNGDONG RD., GUANGZHOU, CHINA
AMOUNT	32B: CURRENCY USD AMOUNT 32,016.00
AVAILABLE WITH/BY	41D: ANY BANK BY NEGOTIATION

DRAFTS AT	42C: AT SIGHT FOR FULL INVOICE VALUE
DRAWEE	42D: DRAWN ON US
PARTIAL SHIPMENTS	43P: NOT ALLOWED
TRANSSHIPMENT	43T: ALLOWED
LOADING IN CHARGE	44A: GUANGZHOU CHINA
FOR TRANSPORT TO...	44F: GENOA ITALY
LATEST DATE OF SHIP.	44C: 160115
DESCRIPT.OF GOODS	45A: MYANMAR TEAK GRADE A (UNFINISHED) SP.16MM MYANMAR TEAK INDUSTRIAL PARQUET SP.14MM PRICE CFR GENOA
DOCUMENT REQUIRED	46A: +SIGNED ORIGINAL COMMERCIAL INVOICES IN 3 FOLDS +ORIGINAL PACKING LIST IN 2 FOLDS +FULL SET CLEAN ON BOARD OCEAN BILL OF LADING ISSUED TO ORDER AND BLANCK ENDODRSED MARKED FREIGHT PREPAID NOTIFY APPLICANT +CERTIFICATES OF ORIGIN FORM A ISSUED AND LEGALIZED BY COMPETENT AUTHORITY
ADDITIONAL COND 47A	+REFERENCE TO THIS CREDIT NUMBER MUST BE SHOWN ON ALL DOCUMENTS +DOCUMENTS MUST BE SENT BY SPECIAL COURIER AT THE FOLLOWING ADDRESS U.P.F. —VIA DALWAZIA, 2—24047 TREVGLIO(BG) ATT.NE MAR AMATO ADRIANA
DETAILS OF CHARGES 71B:	ALL CHANGES OUTSIDE ITALY ARE FOR BENEFICIARY'S ACCOUNT.
PRESENTATION PERIOD	48: WITHIN 15 DAYS AFTER B/L DATE BUT WITHIN THE CREDIT VALIDITY
CONFIRMATION	49: WITHOUT
SEND. TO REC.INFO	THIS CREDIT IS SUBJECT TO UCP REVISION 2007 ICC PUBLICATION NO.600.

1. 信用证本身的表达

信用证本身的表达（Clauses on Credit Itself）主要包括信用证的种类、开证日期、开证申请人等信用证有关当事人、信用证金额、信用证有效期等。

2. 关于汇票条款的表达

信用证中关于汇票条款的表达（Clauses on Draft or Bill of Exchange）内容有出票条款、汇票期限、汇票付款人和是否限制议付等。

3. 关于货物说明的表达

信用证中货物说明（Description of Goods）里的内容一般包括货名、品质、单价、价格术语等。

4. 关于单据条款的表达

信用证项下要求提交的单据多种多样，但是通常信用证要求的单据有如下几种。

Commercial Invoice（商业汇票）；Bill of Lading（海运提单）；Insurance Policy（保险单）；Bill of Exchange（汇票）；Certificate of Origin（产地证）；Inspection Certificate（商检证书）；Packing List（装箱单）。

5. 关于装运条款的表达

信用证中的装运条款（Clause on Shipment）包括装运期限、是否分批装运和转运、装运地和目的地等内容。

6. 关于特别条款的表达

特别条款（Special Clauses/Conditions）主要有议付与索偿条款、佣金/折扣条款、费用条款等。

7. 关于开证行保证条款的表达（Warranties of Issuing Bank）

这主要是指开证行对受益人和汇票持有人保证承兑或付款。

8. 关于跟单信用证统一惯例文句的表达

由于目前各国银行普遍采用国际商会的《UCP600》作为信用证业务的规范，所以信用证上一般都注明“本证按照国际商会《UCP600》办理”。

（二）信用证的种类

在国际贸易中所使用的信用证种类繁多，可以从不同的角度进行划分，常见的有以下几种。

1. 根据信用证项下的汇票是否附有货运单据划分

（1）跟单信用证。

跟单信用证（Documentary Credit）指开证行凭跟单汇票或仅凭单据付款的信用证。付款行凭信用证规定的单据支付信用证项下的款项。跟单信用证主要用于贸易结算，是当前国际贸易支付的主要方式。

（2）光票信用证。

光票信用证（Clean Credit）指开证行仅凭不附单据的汇票付款的信用证或要求汇票附有非货运单据的信用证。

2. 根据开证银行所负的责任划分

（1）不可撤销信用证。

不可撤销信用证（Irrevocable Letter of Credit）指信用证一经开出，在其有效期内，若未经受益人及有关当事人的同意，开证行不得片面修改或撤销的信用证。只要受益人提供的单据符合信用证规定，开证行就必须履行付款义务。

（2）可撤销信用证。

可撤销信用证（Revocable Letter of Credit）指开证行不必征得受益人或有关当事人同意，有权随时撤销的信用证，应在信用证上注明“可撤销”，应视为“可撤销”字样。《UCP600》规定，只要受益人依信用证条款规定已得到了议付、承兑或延期付款保证时，该信用证即不能被撤销或修改。同时还规定，如信用证中未注明是否“可撤销”，应视为不可撤销信用证。

3. 根据有无另一家银行加以保证兑付划分

（1）保兑信用证。

保兑信用证（Confirmed Letter of Credit）指开证行开出的信用证，由另一家银行保证对符合信用证条款规定的单据履行付款义务。对信用证加保兑的银行称为保兑行，通常是通知行，有时也可以是出口地的其他银行或第三国银行。保兑行一经保兑，就承担和开证行同样的付款责任。

（2）非保兑信用证。

非保兑信用证（Unconfirmed Letter of Credit）指开证行开出的信用证没有经另一家银行保兑。未保兑的不可撤销信用证就是一般的不可撤销信用证，由开证行单独承担凭符合信用证条款的单据付款的责任。

4. 根据付款时间不同划分

（1）即期信用证。

即期信用证（Sight Letter of Credit）指开证行或指定付款行收到符合信用证条款的跟单汇票或装运单据后立即履行付款义务的信用证。这种信用证有时不需要汇票，只凭货运单据付款。

（2）远期信用证。

远期信用证（Usance Letter of Credit）指开证行或付款行收到符合信用证的单据后，不立即付款，而是等远期汇票到期后再付款，分为假远期信用证、承兑信用证和延期付款信用证。

① 假远期信用证。假远期信用证（Usance Letter of Credit Payable At Sight）也称买方远期信用证（Buyer's Usance Letter of Credit），指信用证中规定受益人开立远期汇票，由付款行负责贴现，一切利息和费用由开证申请人负担。这种信用证对受益人来说可以即期收到十足的货款，但要承担远期汇票到期遭到拒付被追索的风险。对开证申请人来说，要等到远期汇票到期时才向付款行付款。因此，有些进口商使用这种信用证是为了利用开证行或其指定的付款行的资金。

② 承兑信用证。承兑信用证（Acceptance Letter of Credit）指受益人提交远期汇票和单据，由付款人先承兑等汇票到期日再付款的信用证。在承兑信用证业务中，银行是远期汇票的付款人；承兑人可以是开证行也可以是其指定的代理行。

③ 延期付款信用证。延期付款信用证（Deferred Payment Letter of Credit）指开证行在信用证中规定，开证行收到单据后若干天或提单日期后若干天付款的信用证。延期付款信用证的受益人无须开立远期汇票，因此不能在市场贴现。为了保障受益人取得货款，由开证银行在信用证中载明银行的付款承诺条款，保证到期付款。

5. 根据受益人对信用证的权利是否可转让划分

（1）可转让信用证。

可转让信用证（Transferable Letter of Credit）指受益人有权将议付来证的全部或部分金额转让给另一个或两个以上的第三人（即第二受益人）使用的信用证。《UCP600》规定：只有开证行明确指出“可转让”的信用证才能转让；除非另有规定，有关转让的银行费用应由第一受益人交付；可转让信用证只能转让一次。

（2）不可转让信用证。

不可转让信用证（Non-transferable Letter of Credit）指受益人不能将信用证权利转让给第三人的信用证。凡信用证上未注明“可转让”字样，都是不可转让的信用证。

6. 循环信用证

循环信用证（Revolving Letter of Credit）指信用证被受益人全部或部分利用后，其金额又重新恢复到原金额，可再次使用，直至达到规定的次数或规定的总金额为止。循环信用证的特点是可以多次循环使用，它通常用于商品数量大，需要在较长的一段时间内分期、分批交货的情况。使用循环信用证，进口商可避免多次开证手续上的麻烦，节省开证费用和押金，也可使出口商简化审证程序和费用。根据循环方式可以分为按时间循环信用证和按金额循环信用证。

（1）按时间循环信用证。

按时间循环信用证（Revolving Around Time Letter of Credit）指受益人在一定的时间内可多次支取信用证规定的金额。

（2）按金额循环信用证。

按金额循环信用证（Revolving Around Value Letter of Credit）指信用证金额议付后，仍恢复到原金额可再度使用，直至用完规定的总金额为止。按金额循环信用证根据恢复方式的不同又可分为：自动循环（Automatic Revolving）、非自动循环（Non-automatic Revolving）和半自动循环（Semi-automatic Revolving）三种。

7. 对开信用证

对开信用证（Reciprocal Letter of Credit）指两张信用证的开证申请人互以对方为受益人而开立的信用证。对开信用证的特点是第一张信用证的开证申请人（进口商）和受益人（出口商）是第二张信用证的受益人和开证申请人，第一张信用证的通知行通常是第二张信用证的开证行。两张信用证的金额相等或大致相等，两证可以同时开立，也可以先后开立。这种信用证多用于易货贸易或来料加工和补偿贸易业务。

8. 对背信用证

对背信用证（Back to Back Letter of Credit）也称转开信用证，指受益人要求原证的通知行或其他银行以原证为基础，另开一张内容相似的新信用证，对背信用证的开证行只能根据不可撤销信用证来开立。原证的受益人就是新证的开证申请人；原证的通知行一般就是新证的开证行；对背信用证的内容除开证申请人、受益人、金额、单价、装运期、有效期等可以改变外，其他条款一般与原证相同。这种信用证常用于中间商转售他人货物，从中牟利，或两国不能直接办理进口贸易时，需要通过第三方沟通时使用。

9. 预支信用证

预支信用证（Anticipatory Letter of Credit）指开证行授权代付行（通常是通知行）向受益人预付信用证金额的全部或一部分，由开证行保证偿还并负担利息。这种信用证的特点是开证申请人付款在先，受益人交单在后。

10. 备用信用证

备用信用证（Standby Letter of Credit）又称保证信用证或担保信用证，指开证行根据开证申请人的请求对受益人开立的承诺承担某项义务的凭证，即开证行保证在开证申请人未能履行其义务时，受益人只要凭备用信用证的规定并提交开证人违约证明，即可取得开证行的偿付。它是银行信用，对受益人来说是备用于开证申请人违约时取得补偿的一种方式。

（三）进出口贸易合同中的信用证支付条款

采用信用证方式时，应在合同中明确规定信用证种类，开证日期、信用证有效期和议付地点等。

1. 即期信用证条款的规定方法

例如，在合同中规定："买方应通过卖方所接受的银行于装运月份前××天开立并送达卖方的不可撤销即期信用证，有效期至装运后15天在中国议付。"

The buyers shall open through a bank acceptable to the sellers an irrevocable sight letter of credit to reach the sellers…days before the month of shipment, valid for negotiation in China until 15th day after shipment.

2. 远期信用证条款的规定方法

例如，合同中规定："买方应通过卖方所接受的银行于装运月份前××天开立并送达卖方不可撤销见票后××天付款的信用证，有效期至装运后15天，并且在中国议付。"

The buyers shall open through a bank acceptable to the sellers an irrevocable sight letter of credit to reach the sellers…days before the month of shipment, valid for negotiation in China until 15th day after shipment.

任务三　掌握其他结算方式

一、汇付

汇付即汇款（Remittance），指通过银行的汇兑来实现国与国之间债权债务的清偿和国际资金的转移。使用汇付方式结算货款时，银行提供的是服务而非信用，因此汇付方式属于商业信用，是否安全结汇完全取决于买方的信誉，风险较大。

（一）汇付的当事人

（1）汇款人（Remitter）：通常是买方，汇款人向付款地银行填写汇付申请书并交纳所汇款项和手续费，委托该银行向国外汇出资金。

（2）收款人（Payee或Beneficiary）：通常是卖方，是接收汇入行到款通知并收取货款的人。

（3）汇出行（Remitting Bank）：通常是汇款人的开户行，是接受汇款人委托将资金汇出国外，并通过其在收款人所在地的分行或代理行将货款支付给收款人的银行。

（4）汇入行（Paying Bank）：又称为解付行，通常是汇出行的分行或代理行，接受汇出行的委托，解付货款给收款人。

（二）汇付的种类及其业务程序

采用汇付方式结算货款，汇款人在委托汇出行办理汇款时，通常要开具汇款申请书，写明收款人的名称和地址、汇款金额、具体采用的汇款方式等内容交汇出行。汇出行接受委托后即有义务按照申请书的指示，用申请书列明的方式通知汇入行解付给收款人。依据汇出行传递委托付款指示的方式不同，汇付可以分为电汇、信汇和票汇三种。

1. 电汇

电汇（Telegraphic Transfer，T/T）是指汇出行应汇款人的申请，拍发加押电报、电传或SWIFT给在另一国家的分行或代理行，指示解付一定金额给收款人的一种汇款方式。

2. 信汇

信汇（Mail Transfer，M/T）是指汇出行应汇款人的申请，将信汇委托书以航空邮寄方式寄给汇入行，授权其解付一定金额给收款人的一种汇款方式。

电汇和信汇的业务程序如图 5–4 所示。

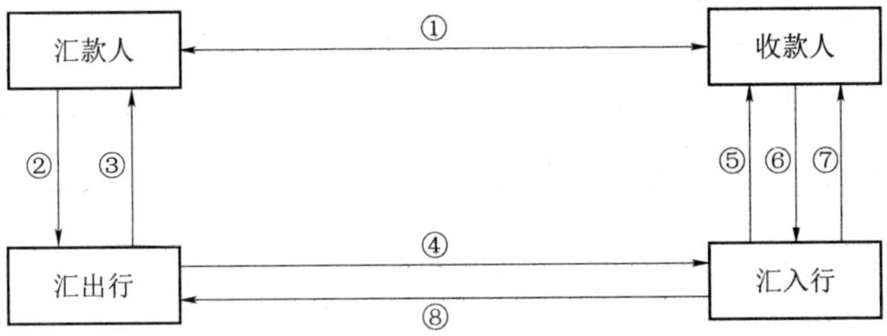

图 5–4　电汇和信汇的业务程序

说明：

① 汇款人和收款人约定采用电汇/信汇方式汇款；

② 汇款人向当地银行提交电汇/信汇申请书并交款付费；

③ 汇出行向汇款人签发回单；

④ 汇出行向汇入行发出电汇/信汇委托书；

⑤ 汇入行向收款人发取款通知书；

⑥ 收款人凭取款通知书到汇入行取款；

⑦ 汇入行向收款人付款；

⑧ 汇入行向汇出行发出付讫通知。

3. 票汇

票汇（Remittance by Banker's Demand Draft, D/D）是指汇出行应汇款人的申请，向收款人开立以其分行或代理行为解付行的银行即期汇票，支付一定金额给收款人的一种汇款方式。

票汇的业务程序如图 5–5 所示。

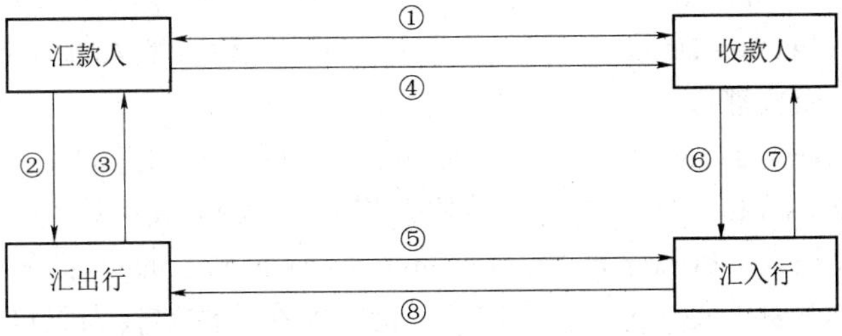

图 5–5　票汇的业务程序

说明：

① 汇款人和收款人约定采用票汇方式汇款；

② 汇款人向当地银行提交票汇申请书并交款付费；

③ 汇出行签发银行汇票给汇款人；

④ 汇款人将银行汇票转交收款人；

⑤ 汇出行签发票汇通知书给指定的汇入行；

⑥ 收款人凭银行汇票到汇入行取款；

⑦ 汇入行核对无误即付款给收款人；

⑧ 汇入行向汇出行发出付讫通知。

三种汇付方式的优缺点比较如表 5–1 所示。

表 5–1　三种汇付方式的优缺点比较

汇付方式	收汇时间	手续	费用	使用频率
信汇（M/T）	长	简单	较低	目前很少使用
电汇（T/T）	短	简单	较高	很高
票汇（D/D）	长	复杂	较高	出国留学使用较多

（三）进出口贸易合同中的汇款支付条款

采用汇款方式时，应在合同中明确规定：汇款的办法、汇款时间、汇款的金额和汇款的途径等。

例如："买方应不迟于 2016 年 2 月 15 日将 50%的货款用信汇预付给卖方。"

The buyers shall pay 50% of the sales proceeds in advance by M/T to reach the sellers not later than Feb.15th 2016.

二、托收

托收（Collection）是出口人在货物装运后，开具以进口方为付款人的汇票，委托出口地银行通过它在进口地的分行或代理行代理出口人收取货款的结算方式。托收的性质属于商业信用，采用的是逆汇法。

（一）托收的当事人

（1）委托人（Principal）开出汇票委托银行向国外付款人代收货款的人，通常为出口方，也称为汇票的出票人（Drawer）。

（2）托收行（Remitting Bank）：接受出口人的委托代为收款的出口地银行。

（3）代收行（Collecting Bank）：即接受托收行的委托代收款人收取货款的进口地银行，通常为托收行的分行或代理行。

（4）付款人（Payer，Drawer）：汇票上的付款人，即托收的付款人，通常为进口方。

（5）提示行（Presenting Bank）：向付款人提示汇票和/或单据并收取款项的银行。

（6）需要时的代理人（Principal's Representative in Case of Need）：又称为委托人的代表，是指进口商拒付时，在委托人（通常是出口商）指定的在目的地代为照料货物的存储、转售、运回或改变交单条件等事宜的代理人。

（二）托收的种类与业务流程

托收方式分成光票托收和跟单托收，光票托收是出口人仅开具汇票，委托银行收款，不随附任何货运单据，一般用于收取出口货款尾数、代垫费用、佣金、样品费等。跟单托收是出口人发运货物后，开具汇票，连同全套货运单据委托银行向进口人收取货款的一种方式。国际贸易中，使用托收方式收取货款主要是采用跟单托收的办法。跟单托收又分为付款交单和承兑交单。

1. 付款交单

付款交单（Documentary Against Payment, D/P）是出口人的交单以进口人的付款为条件。

按照付款期限的不同又可分为即期付款交单和远期付款交单。

（1）即期付款交单（D/P At Sight）。

即期付款交单是指出口人发货后开具即期汇票连同货运单据，通过银行向进口人提示，进口人见票后立即付款，进口人在付清货款后向银行领取货运单据。即期付款交单的流程如图 5–6 所示。

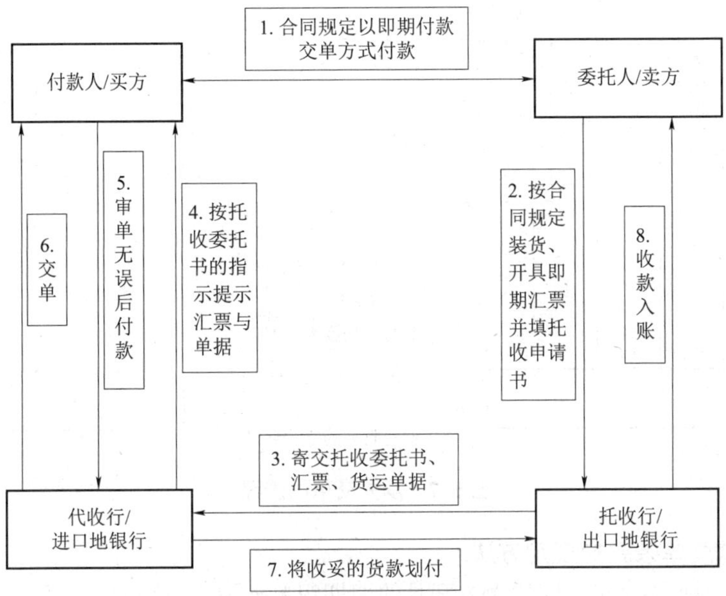

图 5–6　即期付款交单的流程

（2）远期付款交单（D/P After Sight）。

远期付款交单是出口方开具远期汇票，通过银行向进口方提示，进口人见票时承兑，待汇票到期时，买方付款领取货运单据。

2. 承兑交单

承兑交单（Documentary Against Acceptance, D/A）是指出口人的交单以进口人在汇票上承兑为条件。即出口人在装运货物后开具远期汇票，连同商业单据，通过银行向进口人提示，进口人承兑汇票后，代收银行即将商业单据交给进口人，在汇票到期时，方履行付款义务。承兑交单的流程如图 5–7 所示。

业务中还有 D/P • T/R，即“付款交单凭信托收据借单”。所谓信托收据，是进口方借单时提供的一种担保文件，表示愿意以银行受托人身份代为提货、报关、存仓、保险、出售，并承认货物所有权仍归银行。D/P • T/R 具体做法是：由进口人承兑汇票后出具信托收据向代收银行借取货运单据先行提货。若此做法为买卖双方事先约定，则在代收银行借出货运单据后，发生汇票到期不能收回货款的风险与代收银行无关，应由卖方自己承担。若此做法由代收银行自行决定，则代收银行应承担汇票到期收不回货款的全部责任。D/P • T/R 这种做法对卖方极为不利，风险大，采用前务必慎重。

（三）进出口贸易合同中的托收支付条款

采用托收方式时，应在合同中明确规定托收种类、进口人的承兑和（或）付款责任以及付款期限等。

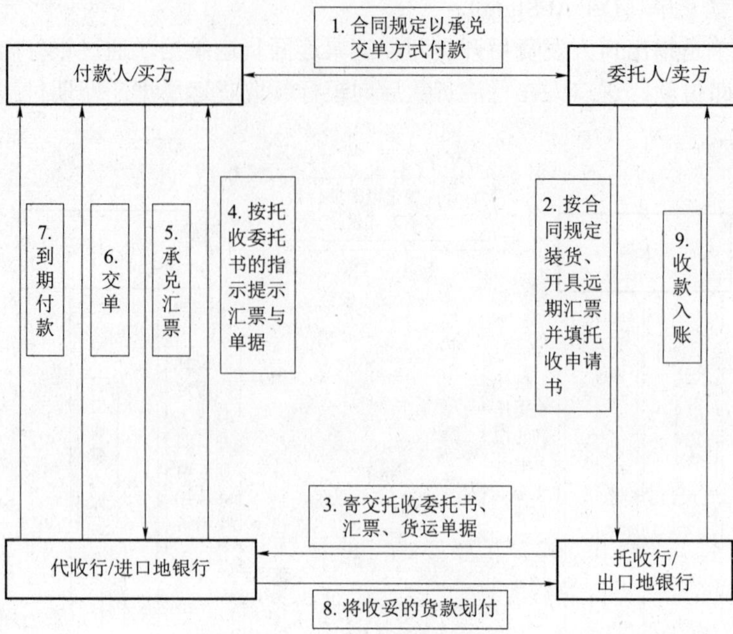

图 5–7　承兑交单的流程

1. 即期付款交单条款的规定方法

例如，合同中规定："买方应凭卖方开具的即期跟单汇票于见票时立即付款，付款后交单。"

Upon first presentation the buyers shall pay against documentary draft drawn by the sellers at sight. The shipping documents are to be delivered against payment only.

2. 远期付款交单条款的规定方法

例如，合同中规定："买方对卖方开具的见票后××天付款的跟单汇票，于提交时应即予承兑，并应于汇票到期日即予付款，付款后交单。"

The buyers shall duly accept the documentary draft drawn by the sellers at… days upon first presentation and make payment on its maturity. The shipping documents are to be delivered against payment only.

或者应规定："买方应凭卖方开具的跟单汇票，于提单日后××天付款，付款后交单。"

The buyers shall pay against documentary draft drawn by the sellers at…days after date of B/L. The shipping documents are to be delivered against payment only.

或者应规定："买方应凭卖方开具的跟单汇票，于汇票出票日后××天付款，付款后交单。"

The buyers shall pay against documentary draft drawn by the seller at…days after date of draft. The shipping documents are to be delivered against payment only.

3. 承兑交单付款的规定方法

例如，合同中规定："买方对卖方开具的见票后××天付款的跟单汇票，于提示当时应即予承兑，并应于汇票到期日付款，承兑后交单。"

The buyers shall duly accept the documentary draft drawn by the seller at…days sight upon first presentation and make payment on its maturity. The shipping documents are to be delivered against acceptance only.

三、国际保理

国际保理（International Factoring）又称承购应收账款，指在以商业信用出口货物时（如以 D/A 作为付款方式），出口商交货后把应收账款的发票和装运单据转让给保理商，即可取得应收取的大部分贷款，日后一旦发生进口商不付或逾期付款，则由保理商承担付款责任，在保理业务中，保理商承担第一付款责任。

四、跨境电商第三方支付方式

近年来，跨境电商贸易模式不断兴起，现就几种常见的跨境电商模式下的第三方支付方式进行介绍。

（一）全球市场

1. Visa\Master Credit Card

Visa\Master Credit Card，该支付方式创办的专业在线支付平台为国内外贸易商户提供安全、便捷的即时到账支付服务。持卡人可以用 Visa、Master Card、JCB、American Express、Diners Club International 来支付，轻松完成网上交易。只要用户拥有 Visa\Master\JCB\AE\MB 信用卡种，就可以支付。支付额度为 50 000 美元以下。该种在线支付平台的最大优点就是接纳度广，支付便捷。使用该种支付方式的电商网站包括速卖通、Amazon 等全球大部分电商网站。

2. Western Union

西联汇款是国际汇款公司（Western Union）的简称，是世界上领先的特快汇款公司，迄今已有 150 年的历史，它拥有全球最大最先进的电子汇兑金融网络，代理网点遍布全球近 200 个国家和地区。其具有汇款简单、便捷可靠、瞬间可取、收款方便的优点。速卖通网站该种支付方式的支付额度为 20.01～50 000 美元。使用该种支付方式的电商网站包括速卖通等。

3. Bank Transfer

Bank Transfer，也被称为 TT payment，该方式由汇款人以定额本国货币交于本国外汇银行换取定额外汇，并说明收款人的姓名和地址，再由承办银行（汇出行）发加押电报式电传给另一国家的分行或代理行（汇入行）只是解付给收款人的一种汇款方式。对于此种支付方式，银行需要 7 个银行工作日，以确认买家的付款并更新到电商平台。在速卖通上，此种支付方式的支付额度为 20.01～50 000 美元。使用该种支付方式的电商网站有速卖通等全球范围的跨境电商网站。

4. Payoneer

Payoneer 成立于 2005 年，总部设在美国纽约，是万事达卡组织授权的具有发卡资格的机构。一直致力于为全球跨境电商中小企业提供创新的收款方式，积累了足够的电商收款经验。数千家联盟以及数百万收款人的加入使得 Payoneer 已成为支付行业的领先者。Payoneer 的合作伙伴涉及的领域众多并已将服务遍布到全球 210 多个国家。其账户内资金以美金存放，并可以两小时内快速到账，在使用上十分便捷，拥有多国语言服务环境。使用该种支付方式的电商网站有 Wish 等全球范围的跨境电商网站。

5. Paypal

Paypal 是一个总部在美国加利福尼亚的因特网第三方支付服务商，针对具有国际收付款需求用户设计账户类型，允许在使用电子邮件来标示身份的用户之间转移资金。Paypal 也和一些电子商务网站合作，成为它们的货款支付方式，是目前全球使用最为广泛的网上交易工具之一，但使用这种支付方式转账时，需缴纳一定金额的手续费。但服务商可以为买卖双方提供便捷的收付款活动。对于买方而言，Paypal 支付安全简单，无须向商家提供任何敏感金融信息，无须支付任何服务费，注册环节也十分简单，具备多国语言操作界面。对于卖方而言，能实现网上自动化支付清算，且具有成熟的风险控制体系，无须缴纳开户费用以及年费。使用该种支付方式的电商网站有 ebay、Amazon 等。

（二）区域市场

1. QIWI

QIWI 是俄罗斯领先的支付服务提供商，它运营着俄罗斯最大规模的自助购物终端设备，以及提供在线支付和手机支付服务，是俄罗斯最大的第三方支付工具，其服务类似于支付宝，在速卖通上可以支持最大支付额度在 5 000 美元以下的付款，超出此额度，买家就需要更换其他支付方式。

2. WebMoney

WebMoney 是由日本的 WebMoney 公司推出的用于网上购物的货币，物理上为一张塑料卡，上面写有 16 位的由大小写字母和数字构成的密码，规格有两种，一种是 2 000 日元，另一种是 5 000 日元。卡里的钱可以分次使用，也可以多张卡合并使用，在日本市场有较高接纳度。

3. Boleto

Boleto 是一种电子钱包付款方式，也是一种本地支付方法，且无须支付额外费用，常用于巴西，在速卖通中该种支付方式的支付额度为 1～3 000 美元。对于此种支付方式，银行需要 7 个工作日，以确认买家的付款并更新到电子商务平台。如果发生交易纠纷导致退款，速卖通将通过 Ebanx 退款，买家通常可以在 7～10 个工作日收到退款。

4. Yandex.Money

Yandex.Money 和 QIWI 一样都属于俄罗斯的领先的支付电子钱包，拥有 1 800 万活跃用户，日交易处理能力达到 15 万笔，在俄罗斯的品牌认知度高达 85%。Yandex.Money 成立于 2002 年，是俄罗斯 Yandex 旗下的电子支付工具，是俄罗斯领先的网络平台及搜索引擎 Yandex 的全资子公司。Yandex.Money 是俄罗斯第一个电子支付系统，买家注册后，即可通过俄罗斯所有地区的支付终端、电子货币、预付卡和银行转账（银行卡）等方式向钱包内充值。

5. MercadoPago

MercadoPago 是拉美公司 Ebay 旗下的一家支付公司，在阿根廷、巴西、智利、哥伦比亚、墨西哥、委内瑞拉这六个国家均开展业务。MercadoPago 拥有一个安全的网上支付系统和高效的 eBay 用户，在拉丁美洲是最大的电子商务网站。

6. Escrow

Escrow，中文名称为阿里巴巴国际支付宝。该支付平台由阿里巴巴与支付宝联合开发，是为了保护国际在线交易中买卖双方的交易安全所设置的一种第三方支付担保服务，全称为 Escrow Service。已拥有国内支付宝账户的用户，只需要绑定国内支付宝账户即可，无须再申请 Escrow 的账户。在使用过程中，Escrow 所提供服务模式与国内支付宝类似，并不是一种支付方式，而是一种第三方支付担保服务。在使用过程中可以对接多种支付方式，并支持部分产品的小额批发、样品、小单、试单交易。对于卖方而言，Escrow 的风控体系可以保护其在交易中免受信用卡盗卡的欺骗风险，即只有 Escrow 的确收到货款后，才会通知卖方发货。使用该种担保服务的电商网站有速卖通。

项目六

进出口贸易磋商与签订合同

知识目标

1. 了解进出口贸易合同签订的基本程序。
2. 掌握进出口交易磋商的基本知识和技能。

能力目标

1. 能够理解进出口贸易合同订立的一般程序。
2. 能够掌握进出口交易磋商的方法和技巧。

任务一　进行进出口贸易磋商

交易磋商（Contract Negotiation）是指交易双方为买卖商品，对交易的各项条件进行协商以达成交易的过程，通常称为谈判。交易磋商是进出口贸易业务中的重要环节，是签订进出口合同的基础，没有交易磋商就没有买卖合同，交易磋商工作的好坏，直接影响到合同的签订及以后的履行。

一、进出口贸易磋商的形式

交易磋商可通过来往函电进行，也可以通过双方面谈。具体而言，合同磋商的形式可分为以下三种。

（一）口头磋商

口头磋商主要指在谈判桌上面对面的谈判，如参加各种交易会、洽谈会，以及贸易小组出访、邀请客户来华洽谈交易等。此外，还包括双方通过国际长途电话进行的交易磋商。口头磋商方式由于是面对面的直接交流，便于了解对方的诚意和态度，进而采取相应的对策，并根据进展情况及时调整策略，达到预期的目的。口头磋商比较适合谈判内容复杂、涉及问题较多的业务，如大型成套设备交易谈判。

（二）书面磋商

书面磋商是指通过信件、电报、电传、传真等通信方式来洽谈交易。目前，多数企业使用传真和电子邮件进行磋商交易。随着现代通信技术的发展，书面洽谈越来越简便易行，成本费用低廉。国际贸易中，买卖双方通常采用书面方式磋商交易。

（三）行为磋商

用行为表示的磋商形式比较特殊，主要是在拍卖行、交易所等场合所进行。

二、进出口贸易磋商的内容

交易磋商的内容涉及拟签订的买卖合同的各项条款，包括品名规格、数量、包装、价格、装运、付款、保险以及商品检验、索赔、仲裁和不可抗力等。其中以前七项为主要内容或主要交易条件。买卖双方欲达成交易、订立合同，必须至少就这七项交易条件进行磋商并取得一致意见。至于其他交易条件，特别是检验、索赔、不可抗力和仲裁，它们虽非成立合同不可缺少的内容，但是为了提高合同质量，防止和减少争议的发生以及便于解决可能发生的争议，买卖双方在交易磋商时也不容忽视。

三、进出口贸易磋商的一般程序

交易磋商的程序一般包括四个环节：询盘、发盘、还盘和接受。其中发盘和接受是必不可少的两个基本环节。

（一）询盘

询盘（Inquiry），也叫询价，通常是买方或卖方准备购买或销售某种商品，向对方发出的一种询问以邀请对方发盘的表示，在法律上称为“要约邀请”。询盘时，除品名外，有时还列明规格、交货期等。询盘是交易的起点，只是表示一种愿望，请将来可能的交易对象向自己发盘。所列的内容多是探询和参考性质，没有必须购买或售出的义务，对双方均没有约束力，不是交易磋商的必经步骤。但询盘是了解市场供求、寻找交易机会的有效手段，不应忽视。

询盘可以分为买方询盘和卖方询盘两种。

买方询盘和卖方询盘举例如下：

买方询盘：“对 2015 年产山东大粒花生仁有兴趣，请报 CIF 鹿特丹最低价格 9 月装运。”（Interested large size Shangdong groundnut kernels 2015 crop. Please offer lowest price CIF Rotterdam shipment Sept.）

卖方询盘：“可供山东花生仁，5 月装如有兴趣请电告。”

（Can supply Shandong groundnut kernels may shipment, cable if interested.）

（二）发盘

1. 发盘的含义

发盘（Offer）也称报盘、发价、报价，法律上称之为“要约”，是指买方或卖方向对方提出一定的交易条件，并愿意按照这些交易条件达成交易、签订合同的一种意思表示。由卖方提出的发盘，习惯上叫“卖方发盘”，也称为“售货发盘”，由买方向卖方主动提出的发盘，习惯上叫“买方发盘”，也称作“递盘”（Bid）或“订单”（Order）。无论是卖方发盘，还是买方发盘，两者的法律后果是一样的，即一项有效的发盘，一经受盘人无条件接受，买卖合同即告成立，买卖双方均要受合同的约束。

2. 构成发盘的条件

《联合国国际货物销售合同公约》（以下简称《公约》）第14条规定：“向一个或一个以上特定的人提出的订立合同的建议，如果十分确定并且表明发盘人在得到接受时随约束的意旨，即构成发盘。一个建议如果写明货物并且明示或暗示地规定数量和价格或规定如何确定数量和价格，即为十分确定。”

可见，一个发盘的构成必须具备下列四个条件：

（1）发盘应向一个或一个以上的特定人提出。

发盘必须指定可以表示接受的受盘人。受盘人可以是一个，也可以指定多个。不指定受盘人的发盘，仅应视为发盘的邀请，或称邀请做出发盘。

（2）发盘内容必须十分确定。

发盘内容的确定性体现在：发盘所列的条件是完整的、明确的和终局的。所谓“完整的”，按习惯做法是准确阐明各项主要交易条件，一般包括品名规格、数量、包装、价格、装运、付款、保险七大要件。所谓“明确的”，即所指交易条件清楚、具体、不含糊、不模棱两可，不能在发盘中出现“大概”“预计”“可能”“参考”等用词。所谓“终局的”，即肯定的，不能有保留性、限制性的条款。

（3）发盘必须表明发盘人对其发盘一旦被受盘人接受即受约束的意思。

发盘的目的在于订立合同，发盘人应明确表示愿意按照发盘的内容订立合同，一经受盘人表示接受，合同即告成立，无须再经发盘人同意。这种订立合同的意旨，可以在发盘中用“发盘”“递盘”等术语加以表明，也可不使用上述或类似上述术语和语句，而按照当时谈判情形，或当事人之间以往的业务交往情况或双方已经确立的习惯做法来确定。发盘人的发盘在得到接受时，其将按发盘的条件与受盘人订立合同承担法律责任。

（4）发盘于送达受盘人时生效。

发盘只有送达受盘人始为有效，这里强调直接送达或信函、电传或口头通知。他人传达如不是发盘人授权，即使到达也无效。发盘只有受盘人收到才生效，受盘人没收到或没正式收到就没有法律效力，发盘人也没有订立合同的义务。

相关链接

“到达生效原则”与“投邮生效原则”

关于发盘生效的时间，不同的国家采用的原则不同。对于英美法系的国家来说，发盘如果是采用信件或电报的形式发出的，以付足邮资，将有关电报或函件送交发出的邮局时发盘即视为到达，即采用“投邮生效原则”。而大陆法系的国家则认为，只有实际送达受盘人或受盘人所指定的代理人时才能算作到达，即采用“到达生效原则”。《公约》规定，发盘只有送达受盘人始为有效，也即采用“到达生效原则”。《中华人民共和国合同法》（以下简称《合同法》）也规定，要约到达受要约人时生效，也是采用“到达生效原则”。

3. 发盘的有效期

发盘的有效期，是指可供受盘人对发盘做出接受的时间或期限。发盘人在发盘的有效期内受其约束，超过有效期，发盘人则不再受其约束，因此，发盘的有效期既是对发盘人的限制，也是对发盘人的保障。

发盘的有效期可以做明确的规定，以发盘送达受盘人时开始生效，到规定有效期届满为止。具体可分为规定一段有效期（如发盘有效期 10 天）和规定最迟接受的期限（如发盘限10 天复）两种。也可以不明确规定有效期，按惯例在合理时间内有效。

4. 发盘的撤回与撤销

《公约》第 15 条对发盘生效时间做了明确规定："发盘在送达受盘人时生效。"那么，发盘在被送达受盘人之前，如发盘人改变主意，或情况发生变化，这就必然会产生发盘的撤回和撤销的问题。在法律上，"撤回"和"撤销"属于两个不同的概念。发盘的撤回（Withdrawal）是指在发盘尚未生效，发盘人采取行动，阻止它的生效。而发盘的撤销（Revocation）是指发盘已生效后，发盘人以一定方式解除发盘的效力。

《公约》第 15 条第 2 款规定："一项发盘，即使是不可撤销的，也可以撤回，撤回的通知将在发盘到达受盘人之前或同时到达受盘人。"

根据《公约》的规定，发盘可以撤销，其条件是：发盘人撤销的通知必须在受盘人发出接受通知之前传达到受盘人。但是，在下列情况下，发盘不能再撤销：

（1）发盘中注明了有效期，或以其他方式（如在发盘中使用"不可撤销"字样等）表示发盘是不可撤销的。

（2）受盘人有理由信赖该发盘是不可撤销的，且已本着对该发盘的信赖采取了行动。

一项发盘是否可以撤销，主要取决于受盘人是否可能因为撤销发盘而受到损害。

课内讨论 6–1

8 月 1 日：甲邮寄一份实盘给乙；

8 月 8 日：甲邮寄一份撤回通知给乙；

8 月 11 日：乙收到甲的实盘，并立即用电报发出接受通知；

8 月 15 日：乙又邮寄了一份确认函，确认他于 8 月 11 日发出的接受电报；

8 月 20 日：乙收到甲邮寄的撤回通知。事后双方对该项合同是否成立发生纠纷。

问题：甲与乙之间的合同是否成立？为什么？

5. 发盘的终止

发盘的终止（Termination），也叫发盘的失效（Lapse of Offer），是指发盘失去法律效力。关于发盘失效问题，《公约》第 17 条规定："一项发盘，即使是不可撤销的，于拒绝通知送达发盘人时终止。"这就是说，当受盘人不接受发盘的内容，并将拒绝的通知送到发盘人手中时，原发盘就失去效力，发盘人不再受其约束。

此外，在进出口贸易实务中还有以下几种情况造成发盘的失效：

（1）发盘人在受盘人接受之前撤销该发盘。

（2）发盘中规定的有效期届满。

（3）受盘人还盘。

（4）其他方面的原因造成发盘失效。这包括战争、灾难、政府发布禁令或限制措施造成发盘失效等，另外还包括发盘人死亡、法人破产等特殊情况。

（三）还盘

还盘（Counter Offer），也叫还价，法律上又称反要约，或称新的发盘，是指受盘人在接到发盘后，对发盘的内容不完全同意，为了进一步协商，反过来向发盘人提出需要变更内容或建议的表示。还盘不是指受盘人完全不同意发盘的条件，否则，就是拒绝而不是还盘。

还盘举例如下：

客户对我某公司的还盘："10 月 6 日复电：您 5 日传真 36 吨特级珠茶，每公斤[①]CIF3%伊斯坦布尔 USD2.00/千克，11 月装，D/A60 天，限 7 日复到。"

我某公司对上述还盘的再还盘："10 月 6 日复电：您 6 日传真 36 吨特级珠茶，每公斤 CIF3%伊斯坦布尔 USD2.05/千克，8 月装，D/A at sight，限 7 日复到。"

例中买卖双方不仅就价格，而且就装运期、支付等条件进行了磋商。

还盘行为的意义，实际上就是还盘人要求原发盘人答复是否同意还盘人提出修改的交易条件。这样，原受盘人成了新的发盘人，还盘就成了新的发盘，而原发盘人则成了新的受盘人，原发盘随之失效。

在进出口贸易中，一笔交易的达成，往往要经过多次还盘和再还盘的过程，发盘人与受盘人的地位多次转化。在还盘时，对双方已经同意的条件一般无须重复列出。还盘不是交易磋商程序中必备的环节。

课内讨论 6–2

我 A 公司向国外 B 公司发盘，玉米 200 公吨，每公吨 250 美元，发盘有效期 10 天。3 天后，B 公司复电称，对该批货物感兴趣，但要进一步考虑。2 天后，B 公司两次来电，要求将货物数量增至 500 公吨，价格降至 230 美元/公吨。3 天后，我 A 公司将这批玉米卖给另一外商，并在第 10 天复电 B 公司，通知货已售出。但 B 公司坚持要我方交货，否则以我方擅自撤约为由，要求赔偿。我方拒绝赔偿。

试问，我方的做法是否合理？理由是什么？

（四）接受

所谓接受（Acceptance），就是指受盘人以声明或其他行为表示无条件地同意对方在发盘中提出的各项条件，法律上称为承诺，其实质是对发盘表示同意。

发盘一经接受，合同就告成立，对双方都有约束力，发盘人和受盘人任何一方都不得任意更改或撤销。

接受是受盘人同意发盘人的意思表示。受盘人接到发盘人的全部内容，向发盘人发出通知表示同意，即构成接受。

---

① 1 公斤=1 千克。

1. 构成接受的条件

（1）接受必须是由特定的受盘人做出。

一项有约束力的发盘必须是向一个或一个以上特定的人做出的，因此，对发盘表示接受，也必须是发盘中所指明的特定的受盘人。任何第三者通过某种途径获悉发盘内容，而对该项发盘做出的接受均不对发盘人产生法律约束力。例如：我某公司向加拿大××公司发出实盘后，只有加拿大××公司这个特定的受盘人表示接受才有效。

（2）接受必须以某种方式明确表示。

《公约》第 18 条第 1 款规定，受盘人表示接受有两种方式：声明（Statement），即受盘人用口头或书面的形式向发盘人表示同意；做出行为（Performing An Act），通常指由卖方发运货物或由买方支付价款。

如果受盘人在主观上愿意接受对方的发盘，但默不作声或不做出任何其他行动表示其对发盘的同意，那么在法律上并不存在接受。

（3）接受必须是无条件地同意发盘的交易条件。

有效接受必须是绝对地、无条件地全部同意发盘的交易条件。只接受发盘中的部分内容，或对发盘条件提出实质性更改，或提出有条件的接受，均不能构成接受，只能视作还盘或新的发盘。所谓实质性更改，据《公约》第 19 条第 3 款规定，有关货物价格、付款、货物重量和数量、交货时间、地点、一方当事人对另一方当事人的赔偿责任范围或解决争端等的添加或不同条件，均视为在实质上变更发盘条件。但是，若受盘人在表示接受时，对发盘内容提出某些非实质性（不改变发盘的条件）的添加、限制或更改（如要求增加重量单、装箱单、原产地证明或某些单据的份数，以及包装的改变等），除发盘人在不过分迟延期间内表示反对其差异外仍构成接受。

（4）接受的通知要在发盘的有效期内送达发盘人才能生效。

发盘中通常都规定有效期。这一期限有双重意义：一方面，它约束发盘人，使发盘人承担义务，在有效期内不能任意撤销或修改发盘的内容，过期则不再受其约束；另一方面，发盘人规定有效期，也是约束受盘人，只有在有效期内做出接受，才有法律效力。如发盘中未规定有效期，则应在合理时间内接受方为有效。

2. 逾期接受

在进出口贸易中，由于各种原因，导致接受通知超过发盘规定的有效期或超过合理时间才送达发盘人，这在法律上称为“逾期接受”（Late Acceptance）。一般情况下，对于这种逾期接受，发盘人不受其约束，不具法律效力。

但《公约》第 21 条规定在下列两种情况下仍然有效：

（1）发盘人毫不迟延地用口头或书面的形式将该项逾期接受仍然有效的意见通知受盘人。

（2）由于出现传递不正常的情况而造成了延误，这种逾期接受可被认为是有效的，除非发盘人毫不迟延地用口头或书面方式通知受盘人，他认为发盘已经失效。

逾期接受能否有效关键要看发盘人如何表态。

3. 接受的撤回

根据《公约》的规定，接受采用的是“到达生效原则”，所以，接受是在表示同意的通知到达发盘人时生效，撤回接受的通知应当在接受通知到达发盘人之前或接受通知同时到达发盘人时，接受才得以撤回。接受通知一经到达发盘人即不能撤销，因为接受一经生效合同即告成立，撤销接受，即撤销合同，实质上已属毁约行为。

任务二 订立进出口贸易合同

进出口贸易合同是买卖双方经过磋商交易，就进出口交易所达成的对双方都有约束力的法律文件。经过交易磋商后，一方的发盘或还盘被对方有效地接受后，就算达成交易，双方就建立了合同关系。按照国际贸易的习惯做法，双方当事人为慎重起见，可能还要据口头协议或来往函电达成的协议正式签订书面合同，将双方的权利和义务明文规定下来，便于执行和约束买卖双方的行为。

一、进出口贸易合同成立的有效条件

一方的发盘经对方有效接受，合同即告成立，但合同是否具有法律效力，是否受法律保护，要具备以下几个条件：

（1）合同当事人必须具有订立合同的行为能力。

（2）合同必须有对价或约因，即合同当事人之间相互给付、互为有偿。

（3）合同标的和内容必须合法。

（4）合同必须符合法律规定的形式。

（5）合同当事人的意思表示必须真实。

二、进出口贸易合同的签订

进出口合同有效订立以后，买卖双方就应根据合同规定，履行各自的义务。若有违反或不履行，致使对方蒙受损失，违约方必须承担赔偿对方损失的法律责任。

（一）合同的形式

合同的形式是合同当事人内在意思的外在表现形式。在国际贸易中，交易双方订立合同有书面形式、口头形式和其他形式。

书面形式是指合同书、信件和数据电文（包括电传、电报、传真、电子数据交换和电子邮件）等可以有形地表现所载内容的形式。

口头形式是指当事人之间通过当面谈判或电话方式达成协议而订立的合同。

其他形式，是指除了前两种形式之外，以行为方式表示接受而订立的合同。如根据当事人之间长期交往中形成的习惯做法，或发盘人在发盘中已经表明受盘人无须发出接受通知，可直接以行为做出接受而订立合同。

在进出口业务中常见的书面合同有四种：

（1）出口或进口合同（Export Contract or Import Contract）。其内容比较全面、完整，除品名、规格、包装、价格、港口、交货期、付款方式、检验检疫等条件外，还有索赔、仲裁、不可抗力等条件。由卖方草拟的合同称为销售合同（Sales Contract），由买方草拟的合同称为购货合同（Purchase Contract）。它的特点是：内容全面，对双方的权利和义务以及发生争议后的处理都有全面的规定。由于这种形式的合同有利于明确双方的责任和权利，因此在大宗

商品交易或成交金额较大的交易中采用得较普遍。

（2）销售或购买确认书（Sales Confirmation or Purchase Confirmation），是合同的简化形式，在法律上与合同具有同等效力。确认书与合同一样，也有销售确认书和购货确认书之分。确认书适用于金额不大，批数较多的小土特产和轻工产品，或者已订有代理、包销等长期协议的交易。

（3）协议书（Agreement）。协议在法律上是合同的同义词，因为合同本身就是当事人为了产生、变更或消灭民事法律行为而达成的协议。只要书面协议的内容对买卖双方的权利和义务做了明确、具体和肯定的规定，它就与合同一样对买卖双方有约束力。

（4）订单（Order）和委托订购单（Indent）。订单是指进出口商或实际买户拟制的货物订购单。委托订购单是指由代理商或佣金商拟制的代客购买货物的订购单。在出口业务中，我国出口企业于交易达成后，一般都主动拟制销售合同和确认书正本一式两份，经签署后寄送国外客户，要求其签署后退回一份以备存查。

除上述几种外，在进出口贸易中有时还会涉及备忘录（Memorandum）或意向书（Letter of Intent）等，但主要使用的是合同和确认书两种形式。

课内讨论6-3

2016年3月，福建省某进出口公司的一位美国客户在与该公司业务员会面时，口头向该公司下了一笔订单。由于时间仓促，加上该客户是公司的老客户，与之洽谈的业务员未要求与对方当场签下书面合同，只是请对方回国后再发一份传真以便留档。客户回国后，并未发来传真，我方业务员也未坚持催要。同时，我方根据客户要求已经开始备货，当货物将要备齐，我方请客户确认汇款时，客户告知，当时由于较为匆忙，未充分考虑，以至于下了口头订单，回国后，仔细加以核算，发现无法成交，加上我方请其以传真确认，其认为不发传真订单不正式成立。而且，根据其对中国的了解，中国在国际货物买卖中是不承认口头形式的合同的，所以，客户对由于其未及时通知我方取消口头订单造成的损失表示遗憾，但仅此而已。我方得知客户态度后表示，中国已经适用新的《合同法》，在其中明确了口头形式合同的有效性，美国客户的说法纯粹是一种托词，无任何法律根据，所以坚持向客户索赔。试问，你对此有何看法？该案例对外贸人员的工作有何启示？

（二）合同的内容

书面进出口合同的内容一般由约首、本文和约尾三部分组成。表6–1为销售合同。

（1）约首。指合同的序言，包括合同的名称、订约双方当事人的名称和地址以及双方订立合同的意愿和执行合同的保证。序言对双方都具有约束力，因此在规定序言时应特别慎重。

（2）本文。指合同的主体部分，具体列明各项交易条件或条款，如交易标的、品质、数量、包装、价款、支付方式、履行期限和地点、违约的处理和解决。这些条款体现了双方当事人具体的权利和义务。

（3）约尾。一般列明合同的份数，使用的文字及其效力，订约的时间和地点及生效的时间。合同的订约地点往往要涉及合同准据法的问题，因此要慎重对待。我国的出口合同的订约地点一般都写在我国。有的合同将订约时间和地点在约首订明。

表 6–1 销售合同

<table>
<tr><td colspan="4">SALES CONTRACT
No. :
Date:
The Sellers: TEL:
The Buyers: TEL:</td></tr>
<tr><td colspan="4">This contract is made by and between the Buyers and the Sellers,whereby the Buyers agree to buy and the Sellers agree to sell the under-mentioned commodity according to the terms and conditions stipulated below:</td></tr>
<tr><td>Commodity & Specification</td><td>Quantities</td><td>Unit Price</td><td>Amount</td></tr>
<tr><td></td><td></td><td></td><td></td></tr>
<tr><td colspan="4">Packing:
Shipment:T
Shipping Mark:
Loading port & Destination:
Insurance:
Payment:
Remarks:

THE SELLERS THE BUYERS</td></tr>
</table>

（三）签订进出口合同注意事项

1. 合同文本的起草

一般来说，合同文本由谁起草，谁就容易掌握主动权。因为口头商量的东西要形成文字有一个过程，有时仅仅是一字之差，意思则有很大区别。因此，我方应重视合同文本的起草，尽量争取起草合同文本，如果做不到这一点，也要与对方共同起草合同文本。

2. 明确合同双方当事人的签约资格

合同是具有法律效力的约束文件，因此要求签订合同的双方都必须具有签约资格，否则，即使签订了合同也是无效的合同。在签约时，要调查对方的资信情况，应该要求当事人相互提供有关的法律文件，证明其合法资格。进出口签约人必须是企业的授权代表，不能是未成年人或精神病患者。

3. 合同双方当事人的合意必须真实

合同是双方当事人意思表示一致的结果，如果当事人意思表示的内容有错误或意思表示不一致，或是在受欺诈或胁迫的情况下订立了合同，这种"合意"即为不真实的合意，对此各国都在法律上有不同的处理办法。

4. 合同中的条款应具体详细，要明确规定双方应承担的义务、违约的责任

合同条款太笼统，不利于合同的履行。合同文字含混不清，模棱两可，在执行过程中，往往争议纷纷。例如，某合同中有这样一条："合同生效后不得超过 45 天，乙方应向甲方缴纳 10 万美元的履约保证金。如果超过两个月未能如期缴纳，则合同自动失效。"这里的"两个月”究竟从哪一天开始起算，是合同失效之日开始起算还是合同失效 45 天以后起算，写得不明确。

5. 争取在我方所在地举行合同的缔结或签字仪式

进出口双方达成协议后，举行合同缔结或签字仪式，要尽量争取在我方举行。因为签约地点往往决定该合同所适用的法律。根据国际法的一般原则，如果合同中对适用于哪国法律未做具体规定，一旦发生争执，法院或仲裁院就可以根据合同缔结地国家的法律来做出判决或仲裁。

模块三

进出口贸易合同的履行

项目七

办理信用证业务

知识目标

1. 熟悉进口商申请开立信用证的程序。
2. 掌握信用证审核和修改的要求，熟悉信用证审核中的常见问题。

能力目标

能够根据进出口贸易合同和《UCP600》审核并修改信用证。

任务一　申请开立信用证

在买卖双方签订以信用证为支付方式的贸易合同后，进口商的首要义务就是根据合同要求开出信用证。

一、申请开立信用证的程序

1. 选择开证行

进出口贸易合同签订后，进口商应按照合同规定的期限，选择本地经营外汇业务的银行申请开立信用证。在选择开证银行时要考虑银行的信誉、服务费用、保证金的收取比率等因素。

2. 递交有关合同的副本及附件

进口商在向银行提出开证申请时，要向银行递交贸易合同的副本以及所需附件，如进口许可证、进口配额证、某些部门审批文件等。对于首次来银行办理进口的新客户还需提供营业执照等企业基本材料。

3. 填写开证申请书

开证申请书（Irrevocable Documentary Credit Applicant）通常为一式两联，由银行专门印发。开证申请书有正面和背面两部分内容。正面内容主要包括受益人名称和地址、信用证及合同号码、信用证的有效期及到期地点、装运期、信用证的性质、货物的描述、对单据的要求、信用证的金额、种类、信用证中的特别条款及其他一些条款等。背面内容是开证行与开证申请人之间的约定，即开证申请人承诺书。一般由开证行根据相关的国际惯例和习惯做法事先确定并印制，申请人只需签字盖章即可。

进口商填写开证申请书，必须按合同条款的具体规定，写明信用证的各项要求，内容要明确、完整，无词意不清的记载。

4. 缴付保证金

按照国际贸易的习惯做法，进口商向银行开立信用证，应向银行缴付一定比例的保证金，银行才开立信用证。保证金金额一般为信用证金额的百分之几到百分之几十。银行向开证申请人收取保证金的比例取决于银行对其提供短期贸易融资的信用额度。对于专业的进出口公司或是有一定进出口规模的工矿企业，可向银行申请短期贸易融资额度，银行多采取综合授信方式，即在对开证申请人的经营风险、财务状况及其与银行业务往来的历史记录进行综合评估的基础上，免收或减收其开证保证金，授予一定规模的、为期一年的授信额度用于进口开证的方式。而银行向企业提供的这种授信额度取决于企业在银行的信用，而这种信用往往在长期业务关系中逐步建立起来。银行对未实行综合授信方式的开证申请人采取全额开证保证金方式，即逐笔收取100%保证金的方式办理进口开证业务。具体操作中要求开证保证金实行专户管理，每笔保证金应与信用证一一对应，专款专用。银行或开证申请人均不得挪作他用或提前支取。

保证金在进口商付款赎单时，开证银行可以退还或从应付货款中扣除。缴付保证金对于进口商来说是一种资金占压。

5. 支付开证手续费

进口商在申请开证时，必须按规定向开证银行支付一定金额的开证手续费，一般为开证金额的0.15%，最低200元。如果信用证有效期为三个月以上的，每季加收0.05%。

二、信用证开立的方式

开证行应开证申请人的要求，可以有以下几种方式开立信用证。

1. 信开

信开（L/C Opened by Airmail）指开证银行采用印就信函格式的信用证，开证后以航空挂号方式邮寄给通知行，转交受益人。信开信用证因传递速度较慢且要使用印鉴，极易被国际诈骗团伙伪造，目前多数发达国家的银行都已经不使用此种方式来开立信用证。

2. 电开

电开（L/C Opened by Telecommunication）指开证银行将信用证内容加密押后，通过电报（Cable）、电传（Telex）或SWIFT等各种电信方法将信用证内容传递给通知行。

简电本（Brief Cable）是指开证银行只通知已经开证，将信用证的主要内容预先告知通知行，条款将另行邮寄通知行。简电本在法律上是无效的，不能作为交单议付的依据。

全电本（Full Cable）是指开证银行以电信方式开证，把信用证全部条款传递给通知行。全电本是交单议付的依据。

此外，还有采用SWIFT系统开出的信用证，这种信用证具有标准化和格式化的特点，而且传递速度快、成本低，也称SWIFT信用证。

相关链接

SWIFT 简介

SWIFT 是“环球同业银行金融电信协会”（Society For Worldwide Interbank Financial Telecommunication）的简称，是国际银行同业间的国际合作组织，成立于 1973 年 5 月，由北美和西欧 15 个国家的 239 家银行发起，总部设在比利时的布鲁塞尔，董事会为最高权力机构。SWIFT 在全世界拥有会员国 197 个，会员银行 6 000 多家，其环球计算机数据通信网在荷兰和美国设有运行中心，在各会员国设有地区处理站，共连接了 7 300 多家用户，日处理 SWIFT 电信 671 万多笔，为会员提供了安全、可靠、快捷、标准化、自动化的通信服务，SWIFT 的广泛使用，对提高国际银行同业间的信息处理与交换技术具有深远意义。

由于 SWIFT 的格式具有标准化的特点，目前信用证的格式主要都是用 SWIFT 电文，信用证有 700 和 701 两种格式，从形式上来讲，基本相似。电开证中“27:”“20:”“50:”“59:”等表示不同的域，不同的域都相对固定地表示不同的内容，而信开证是通过文字叙述的方式来表达内容的。采用 SWIFT 信用证，传递速度快且成本较低，而且不会被伪造，现已被国际上的很多银行广泛使用。

三、进口开证应注意的问题

进口商在开证时应注意以下几个问题。

（1）申请开立信用证前，一定要落实进口批准手续及外汇来源。

（2）开证时间的掌握原则为：在卖方收到信用证后能在合同规定的装运期内出运。

（3）开证要求“证同一致”，必须以对外签订的正本合同为依据。不能用“参阅××号合同”为依据，也不能将有关合同附件附在信用证后。

（4）合同规定为远期付款时，要明确汇票期限，价格条款必须与相应的单据要求、费用负担及表示方法相吻合。如以 CIF 条件成交，开证申请书应表明要求卖方提交保险单据，表明保险内容、保险范围及投保金额。

（5）由于银行是凭单付款，不管货物质量如何，也不受合同约束，所以为使货物质量符合规定，可在开证时规定要求对方提供商检证书，明确货物的规格品质，指定商检机构，这样，交单时如发现检验结果与信用证内规定不一致，可拒付货款。

（6）信用证内容必须明白无误，明确规定各种单据的出单人，规定各单据表述的内容。

（7）在信用证支付方式下，只要单据表面与信用证条款相符合，开证行就必须按规定付款。所以，进口人对卖方的要求，在申请开证时，应按合同有关规定转化成有关单据，具体规定在信用证中。如信用证申请书中含某些条件而未列明应提交与之相应的单据，银行将认为未列此条件，对此将不予理睬。

（8）一般信用证都应明确表示可撤销或不可撤销。如无此表示，根据《UCP600》的规定，应视为不可撤销信用证。

（9）国外通知行由开证行指定。如果进出口商在订立合同时，坚持指定通知行，可供开证行在选择通知行时参考。

（10）不准分批装运、中途转运、不接受第三者装运单据，均应在信用证中明确规定，否则，将被认为允许分批装运、中途转运、接受第三者装运单据。

（11）对我方开出的信用证，如对方（出口人）要求其他银行保兑或由通知行保兑，我方原则上不能同意。在订立合同时，应说服国外出口人免除保兑要求，以免开证时被动。

（12）我国银行一般不开可转让信用证（因为对第一受益人资信难于了解，特别是对于跨地区和国家的转让更难掌握）。但在特殊情况下，如大额合同项下开证要求多家出口商交货，照顾实际需要可与银行协商开出可转让信用证。

（13）我国银行一般也不开立载有电报索偿条款（T/T Reimbursement Clause）的信用证。

（14）信用证开立的指示必须完整和明确，进口商必须确切地将其告之银行。

任务二　信用证的审核与修改

一、信用证的审核

信用证支付方式对于出口商来讲，其最大的优越性在于，只要出口商提交的单据完全符合信用证的规定，就可以获得开证行的付款。因此，在履行出口合同的过程中，认真细致地审核国外开来的信用证就成为关系到出口商是否能够安全、及时收取货款的关键一环。

（一）信用证审核的依据和原则

1. 信用证审核依据

出口商审核信用证时的主要依据是国内的有关政策和规定、交易双方成交的合同、《UCP600》以及实际业务操作中出现的具体情况。

2. 信用证审核原则

审核信用证通常遵循的原则是：信用证条款规定比合同条款严格时，应当作为信用证中存在的问题提出修改（当然，在实际业务中主要是以是否影响出口商安全收汇和顺利履行合同义务为前提）；而当信用证的规定比合同条款宽松时，往往可不要求修改。

（二）审核信用证的要点

许多不符点单据的产生以及单据提交后被银行退回，大多是由于对收到的信用证事先检查不够造成的，一些本来可以纠正的错误由于审核不及时没能加以及时地修改。因此，一般应在收到信用证的当天对照有关的合同认真地按下列各条仔细检查，这样可以及早发现错误，并采取相应的补救措施。

1. 检查信用证的付款保证是否有效

如出现下述情况之一的，则说明该付款保证或该项付款保证不是有效的或存在缺陷。

（1）信用证明确表明是可以撤销的。此信用证由于无须通知受益人或未经受益人同意可以随时撤销或变更，应该说对受益人是没有付款保证的，对于此类信用证，一般不予接受；信用证中如没有表明该信用证是否可以撤销，按照《UCP600》的规定，应理解是不可以撤销的。

（2）应该保兑的信用证未按要求由有关银行进行保兑。

（3）信用证未生效。

（4）有条件的可以生效的信用证，如："待获得进口许可证后才能生效。"

（5）信用证密押不符。

（6）信用证简电或预先通知。

（7）由开证人直接寄送的信用证。

（8）由开证人提供的开立信用证申请书。

2. 检查信用证的付款时间是否与有关合同规定相一致

（1）信用证中规定有关款项需在向银行交单后若干天内或见票后若干天内付款等情况。对此，应检查此类付款时间是否符合合同规定。

（2）信用证规定在国外到期。规定信用证国外到期， 有关单据必须寄送国外， 由于受益人无法掌握单据到达国外银行所需的时间且容易延误或丢失，有一定的风险，通常受益人要求在国内交单、到期。在来不及修改的情况下，必须要求寄单行提前一个邮程（邮程的长短应根据地区远近而定），以最快的方式寄送单据。

（3）如信用证中的最迟装运期和信用证有效期是同一天，即通常所说的“双到期”，那么在实际业务操作中，应将装运期提前一定的时间（一般在有效期前 10～15 天），以便有合理的时间来制单结汇。

3. 检查信用证受益人和开证人的名称和地址是否完整和准确

受益人应特别注意信用证上的受益人名称和地址应与其印就好的文件上的名称和地址内容相一致，买方的公司名称和地址写法是不是也完全正确，如果不正确，将会给今后的收汇带来不便。

4. 检查装运的有关规定是否符合要求

（1）能否在信用证规定的装运期内备妥有关货物并按期出运。如来证收到时装运期太近，无法按期装运，应及时与开证申请人联系修改。逾期装运的运输单据将构成单证不符点，银行有权不付款。

（2）实际装运期与交单期相距时间太短。

（3）信用证中规定了分批出运的时间和数量，应注意能否办到，否则，任何一批未按期出运，本批及以后各批均告失效。

5. 检查能否在信用证规定的交单期交单

（1）信用证有规定的，应按信用证规定的交单期向银行交单。

（2）信用证没有规定的，向银行交单的日期不得迟于运输单据出单日期后 21 天。

6. 检查信用证内容是否完整

如果信用证是以电传或电报拍发给了通知行，即“电信送达”，那么应核实电文内容是否完整。如果电文无另外注明，并写明是根据《UCP600》，那么该电文是可以被当作有效的信用证执行。

7. 检查信用证的通知方式是否安全、可靠

信用证一般是通过受益人所在国家或地区的通知/保兑行通知给受益人的。采用这种方式通知的信用证比较安全，因为根据《UCP600》的有关规定，通知行应对其所通知的信用证的真实性负责。如果不是这样寄交的，遇到下列情况之一的应特别注意：

（1）信用证是直接从海外寄给您单位的，那么您单位应该小心查明它的来历。

（2）信用证是从本地某个地址寄出，要求单位把货运单据寄往海外，而单位并不了解他们指定的那家银行。对于上述情况，应该首先通过银行调查核实。

8. 检查信用证的金额、币制是否符合合同规定

（1）信用证金额是否与事先协商的相一致。

（2）信用证中的单价与总值是否准确，大小写是否一致。

（3）如数量上可以有一定幅度的伸缩，那么，信用证也应相应规定在支付金额时允许有一定幅度的变化。

（4）如果在金额前使用了“大约”一词，其意思是允许金额有10%的伸缩。

（5）检查币制是否正确。如合同中规定的币制是“英镑”，而信用证中使用的是“美元”。

9. 检查信用证的数量是否与合同规定相一致

（1）除非信用证规定数量不得有增减，那么在付款金额不超过信用证金额的情况下，货物数量可以允许有5%的增减。

（2）以上提到的货物数量可以有 5%增减的规定一般适用于大宗货物，对于以包装单位或以个体为计算单位的货物不适用。如：5 000 PCS100% COTTON SHIRTS（5 000 件全棉衬衫）由于数量单位是“件”，实际交货时只能是5 000件，而不能有5%的增减。

10. 检查价格条款是否符合合同规定

不同的价格条款涉及具体的费用（如运费、保险费）由谁分担。如：合同中规定 FOB SHANGHAI AT USD50.00/PC 根据此价格条款有关的运费和保险费由买方即开证申请人承担；如果信用证中的价格条款没有按合同的规定做上述表示，而是做了如下规定：CIF NEW YORK AT USD50.00/PC 对此条款如不及时修改，那么受益人将承担有关的运费和保险费。

11. 检查货物是否允许分批出运

除信用证另有规定外，货物是允许分批付运的。如信用证中规定了每一批货物出运的确切时间，则必须按此照办，如不能办到，必须修改。

12. 检查货物是否允许转运

除信用证另有规定外，货物是允许转运的。

13. 检查有关的费用条款

（1）信用证中规定的有关费用如运费或检验费等应事先协商一致，否则，对于额外的费用原则上不应承担。

（2）银行费用如事先未商定，应以双方共同承担为宜。

14. 检查信用证规定的文件能否提供或及时提供

（1）一些需要认证的单据特别是使馆认证等，能否及时办理和提供。

（2）由其他机构或部门出具的有关文件，如出口许可证、运费收据、检验证明等能否提供或及时提供。

（3）信用证中指定船龄、船籍、船公司能否满足，或不准在某港口转船等条款能否符合等。

15. 检查信用证中有无陷阱条款

（1）1/3 正本提单直接寄送客人的条款。如果接受此条款，将随时面临货、款两空的危险。

（2）将客户检验证作为议付文件的条款。接受此条款，受益人正常处理信用证业务的主动权很大程度上掌握在对方手里，影响安全收汇。

16. 检查信用证中有无矛盾之处

如：明明是空运，却要求提供海运提单；明明价格条款是 FOB，保险应由买方办理，而信用证中却要求提供保险单。

17. 检查有关信用证是否受《UCP600》的约束

检查信用证上是否有“This credit is issued subject to the UCP for documentary credits，2007 revision，ICC Publications”这样的文句。

二、信用证的修改

（一）信用证改证的业务流程

修改信用证是对已开立的信用证中的某些条款进行修改的行为。信用证的修改可以由开证申请人提出，也可由受益人提出。在不可撤销的信用证有效期内，对信用证其中条款的修改关系到各有关当事人的权利和义务的改变。所以，任何一方的修改，都必须经买卖双方协商一致同意后，由开证申请人通过开证行办理修改。开证行可依据开证申请人提交的信用证申请书受理该笔业务。跟单信用证改证的业务流程如图 7–1 所示。

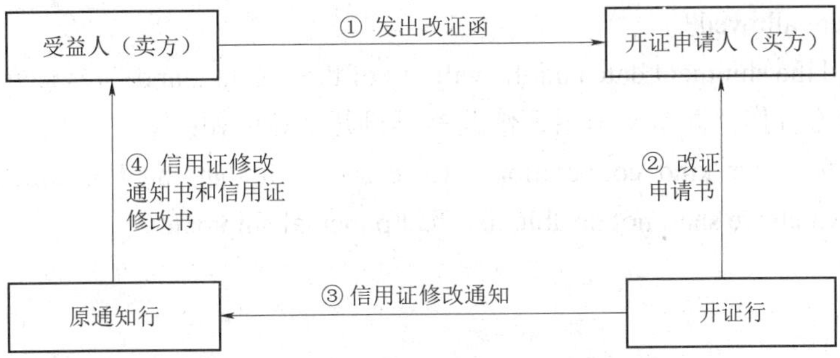

图 7–1　跟单信用证改证的业务流程

① 受益人审核出信用证中存在的问题后，向开证申请人发出改证函，双方协商改证事宜。

② 开证申请人填写改证申请书，向开证行提出改证申请。改证申请书须写明原证的受益人、金额、编号等，并详细列出各项所需修改的内容及改证修改书发出的方式。开证申请人提交信用证修改申请书的同时要缴纳改证手续费。

③ 开证行审核改证申请书无误后，根据改证申请书的要求，按原信用证的传递路线向原通知行发出信用证修改通知。

④ 原通知行收到后向受益人发出信用证通知书和信用证修改书。

（二）修改信用证需注意的问题

（1）凡是需要修改的内容，应做到一次性向开证申请人提出，避免多次修改信用证的情况。

（2）对于不可撤销信用证中任何条款的修改，都必须取得各有关当事人的同意后才能生效。

（3）修改信用证必须向开证申请人提出，不能向开证行直接提出。

（4）受益人对于修改的信用证内容，要么全部接受，要么全部拒绝，不能只接受其中的一部分。

（5）有关信用证的修改必须通过原信用证通知行通知才算真实、有效。通过买方直接寄送的信用证修改书或修改书复印件都不是有效的接受。

（6）要明确信用证修改的费用由谁负担。一般按照责任归属来确定修改费用由谁负担。

（7）当受益人接到信用证修改书后，要认真审核，然后决定是接受还是拒绝，向开证申请人书面表示，也可通过发货这一行动来表示接受修改。

（三）信用证改证函的基本写法

一封规范的改证函，通常包括以下三个方面。

（1）感谢对方开来的信用证。例如：

We are very pleased to receive your L/C No.23467 issued by The Bank of Tokyo, Ltd. New York Agency 100 Broadway New York dated April 20, 2009.

Thank you for your L/C No.2309 established by ABC Bank of Kuwait dated Mar. 16, 2009.

（2）列明开证行开来的信用证中存在的不符点并说明如何修改。例如：

However we are sorry to find it contains the following discrepancies.

But the following points are in discrepancy with the stipulation of our S/C No.7892.

As to the description of the goods please insert the word... before....

The… should be... not....

The… should be... instead of....

Please delete the clause....

As there is no direct steamer sailing to your port next month, please amend the relative L/C to read “transshipment allowed”.

Please extend the shipment date and the validity of the L/C to... and... respectively.

（3）感谢对方合作，并希望信用证修改书早日开到。例如：

Thank you for your kind cooperation, please see to it that the L/C amendment reach us before..., failing which we shall not be able to effect punctual shipment.

项目八

出口备货

知识目标

1. 了解国际货物买卖中商品的品名、品质、数量、包装的基本知识。

2. 掌握商品品质的表示方法、品质机动幅度、品质公差、计量方法、溢短装条款、包装种类和运输标志。

能力目标

1. 能和外商洽谈和签订有关商品品质、数量、包装条款。

2. 能用英文准确撰写商品的名称、品质、数量和包装条款。

任务一　掌握进出口贸易合同中的品质条款

一、商品的品名

商品的品名（Name of Commodity），又称商品的名称，它是某种商品区别于其他商品的一种称呼。

品名命名的方法有以下几种。

（1）以其主要用途命名。该方法在于突出其主要用途，便于消费者按其需要购买，如：复印机、显微镜、洗涤剂、洗衣机等。

（2）以其所使用的主要原料命名。该方法是根据商品所使用的主要原材料来给商品命名，如：羊毛衫、棉布、不锈钢锅、塑料桶等。

（3）以其主要成分命名。该方法是根据商品所使用的主要成分来给商品命名，这种命名方法可使消费者了解商品的有效内涵，如：橡木家具、鱼肝油、人参珍珠霜等。

（4）以其外观造型命名。以商品的外形命名有利于消费者从字义上了解该商品的特征，如：喇叭裤、螺纹钢等。

（5）以其褒义词命名。这种命名方法突出了商品的使用效能，有利于增进消费者的购买欲望，如：健力宝饮料、步步高复读机、减肥茶。

（6）以人物、地名命名。以人物、地名命名可突出产品的地方特色，引起消费者注意，如：李宁运动服、镇江陈醋、龙井茶、长白山人参等。

（7）以制作工艺命名。以制作工艺命名可突出商品的制作工艺，可引起人们对商品的兴趣，如：二锅头烧酒、手工旗袍等。

二、商品的品质

商品的品质（Quality of Goods），又称商品的质量，是指商品的内在素质和外观形态的综合。前者包括商品的物理、化学性能、结构和生物特性等自然属性，后者包括商品的外形、色泽、款式等。

商品品质关系到买卖双方的利益。当今市场上消费者最关心的不仅是商品的价格，还有商品的质量。市场对商品品质的要求越来越高，提高商品品质成了各国出口商参与国际市场竞争的一种有力手段。此外，商品品质决定商品的价格。品质的优劣，直接影响到商品的实际使用效能，而商品使用效能的高低影响着商品的价格。

由于商品质量关系到用户的切身利益，故对生产企业的质量体系进行评价，已成为当今国际贸易中的通常做法。ISO9000 系列标准是国际标准化组织为适应国际贸易发展需要，针对制造业、服务业所制定的品质管理及品质保证标准。ISO9000 质量认证体系有 9001、9002 和 9003 三种。ISO9001 是开发设计、生产、安装、服务的质量保证体系，ISO9002 是生产和安装的质量保证体系，ISO9003 是最终产品检验和试验的质量保证体系。ISO14000 系列标准是国际性的环境管理体系标准。它由环境管理系统、环境行为评价系统、环境稽核与环境检测系统、生命周期评定系统、环境标志系统、产品标准中的环境指标系统 6 个子系统组成，它是国际贸易所应遵循的环境保护方面的行为准则。

（一）商品品质的表示方法

进出口贸易中的商品种类繁多、特点各异，表示品质的方法也多种多样。概括起来，包括凭实物表示和凭说明表示两大类。

1. 凭实物表示品质

进出口贸易中有两种买卖是凭实物表示商品的品质，一是看货买卖，二是凭样品买卖。

（1）看货买卖（Sale by Actual Quality）。

在进出口贸易中，某些特种产品，既无法用文字概括其品质，也没有完全相同的样品可作为交易的依据，如：珠宝、首饰、字画、特定工艺品等，对于这些商品，买卖双方只能看货洽商，按货物的实际状况进行交易。

采用看货买卖时，买方或其代理人通常先在卖方存放货物的场所验看货物，一旦达成交易，卖方必须按对方验看过的商品交货。只要卖方交付的是验看过的货物，买方就不得对品质提出异议。

（2）凭样品买卖（Sale by Sample）。

样品是指从一批商品中抽出来的，或由生产、使用部门设计、加工出来的，足以反映和代表整批商品品质的少量实物。以样品表示商品品质，并以此作为交货依据的买卖称为凭样品买卖。

根据样品提供者的不同，凭样品买卖可分为下列几种：

① 凭卖方样品买卖（Sale by Seller's Sample）。这是指由卖方提供样品并作为交货的品质依据。此后，卖方所交的整批货物的品质，必须与卖方样品相符。

卖方提供样品时应注意下列问题：

a. 提供的样品要有代表性，品质既不要偏高，也不要偏低。偏高会造成交货困难，偏低则影响交易的达成，在价格上也会吃亏。

b. 在将标准样品（Type Sample）送交买方的同时，应留存一份或数份同样的样品作为复样（Duplicate Sample）或称留样（Keep Sample），以备日后交货或处理争议时核对。

c. 寄发样品和留存复样，要注意编号和注明日期，以便日后查找。

② 凭买方样品买卖（Sale by Buyer's Sample）。这是指由买方提供样品并作为交货的品质依据。此后，卖方所交的整批货物的品质，必须与买方样品相符。凭买方样品成交也被称作“来样成交”或“来样定制”。在承接这种业务时，首先，要考虑是否符合我国对外贸易的原则；其次，要考虑原材料和加工生产方面的问题；最后，还要注意是否涉及第三者的知识产权问题。

③ 凭对等样品买卖（Sale by Counter Sample）。在进出口贸易中，谨慎的卖方往往不愿意承接凭买方样品交货的交易，以免因交货品质与买方样品不符而招致买方索赔甚至退货的危险。在此情况下，卖方可根据买方提供的样品，加工复制出一个类似的样品交买方确认，这种经确认的样品，称为“对等样品”或“回样”。

课内讨论 8–1

日本某商人按凭样成交方式，从加拿大购进一批当饲料用的谷物，由于加拿大商人的交货品质太好，所以日本海关误认为是人食用的粮食而课以重税，这就使日商增加了税收负担，因此，日商诉诸法院要求加拿大商人赔偿因交货品质与样品不同所造成的关税差额损失。你觉得此案应如何处理？并说明理由。

2. 凭说明表示品质

凭说明表示品质是指用文字、图表、照片等方式来说明成交商品的品质。这类表示方法有以下几种：

（1）凭规格买卖（Sale by Specification）。

商品的规格即是指用来反映商品品质的主要指标，如化学成分、含量、纯度、性能、大小、长短等。商品不同，表示商品品质的规格也就不同。用商品的规格来确定商品质量的方法称为“凭规格买卖”。这种表示质量的方法在国际贸易中使用最广泛。如：

Printed Shirting “Litter Fish,Yarn counts 30×36, No. of threads per inch 72×69, Width(inch) 35/36”.

“小鱼牌花布，纱支 30×36，寸密（每英寸[①]）72×69，幅阔（英寸）35/36”。

（2）凭等级买卖（Sale by Grade）。

商品的等级是指同一类商品，按其品质、成分、效能、形状、重量等差异，用文字、数

① 1 英寸–2.54 厘米。

字或符号所作的分类。比如优等（Superior Quality），中等（Ordinary Quality），低等（Inferior Quality）；大号（Large），中号（Medium），小号（Small）等。

如：Chinese Green Tea，Special chunmee Special Grade Art. No.41022.

中国绿茶，特珍眉特级　货号 41022。

在国际货物买卖中，如果交易双方对交易商品等级理解一致，则不需在合同中明确等级即可。对于双方不熟悉的等级内容，则最好明确每一等级的具体规格。

（3）凭标准买卖（Sale by Standard）。

标准是指商品规格的标准化。商品的标准一般由标准化组织、政府机关、行业团体、交易所等机构规定及公布。在外贸实践中，除使用国际标准和某些外国标准外，有时也使用中国国家标准。在合同援引某项标准时，应注明所采用标准的版本及其年份。

在进出口贸易中对于某些品质变化较大而难以规定统一标准的农副产品，往往采用“良好平均品质”（F.A.Q.，Fair Average Quality）这一术语来表示其品质。良好平均品质是指由同业公会或检验机构从一定时期或季节，从某地装船的各批货物中分别抽取少量实物加以混合拌制，并由该机构封存保管，以此实物所显示的平均品质水平作为该季节同类商品品质的比较标准，一般是对中等货而言。以 F.A.Q.表示品质的农副产品习惯上称为“大路货”。如：天津红小豆，2015 年新产，F.A.Q.。

（4）凭说明书和图样买卖（Sale by Descriptions and Illustrations）。

在国际贸易中，有些机器、电器和仪表等技术密集型产品，因其结构复杂，对材料和设计的要求比较严格，用以说明其性能的数据较多，很难用几个简单的指标来概括其品质。对于这类商品的品质，通常以说明书附以图样、照片、设计图纸以及各种数据来说明其具体性能和结构特点。如在合同中规定：

Quality and technical data to be strictly in conformity with the description submitted by the seller.

品质和技术数据必须与卖方所提供的产品说明书严格相符。

（5）凭商标和品牌买卖（Sale by Trade Mark or Brand Name）。

商标是指厂商用来识别其所生产或出售的商品的标志，它可由文字、字母、图案等组成。品牌是指工商企业给其制造或销售的商品所冠以的名称。使用商标和品牌的主要目的是便于将不同产品区别开来。在国际市场上，一些名牌产品的品质比较稳定，在市场上树立了良好的信誉，买卖双方在交易时，习惯上就采用这些商品的商标或品牌来表示其品质。如：“张小泉”剪刀、“海尔”家用电器、“Software”软件等。

（6）凭产地名称买卖（Sale by Origin）。

在国际货物买卖中，某些产品尤其是农副产品，因产区的自然条件、传统加工工艺等因素的影响，在品质方面具有其他产区的产品所不具有的独特风格和特色，对于这类产品，可以用产地名称来表示其品质。如，长白山人参、北京烤鸭、张家口粉丝、镇江香醋等。

四、进出口贸易合同中的品质条款

1. 品质条款的基本内容

国际货物买卖合同中的品质条款是买卖双方交接货物的品质依据。卖方所交货物的品质如果与合同规定不符，卖方要承担违约的法律责任。《联合国国际货物销售合同公约》规定：

卖方交货必须符合约定的质量，如果卖方交货不符合约定的品质条件，买方有权要求损害赔偿，也可要求修理或交付替代货物，甚至拒收货物和撤销合同。

在品质条款中，一般要写明货物的名称和具体品质，在凭样品买卖时，合同中除了要列明货物的品名外，还应订明凭以达成交易的样品的编号，必要时还要列出寄送和确定的日期。在凭文字说明买卖时，应针对不同交易的具体情况，在买卖合同中明确规定货物的名称、规格、等级、标准、牌名及商标或产地名称等内容。在以图样和说明书表示货物质量时，还应在合同中列明图样，说明书的名称、份数等内容。

合同中品质条款示例如下：

（1）凭样品买卖的品质规定。

Quality：Sample No.612.Cloth Doll. 品质：样品号 612，布娃娃。

（2）凭规格买卖的品质规定。

"Golden Star" Brand Colour Television Set. Model: SC374 PAL/BG System, 220 V, 50 Hz, 2 round pin plug,with remote control.

"金星牌"彩色电视机。型号：SC374，制式 PAL/BG，220 V，50 Hz，双圆头插座，带遥控。

2. 品质机动幅度条款

品质机动幅度是指允许卖方所交货物的品质指标可有一定幅度范围内的差异，只要卖方所交货物的品质没有超出机动幅度的范围，买方就无权拒收货物。这种方法主要适用于初级产品以及某些工业制成品的质量指标。

品质机动幅度的规定方法主要有下列三种：

（1）规定范围，即对某项货物的品质指标规定允许有一定的差异范围。如"漂布，幅阔 35/36"。

（2）规定极限，即对某些货物的品质规定上下限。常用的表示方法是最多、最大、最高（Max，Maximum），最少、最小、最低（Min，Minimum）。

（3）规定上下差异，即规定必要的质量上下变化幅度。如，灰鸭毛，含绒量 18%，允许上下 1%的变化。

在品质机动幅度内，一般不另行计算增减价，即按合同价格计收价款。但有些货物，如果经买卖双方同意，也可在合同中规定按交货的品质加价或减价，这就是品质增减价条款。例如：

Northeast Soybean. Moisture per Unit±1% Price±1%；Admixture per Unit±1% Price±1%；Oil Content per Unit ±1% Price±1.5%.

东北大豆。水分每增减 1%，合同价格减增 1%；杂质每增减 1%，合同价格减增 1%；含油量每增减 1%，合同价格增减 1.5%。

3. 品质公差

品质公差是指允许交付货物的特定质量指标有公认的差异，它是工业制成品在加工过程中所产生的误差。这种误差的存在是绝对的。交货质量在此范围内即认为与合同相符。这一方法主要适用于工业制成品。如：手表允许每 48 小时误差 1 秒；出口棉布，每匹允许 0.01 米的误差。

4. 订立品质条款应注意的问题

（1）应根据不同商品的特点，确定表示商品品质的方法。

一般地说，凡能用科学的指标说明其质量的商品，则适用于凭规格、等级或标准买卖；

有些难以规格化和标准化的商品，则适用于凭样品买卖；有些质量好，并具有一定特色的名优产品，适用于凭商标或品牌买卖；有些性能复杂的机器、电器和仪表，适用于凭说明书和图样买卖；有些具有地方风味和特色的产品，可凭产地名称买卖。

（2）凡能用一种方法表示品质的，就不宜用两种或两种以上的方法表示。如果既凭样品又凭规格买卖，则卖方所交的货物既要与样品一致又要与规格一致，易使卖方因不符合其中一种品质要求，而遭到拒收。

（3）品质条款应尽量明确具体，避免笼统含糊，不宜使用“大约”“左右”等用语。所涉及的数据力求准确且合实际，品质条款避免订得太高或太低。

（4）凡是能采用品质机动幅度或品质公差的商品，应订明幅度的上下限或公差的允许值。

课内讨论 8–2

中方某公司向德国出口某产品，合同规定水分最高为 15%，杂质不得超过 3%。但在成交前我方曾向买方寄过样品，订约后我方又电告对方所交货物与所交样品相同。货物装运之前由中国商品检验检疫机构签发了品质规格证书。货到德国后，买方提出货物的质量比样品低 7%的检验证明，并据此要求我方赔偿 15 000 英镑的损失。请问：卖方是否该赔偿买方损失？为什么？

任务二　掌握进出口贸易合同中的数量条款

在国际货物买卖中，商品的数量是国际货物买卖合同中的主要交易条件之一。合同中的数量条款是双方交接货物的数量依据。正确把握成交数量对交易的顺利达成和履行具有十分重要的意义。

一、常用的度量衡制度与计量单位

（一）常用度量衡制度

世界各国的度量衡制度不同，计量单位和所它表示的数量也就不同。而且同一计量单位所表示的数量不一定相同。目前在进出口贸易中通常使用的度量衡制度有四种：公制或米制（Metric System）；英制（British System）；美制（U.S. System）；国际单位制（International System of Units）。

国际单位制是在公制的基础上发展起来的，由国际标准计量组织大会在 1960 年通过的。国际单位制的施行有利于计量单位的统一，标志着计量制度的日趋国际化和标准化。目前，世界上已有 100 多个国家正式采用这一度量衡制度。我国采用的是以国际单位制为基础的法定计量单位。《中华人民共和国计量法》规定：“国家采用国际单位制。国际单位制计量单位和国家选定的其他计量单位为国家法定计量单位。”

（二）计量单位

在进出口贸易中，通常使用的数量计算方法有六种：按重量（Weight）计算；按个数（Number）计算；按长度（Length）计算；按面积（Area）计算；按体积（Volume）计算；按容积（Capacity）

计算。具体交易时采用何种计量方法，要视商品的性质、包装、运输方法、市场习惯等情况决定。

在上述计量方式中，通常采用的计量单位名称如下：

1. 重量单位（Unit of Weight）

常用的重量单位有：克（g），千克（kg），公吨（M/T），磅（lb），盎司（oz），长吨（L/T）（英制），短吨（S/T）（美制）。其中某些单位的换算关系为：

1 lb=16 oz（常衡），1 lb=12 oz（金衡），1 oz≈28.35 g，1 M/T=1 000 kg，1 L/T=1 016 kg，1 S/T=907 kg。

2. 个数单位（Unit of Number）

常用的个数单位有：只（pc），件（pkg），双（pair），台、套、架（set），打（doz），罗（gr），令（rm），卷（roll），箱（case），包（bale），桶（barrel），袋（bag）等。其中罗的数量关系为：1 gross（罗）=12 dozen，1 great gross（大罗）=12 grosses=144 dozen。令为纸张数量单位，1 令为 480 张（英制）或 500 张（美制）。

3. 长度单位（Unit of Length）

常用的长度单位有：千米（km），米（m），厘米（cm），码（yard），英尺（foot），英寸（inch）等。其中码、英尺、英寸的换算关系为：

1 yard=3 feet，1 foot=3 inch，1 yard≈0.914 4 metres。

4. 面积单位（Unit of Area）

常用的面积单位有：平方米（square metre），平方码（square yard），平方英尺（square foot），平方英寸（square inch）。

5. 体积单位（Unit of Volume）

常用的体积单位有：立方米（cubic metre），立方码（cubic yard），立方英尺（cubic foot），立方英寸（cubic inch）。

6. 容积单位（Unit of Capacity）

常用的容积单位有：公升（litre，l.），加仑（gallon，gal.），蒲式耳（bushel，bu.）。它们之间的换算关系为：

1 bushel=8 gallons，1 gallon≈4.54 litres。

二、重量的计算方法

在国际贸易中，很多商品按重量计算。计算重量的方法主要有：

1. 毛重（Gross Weight）

毛重是指商品本身的重量加皮重，即商品的重量加包装的重量。有些商品因包装本身不便分别计量，且价格低廉，采用按毛重计价，习惯上称为“以毛作净”。如：袋装小麦、袋装饲料、水泥等。

2. 净重（Net Weight）

净重是指商品本身的重量，即毛重扣除皮重（包装）的重量，国际货物买卖中，凡按重量计量的商品采用以净重为准的计量方法最多。

3. 公量（Conditioned Weight）

在计算重量时，使用科学仪器，抽去商品中的水分，再加标准水分重量（国际公定回潮率与干净重的乘积所得出的重量），求得的重量称为公量。这种方法适用于少数经济价值较大而水分含量极不稳定的商品，如羊毛、生丝、棉纱等。公量的计算公式有两种：

（1）公量=商品干净重×（1+公定回潮率）

（2）公量=商品净重×〔(1+公定回潮率)÷(1+实际回潮率)〕

国际上公认羊毛、生丝的标准回潮率为11%。

课内训练 8-1

某公司出口羊毛10公吨，买卖双方约定公定或标准回潮率为11%，其实际回潮率，则从10公吨羊毛中抽取部分样品进行测算。假使抽取10千克羊毛，用科学方法去掉羊毛中的水分，若净剩8千克羊毛，则实际回潮率为25%。试问，这批羊毛的公定重量为多少？

4. 理论重量（Theoretical Weight）

这种方法适用于有固定规格和固定体积的商品。规格一致、体积相同的商品，每件重量也大致相等。根据件数就可算出其总重量，如钢板、铝锭、马口铁等。

5. 法定重量（Legal Weight）和净净重（Net Net Weight）

纯商品的重量加上直接接触商品的包装材料，如内包装的重量，即为法定重量。法定重量是海关征收从量税时作为征税基础的重量。而扣除这部分内包装的重量及其他包含杂物的重量即为净净重。净净重的计量方法主要也为海关征税时所使用。

在国际货物买卖中，如果货物是按重量计算和计价，而合同未明确规定采用何种方法计算重量时，根据《联合国国际货物销售合同公约》的规定应按净重计算。

三、进出口贸易合同中的数量条款

（一）数量条款的基本内容

合同中的数量条款主要包括成交商品的数量和计量单位。有的合同也规定确定数量的方法。为了避免引起贸易纠纷，合同中的数量条款应当完整准确。采用对方习惯使用的计量单位时，要注意换算的准确性，以保证实际交货的数量与合同数量的一致性。

数量条款示例如下：

（1）Fish meal in gunny bags of 50 kg，gross for net.

鱼粉，50千克麻袋装，以毛作净。

（2）Quantity：1 000 M/T，with 3% more or less at seller's option. Such excess or deficiency to be at the contracted price.

数量：1 000公吨，3%增减幅度，由卖方选择，增减部分按合同价格计算。

（二）溢短装条款

溢短装条款（More or Less Clause）又称数量机动幅度条款。溢短装条款是指在规定具体数量的同时，再在合同中规定允许多装或少装的百分比。卖方的交货数量只要在允许增减的范围内即为符合合同有关交货数量的规定。在外贸业务中，许多商品由于某些原因其数量不易精确计算，如散装谷物、油类、水果、矿砂等。为便于合同的履行，买卖双方通常在合同中规定溢短装条款，规定卖方的交货数量可以在一定范围内灵活掌握。

溢短装条款的内容包括可溢短装的百分比、溢短装的选择权和溢短装部分的作价。

如：China green tea 9371，1 000 M/T，with 10% more or less，at seller's option，such excess or deficiency to be settled of contracted price.

中国绿茶（9371），1 000 公吨，溢装或短装 5%，由卖方选择，增减部分按合同价格计算。

溢短装条款中的机动幅度大都明确由卖方决定（At Seller's Option），但由买方派船装运时，也可规定由买方决定（At Buyer's Option）。在采用航程租船时，有时为便于船方根据具体情况装运，合同规定由承运人决定伸缩幅度（At Carrier's Option）。

溢短装数量的计价方法要公平合理。对于溢短装部分的计价方法最好在合同中明确规定，否则按合同价格计算溢短装部分的货款。对于价格波动幅度较大的商品一般按装运时的市场价格计算，这可防止卖方在市场价格上涨或下跌时故意少装或多装。

由于"约"数（About，Approximately）在国际贸易中有不同的解释，合同中的数量条款尽量避免使用该词。若合同中采用了"约"数，买卖双方对"约"数产生了异议，根据《UCP600》的规定，"约"数应解释为不超过 10%的增减幅度。另据《UCP600》的规定，除非信用证规定货物的数量不得有增减外，在所支付款项不超过信用证金额的条件下，货物数量准许有 5%的增减幅度，但是当数量以包装单位或个数计数时此项增减幅度则不适用。

课内讨论 8–3

2016 年 6 月，中方某出口企业与美国一公司签订了一份本厂生产的出口合同，数量为 600 公吨，允许溢短装 5%，单价为 CIF 纽约 520 美元/公吨。总值为 312 000 美元，结算方式为 L/C，装运期为 2016 年 8 月。8 月 10 日，该企业装运 630 公吨货物，并制作全套的单据于 8 月 16 日向开证行收款。8 月 20 日付款行通知表示拒付此货款。请问付款行拒付是否合理？

任务三　掌握进出口贸易合同中的包装条款

一、包装的种类与作用

进出口贸易中，绝大多数商品都需要一定的包装，它是货物说明的组成部分，是保护商品和美化商品的重要手段，是买卖合同的主要条件之一。包装的好坏，不仅关系到商品的使用、销路、售价，还在一定程度上反映了一个国家的生产力水平。

进出口贸易中的商品按在流通过程中有无包装来划分，可分为包装货、裸装货和散装货。包装货是指有包装的商品。裸装货是指无须包装的商品，如木材、钢材、拖拉机等。散装货是指散装于运输工具上的商品，如水泥、矿砂、粮食等。但有时这些商品因包装而成为包装货，如桶装石油、袋装水泥等。

在有包装的货物中，根据包装在流通过程中所起作用的不同，包装分为运输包装和销售包装两种类型。前者的主要作用在于保护商品和防止出现货损货差，后者除起保护作用外，还有促销的功能。

（一）运输包装

运输包装（Transport Packing），又称大包装（Big Packing）、外包装（Outer Packing）。它是货物装入特定容器，或以特定方式成件或成箱的包装。

1. 运输包装的分类

（1）根据包装方式的不同，运输包装可分为单件运输包装和集合运输包装。单件运输包装是指货物在运输过程中作为一个计件单位的包装。集合运输包装是指将若干单件运输包装组合成一件大包装。集合运输包装对于提高装卸效率、保护商品、节省费用都有重要作用。目前常用的集合运输包装有集装包、集装袋、托盘和集装箱。

（2）根据包装造型的不同，运输包装可分为箱（Case）、袋（Bag）、包（Bale）、桶（Drum）和捆（Bundle）等不同形状的包装。

（3）根据包装材料的不同，运输包装可分为纸制包装，金属包装，木制包装，塑料包装，竹、柳、草制品包装，陶瓷包装等。

（4）根据包装质地的不同，运输包装可分为软性包装、半软性包装和硬性包装。

（5）根据包装程度的不同，运输包装可分为全部包装和局部包装。

2. 运输包装的要求

进出口贸易的商品运输包装通常比国内贸易商品的运输包装要求更高。为保证长途运输中的货物不受外界影响，安全到达目的地，对商品需要进行科学合理的运输包装。对商品进行运输包装时要符合下列要求：

（1）必须适应商品的特性；

（2）必须适应运输方式的要求；

（3）必须考虑有关国家的法律规定和客户的要求；

（4）要便于各流转环节人员进行操作；

（5）要在保证包装牢固的前提下节省费用。

（二）销售包装

销售包装（Selling Packing），又称小包装（Small Packing）、内包装（Inner Packing）或直接包装（Immediate Packing），是在商品制造出来以后以适当的材料或容器所进行的初次包装。销售包装是直接接触商品并进入消费领域的内包装。

1. 销售包装的种类

依据商品的不同特性和形状，常见的销售包装有下列几种：

（1）挂式包装：带有吊带、挂孔等装置，便于悬挂。

（2）堆叠式包装：堆叠稳定性强，便于摆设陈列。如：瓶类、罐类、盆类等。

（3）易开式包装：易拉罐等。

（4）携带式包装：有提手装置等。

（5）透明式包装：可以使消费者直接了解商品的形态和造型，便于识别，以利选购。

（6）喷雾式包装：香水、发胶等。

（7）配套式包装：餐具、茶具等。

（8）礼品式包装：适合送礼用的包装，外表美观、讲究，以显示礼品的名贵。

2. 销售包装的装潢和文字说明

销售包装的装潢，通常包括图案与色彩。销售包装的装潢应大方美观，富于艺术吸引力，并突出商品的特性。同时，应适应进口国的文化习俗与偏好，以利于出口。文字说明通常包括商品名称、品牌、数量、规格、成分构成、使用说明、生产日期、有效期、产地等内容。文字说明与装潢要密切结合，和谐统一，以达到宣传和促销的目的。

在销售包装上使用文字说明和制作标签时，要注意有关国家的标签管理条例的规定。如加拿大政府规定，销往该国的商品必须同时使用英语和法语两种文字说明。

3. 条形码标志

条形码（Product Code）是一种产品代码，是由一组粗细间隔不等的平行线及其相应的数字组成的标记。这些线条和间隔空隙表示一定的信息，通过光电扫描阅读装置输入相应的计算机网络系统，就可判断出该商品的生产国别或地区、生产厂家、品种规格和售价等一系列产品信息，从而有效地提高了结算的效率和准确性，方便了商家和消费者。

国际上通用的条形码主要有两种：一种是美国统一代码委员会编制的 UPC 码（Universal Product Code），另一种是由欧洲十二国成立的欧洲物品编码协会（后改名为国际物品编码协会）编制的 EAN 码（European Article Number）。目前，使用 EAN 码的国家和地区众多，EAN 码已成为国际公认的物品编码标识系统。为适应对外经济发展的要求，我国成立了物品编码中心。该中心于 1991 年 4 月代表中国加入了 EAN 码，成为正式会员，统一组织、协调我国的条形码工作。目前，国际物品编码协会分配给我国的国别号为“690”“691”“692”。此外，我国的书籍代码为“978”，杂志代码为“977”。

4. 销售包装的要求

国际市场上对销售包装的用料、造型、装潢和文字说明等方面都有很高的要求。提高销售包装的水平，是加强产品的国际竞争力的一个重要方面。要使销售包装适应国际市场的需要，在设计制作销售包装时应体现下列要求：

（1）便于陈列展售；

（2）便于识别商品；

（3）便于携带和使用；

（4）要有艺术吸引力。

二、运输包装的标志

运输包装上的标志按其用途可分为运输标志、指示性标志和警告标志三种。

（一）运输标志（Shipping Mark）

运输标志，又称“唛头”，是由一个简单的几何图形和一些字母、数字和简单的文字组成，其作用在于使有关人员在运输过程中易于辨认货物，避免错发错运。运输标志主要包括收/发货人名称代号、目的地名称、件号或批号等三项内容。此外，有的运输标志还包括原产地、合同号、信用证号等内容。买卖双方可根据商品的特点具体商定。

运输标志示例如图 8–1 所示。

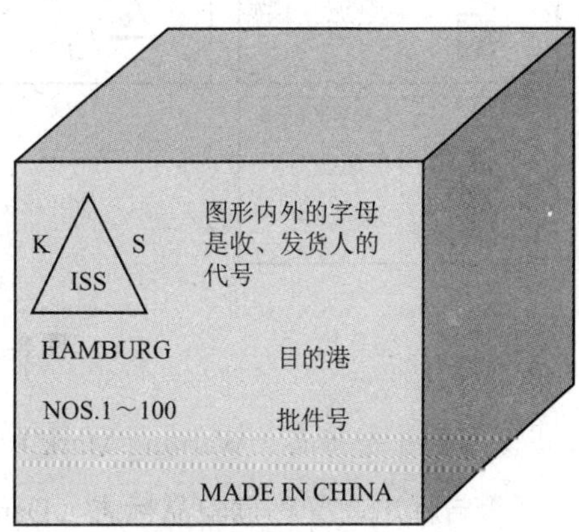

图 8–1　运输标志示例

为规范运输标志，国际上制定了标准运输标志供各国使用。标准运输标志由 4 行组成，每行不超过 17 个英文字母。它包括收货人名称、参考号（如合同号、发票号等）、目的地、件号四项内容。

以下是标准运输标志的式样：

SMCO……………………………………………收货人
New York………………………………………目的港（地）
2004/C NO.845789……………………………合同号（或发票号、信用证号）
NO.1～20………………………………………件号

（二）指示性标志（Indicative Mark）

指示性标志又称操作标志，是以简单、醒目的图形和文字在包装上标出，提示人们在装卸、运输和保管过程中注意的事项。如："小心轻放"（Handle With Care）、"保持干燥"（Keep Dry）等。

为统一指示性标志，一些国际组织分别制定了包装储运指示性标志，并建议各会员国采纳。下面列举的是一些国际组织和贸易国所制定的运输包装指示性标志，如图 8-2 所示。

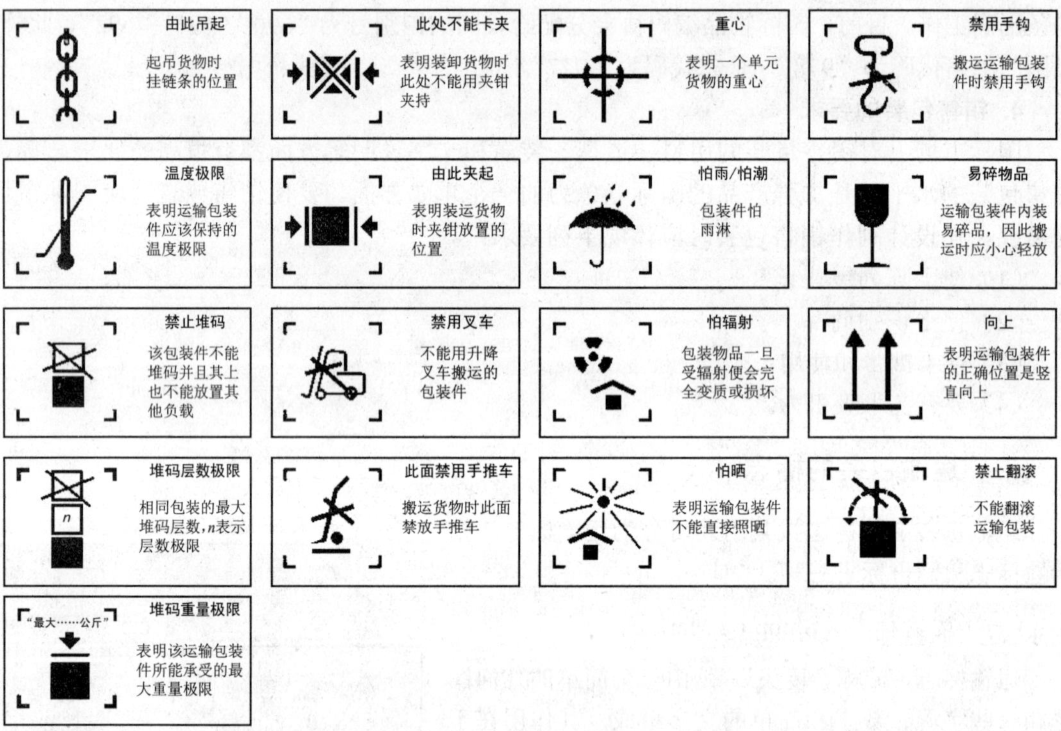

图 8-2 运输包装指示性标志

（三）警告标志（Warning Mark）

警告标志，又称危险品标志（Dangerous Cargo Mark）。它是指危险货物包装上用图形和文字表示各种危险品的标志。其作用在于警告有关装卸、运输和保管人员按货物的特性采取相应的措施，以保障人身和物资安全。在我国出口的危险品外包装上，应根据有关规则刷写必要的危险品标志。下面列举一些危险品标志，如图 8–3 所示。

图 8–3　危险品标志

三、定牌、无牌和中性包装

在我国的出口业务中，应客户的要求，有时也会采用定牌、无牌和中性包装这些做法。

1. 定牌

定牌是指卖方按照买方的要求在商品或包装上使用买方指定的商标或牌名的做法。采用定牌往往是为了利用买方的品牌知名度及其经营能力，扩大商品出口。在使用定牌包装时要注意买方商标或品牌的合法性，防止侵犯他人工业产权。

2. 无牌

无牌是指买方要求在出口货物或包装上免除任何商标或牌号的做法，主要用于半制成品。无牌商品无须广告宣传，可避免浪费，降低销售成本。

除非另有约定，采用定牌和无牌时，在货物和包装上均应标明“中国制造”字样。

3. 中性包装

中性包装是指在商品和内外包装上不注明生产国别的包装。采用中性包装，是为了适应转口销售，打破进口国家和地区的贸易歧视和限制。中性包装有定牌中性和无牌中性之分。

（1）无牌中性包装。

无牌中性包装是指商品和包装上没有生产国别、原产地、生产厂商的相应标记，也没有进口商的有关标记（商标、品牌等）。

（2）定牌中性包装。

定牌中性包装是指在商品和包装上不注明生产国别、原产地、生产厂商的相应标记，但要使用买方指定的有关标记，例如，商标或品牌等。

采用中性包装应该选择具有一定实力的进口商或代理商，并且注意与他们的配合；要考虑到买方提供的商标是否有侵权等问题，必要时可在合同中规定：“凡因由买方提供的商标、牌名引起的知识产权纠纷，责任完全由买方承担。”

四、进出口贸易合同中的包装条款

包装条款是国际货物买卖合同中一项重要的交易条件，按照《联合国国际货物销售合同公约》及一些国家的法律规定，如果一方违反了所约定的包装条件，另一方有权提出索赔，甚至可以拒收货物。

买卖合同中的包装条款主要包括：包装材料、包装方式、包装标志和包装费用等内容。买卖双方在合同中商订包装条款应注意以下几点：

（一）包装材料和包装方式的规定

买卖合同中就包装材料和包装方式通常有两种规定方法：一种是具体规定。如，纸箱装，每箱装 30 打（In cartons containing 30 doz. each）；另一种是作笼统规定，如习惯包装（Customary Packing）、海运包装（Seaworthy Packing）。由于后种规定易产生争议，故尽量避免采用。

（二）包装标志的规定

商品包装上的运输标志、指示性标志和危险标志一般无须合同规定，而由卖方根据惯例、有关法规和商品特性自行印制。若合同对上述标志提出了要求，则应按合同规定办理。

（三）包装费用的规定

包装费用一般已包含在商品货价之中，不另计收。但如买方要求特殊包装，则超出的包装费用由何方负担，应在买卖合同中做出具体的规定。若合同规定由买方提供包装材料，还要对包装材料到达卖方的最迟期限做出规定。

合同中包装条款示例如下：

（1）In wooden cases of 50 kg net each. 木箱装，每箱净重 50 千克。

（2）In cartons，each containing 4 boxes about 9 lbs.，each fruit waxed and wrapped with paper. 纸箱装，每箱 4 盒，每盒约 9 磅，每颗涂蜡，包纸。

课内讨论 8-4

中国某公司向加拿大商人出售一批货物，合同约定用塑料袋包装，并要求每件包装同时使用英文和法文的贴头，但中方公司交货时，却改用其他包装代替，且仅使用英文的贴头。加拿大商人收到货后，为了便于在当地销售该批货物，自行更换包装和贴头，由此产生的费用损失，要求由中方公司赔偿，你认为，此项索赔是否合理？中方公司应如何处理此事？

项目九

办理进出口贸易货物运输业务

知识目标

1. 了解国际货物各种运输方式的基本知识。
2. 掌握运输单据的性质和作用。

能力目标

1. 能够熟练计算班轮运费。
2. 能够准确合理地订立进出口贸易合同中的装运条款。

任务一　掌握海洋运输方式

一、海洋运输方式

在国际货物运输中运用最广泛的是海洋运输（Ocean Transport），海洋运输又称为国际海上货物运输。目前，海运量在国际货物运输总量中占有80%以上，海洋运输之所以被如此广泛地采用，是因为它与其他国际货物运输方式相比，具有通过能力大、运量大、运费低的优点。海洋运输虽有上述优点，但也存在不足之处。例如，海洋运输受气候和自然条件的影响较大，航期不易准确，而且风险较大。此外，海洋运输的速度也相对较低。

海洋运输按照经营方式分为班轮运输和租船运输两种。

（一）班轮运输

班轮运输（Liner Transport）又叫作定期船运输，指船舶在特定的航线上和既定的港口之间，按照事先规定的船期表进行有规律的、反复的航行，按照事先公布的费率表收取运费，由承运人负责货物装卸、理舱等作业工作，以此从事货物运输业务的一种运输方式。其服务对象是非特定的、分散的众多货主，班轮公司具有公共承运人的性质。相对租船运输方式，班轮运输货运量所占海洋运输货运量的比重较大。

1. 班轮运输的特点

（1）具有“四固定”的特点，即固定航线、固定港口、固定船期和相对固定的费率。这是班轮运输的最基本特征。

（2）班轮运价内包括装卸费用，即货物由承运人负责配载装卸，承托双方不计滞期费和速遣费。

（3）承运人对货物负责的时段是从货物装上船起，到货物卸下船止，即“船舷至船舷”（Rail to Rail）或“钩至钩”（Tackle to Tackle）。

（4）承运双方的权利义务和责任豁免以签发的提单为依据，并受统一的国际公约的制约。

相关链接

图 9–1 所示为世界主要海港和航线示意图。

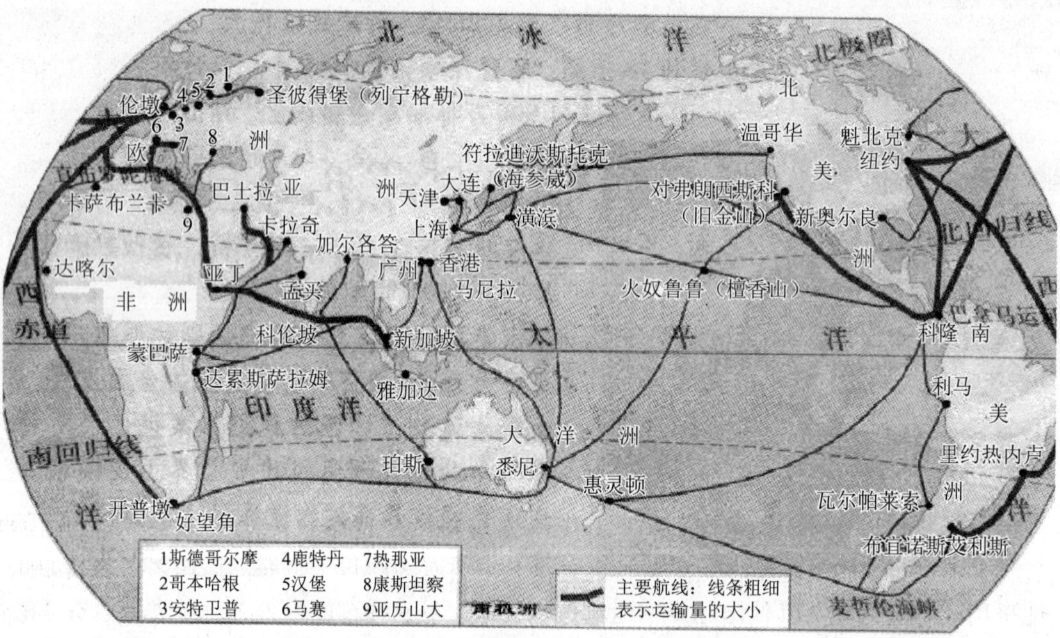

图 9–1　世界主要海港和航线示意图

海运航线：

班轮航线主要有：北美—欧洲，地中海航线；欧洲，地中海—远东航线；欧洲，地中海—西非，南非航线；澳大利亚，新西兰—北美航线；远东—澳大利亚航线；远东—北美航线等。

主要港口：

现今世界有各类大小港口 3 000 多个，其中国际贸易商港约占 80%，多集中在发达国家，以输出工业制成品、生产资源、燃料和粮食为主。世界主要港口详情如表 9–1 所示。

表 9–1　全球主要集装箱港口中英文名和缩略词对照

国家（地区）	港名（中文）	港名（英文）	缩略词	国家（地区）	港名（中文）	港名（英文）	缩略词
中国	上海	Shanghai	PSH	意大利	里沃那	Leghorn	PLH
中国	香港	Hong Kong	PHK	爱尔兰	都柏林	Dublin	PDBL
新加坡	新加坡	Singapore	PSA	法国	马赛	Marseilles	PMS
中国台湾	高雄	Kaohsiung	PKH	瑞典	哥德堡	Gothenburg	PGB
韩国	釜山	Busan	PBS	韩国	仁川	Inchon	PIC
斯里兰卡	科伦坡	Colombo	PCLB	马来西亚	滨城	Penang	PPN
中国台湾	基隆	Keelung	PKL	日本	大阪	Osaka	POSK
美国	奥克兰	Oakland	POKL	澳大利亚	墨尔本	Melbourne	PMB
美国	休斯敦	Houston	PHT	巴基斯坦	卡拉奇	Karachi	PKR
日本	名古屋	Nagoya	PNGY	英国	利物浦	Liverpool	PLP
澳大利亚	悉尼	Sydney	PSH	加拿大	温哥华	Vancouver	PVCV
美国	西雅图	Seattle	PST	泰国	曼谷	Bangkok	PBK
西班牙	巴塞罗那	Barcelona	PBCLN	马耳他	马耳他	Molta	PMT
意大利	热那亚	Genoa	PGN	—	—	—	—

2. 班轮运费

班轮运费是班轮公司为运输货物而向货主收取的费用。

班轮运费是按照班轮运价表（Liner's Freight Tariff）的规定计算的。不同的班轮公司或班轮公会有不同的班轮运价表。班轮运价表的结构一般包括：说明及有关规定、货物分级表、航线费率表、附加费率表、冷藏货及活牲畜费率表等。货物分级表将商品分为二十个等级，每一个等级的货物有一个基本费率，属于第一级的商品运费率最低，第二十级的商品运费率最高。

班轮运费由基本运费和附加运费构成。

（1）基本运费。

基本运费是指货物从装运港运到卸货港应收取的基本费用，由装运港至目的港的运输费用、装货费和卸货费组成。基本运费的计收标准主要有以下几种：

① 按货物重量（Weight）计算，以“W”表示。如 1 公吨、1 长吨（1 016 千克）或 1 短吨（907.2 千克）为一个计算单位，也称重量吨。

② 按货物尺码或体积（Measurement）计算，以“M”表示。如 1 立方米（约合 35.314 7 立方英尺）或 40 立方英尺为一个计算单位，也称尺码吨或容积吨。

③ 按货物重量或尺码，选择其中收取运费较高者计算运费，以“W/M”表示。

④ 按货物 FOB 价收取一定的百分比作为运费，称从价运费，以“AD VALOREM”或

“ad.val.”表示。这原是拉丁文，按英文是按照价值的意思（即 According to Value）。

⑤ 按货物重量或尺码或价值，选择其中一种收费较高者计算运费，用“W/M or ad.val.”表示。

⑥ 按货物重量或尺码选择其高者，再加上从价运费计算，以“W/M plus ad.val.”表示。

⑦ 按每件为一单位计收，如活牲畜和活动物，按“每头”（Per Head）计收；车辆有时按“每辆”（Per Unit）计收；起码运费按“每提单”（Per B/L）计收。

⑧ 临时议定的价格（Open Rate）。由承、托运双方临时议定的价格收取运费。一般多用于低价货物。

（2）附加运费。

附加运费是指除基本运费外，针对一些需要特殊处理的货物或由于客观情况变化等原因需额外加收的费用。附加费一般是在基本运费的基础上加收一定的百分比；或者是按每运费吨加收一个绝对值计算。在班轮运输中，常见的附加运费有下列几种。

① 超重附加运费（Heavy Lift Additional）。

② 超长附加运费（long Length Additional）。

③ 选卸附加运费（Optional Surcharge）。

④ 转船附加运费（Transshipment Surcharge）。

⑤ 直航附加运费（Direct Additional）。

⑥ 港口附加运费（Port Additional or Port Surcharge）。

⑦ 港口拥挤附加运费（Port Congestion Surcharge）。

⑧ 燃油附加运费（Bunker Surcharge or Bunker Adjustment Factor，B.A.F）。

⑨ 货币贬值附加运费（Devaluation Surcharge or Currency Adjustment Factor，C.A.F）。

⑩ 绕航附加运费（Deviation Surcharge）。

除以上各种附加运费外，还有一些附加运费需由船货双方议定。如洗舱费、熏舱费、破冰费、加温费等，各种附加运费是对基本运价的调节和补充，可灵活地对各种外界不测因素的变化做出反应，是班轮运价的重要组成部分。

3. 班轮运费的计算方法

（1）根据货物名称，在运价表中的货物分级表上查到货物的等级（Class）和运费计算标准（Basis）。

（2）根据货物的装运港、目的港，找到相应的航线，按货物的等级查到基本运价；

（3）查出该航线和港口所要收取的附加费项目和数额（或百分比）及货币种类；

（4）根据基本运价和附加费算出实际运价（单位运价）；

（5）根据货物的托运数量算出应付的运费总额。

课内训练 9–1

由厦门运往洛杉矶茶叶 500 箱，每箱体积为 40 厘米×35 厘米×30 厘米，毛重为 30 千克，请计算该批货物的海洋运费。

解：第一步：根据茶叶中、英文名称在运价表中的货物分级表上查到茶叶的等级是 8，运费计算标准是 M。货物分类等级表如表 9–2 所示。

表 9–2　货物分类等级表（部分）

货名	COMMODITY	CLASS	BASIS
各种豆	BEANS，ALL KINDS	5	W/M
纸（捆、卷）	PAPER（IN BALES & REELD）	12	W
瓷砖	TILES，PROCELAN	7	W
卫生洁具	SANITARY WEAR	8	M
自行车及零件	BICYCLESS & PARTS	9	W/M
茶叶	TEA	8	M
蜡烛	CANDLE	6	M

货物体积=500×40×35×30=21 000 000（立方厘米）=21（立方米）

第二步：根据货物的装运港厦门和目的港洛杉矶，找到相应的航线，查得 8 级货物的基本运价是 140 美元。厦门—美国航线基本运价表如表 9–3 所示。

表 9–3　厦门—美国航线基本运价表

Scale of class rates for China-America service（in USD）				
CLASS	SEATTLE，PORTLAND SAN FRANCISCO	LOS ANGELES LONG BEACH	MIAMI CHARLESTON	PHILADELPHIA NEWYORK，HUSTON
1	95	100	115	120
2	100	105	120	125
…				
8	136	140	146	150
9	143	147	153	156
10	150	155	160	165

说明：需另加收 10%货币贬值附加费。

第三步：查出该航线和港口所要收取 10%的货币附加费。

第四步：根据基本运价和附加费算出实际运价。

单位运价=140+140×10%=154（美元）

第五步：根据货物的托运数量算出应付的运费总额。

总运费=154×21=3 234（美元）

（二）租船运输

租船运输（Charter Transport）又叫作不定期船运输，通常适用于大宗货物运输。与班轮运输不同，租船运输没有既定的船期表，也没有固定的航线及挂靠港，而是按照承租人（Charterer）的要求，根据货源情况，安排船舶就航的航线和时间，由船舶出租人（Shipowner）确认并组织货物运输，承租人与船舶出租人之间的权利义务以双方签订的租船合同确定。租船运输按经营方式的不同可分为：定程租船、定期租船、光船租船。

1. 定程租船

定程租船（Voyage Charter）又称为程租船或航次租船，是出租人负责提供一艘船舶，在约定的港口之间，运送约定的货物，进行一个航次或数个航次的租船方式。定程租船按租赁方式的不同可分为单程租船、往返航次租船和连续航次租船。

在定程租船情况下，船舶出租人负责配备船长船员及其福利报酬，负责营运安排和调度工作，并负担船舶的燃料、维修、物料、港口、折旧、保险等船舶费用和营运费用。承租人按照货物的数量或按船舶总载重吨以及合同约定的运价，支付运费。

（1）程租船运输费用。

程租船费用主要包括程租船运费和装卸费。另外还有速遣费、滞期费等。

① 程租船运费。

程租船运费是指货物从装运港至目的港的海上基本运费。其计算方法有两种：一是按运费率计算，即按所装货物每重量单位（或容积单位）所表示的金额计算；二是整船包价（Lump Sum Freight），即提供一条船付一笔运费，不管实际装货多少，一律照付。

② 装卸费。

在承租中，装卸费用由何方负担，通常有以下几种情况：

船方管装管卸（Gross Terms or Liner Terms），又称班轮条件。

船方不管装卸（Free In and Out，FIO）。

船方管装不管卸（Free Out，FO）。

船方管卸不管装（Free In，FI）。

③ 速遣费、滞期费。

在程租合同中，船东一般要求规定租船人在一定时间内完成装卸作业的条款，这规定的时间就是许可装卸时间。在其时间内如未能装卸完毕，则自许可装卸时间终止时起至全部货物装卸完毕止的滞期时间，租船人按合同向船东支付滞期费。同时，如在其时间届满前提前完成货物装卸作业，则对于节省的时间，船东要付给租船人速遣费。通常速遣费和滞期费均订为每天若干金额，不足一天则按比例计时，速遣费通常是滞期费的一半，但有时也相同。

（2）程租船合同。

程租合同的内容主要包括出租人和承租人的名称、船名、船籍、载货重量、容积、货名装货港和目的港、受载期限、装卸期限、运费、滞期费、速遣费以及其他有关事项。

2. 定期租船

定期租船（Time Charter）又叫期租船，是出租人把船舶出租给承租人使用一定时期，并由承租人支付租金的租船方式。租金按月（或30天）每载重吨（DWT）若干金额计算。

定期租船方式下，由出租人负责提供船舶，负责船长船员及其福利报酬，负担船舶的维修、物料、折旧、保险等船舶费用。承租人负责船舶的调度安排及营运工作，负担船舶的燃料、港口、装船、卸船、平舱、理舱、拖轮、捐税等营运费用。租金费率按船舶装载能力、租期长短以及租船市场价格等多方面因素，由出租人和承租人在定期合同中明确约定。

在定期租船合同中，租期的起算和交、还船舶的规定也是其重要条款之一，此外还需对交、还船的状态、时间及地点等内容进行明确约定。

3. 光船租船

光船租船（Demise Charter）又叫光租或光船租赁，是指船舶出租人提供一艘不包括船员在内的空船出租给承租人使用一定时期，并由承租人支付租金的一种租船方式。

光船租船方式下，出租人只提供一艘空船，不配备船长船员的适航船舶。由承租人负责配备船员、任命船长，负担他们的福利报酬，承租人通过配备船员占有、控制和使用船舶，通常被称为二船东。承租人负责船舶调度和营运安排，负担除船舶保险费之外的一切营运费用。

二、海洋货物班轮运输流程

（一）杂货班轮货运流程

1. 揽货

揽货（Canvassion）又称为揽载，指从事班轮运输经营的船舶公司为使自己所经营的班轮运输船舶能在载重和舱容上得到充分利用，力争做到“满舱满载”，以期获得最好的经济效益，而从货主那里争取货源的行为。

揽货活动其实就是销售船舶的舱位，这个环节的成绩直接影响到船舶公司的经营效益。通常由船公司设立在各挂靠港及其腹地的分支机构、营业所或委托当地代理机构进行揽货的具体工作。

2. 订舱

订舱（Booking）是托运人（包括其代理人）向班轮公司（即承运人，包括其代理人）申请预定货物运输的舱位，承运人对这种申请给予承诺的行为。

通常班轮运输是以口头或订舱函电进行预定舱位的，船舶公司确认订舱申请后，并在舱位记录簿上登记，即表明承托双方建立了货物运输关系。

3. 确定航次和货运任务

确定航次货运任务就是综合考虑各票货物的性质、包装和重量及尺码等因素，确定某一船舶在某一航次所装货物的种类和数量，并开始进行一系列的货运活动。

4. 装船

船公司在各装货港指定装船代理人，在指定地点接受托运人送来的货物，办理交接手续后，将货物集中并按货物的卸货次序进行适当的分类后再进行装船。某些特殊货物具有特殊性质的，如冷藏货、危险品、超限货物等，则需要托运人将货物运至船边直接装船交货。

5. 卸船

卸货指将船舶所承运的货物在卸货港从船上卸下，在船边或码头仓库交付给收货人的活动。船舶公司在卸货港的代理人根据船舶发来的到港电报，编制有关单证联系安排泊位和准备办理船舶进口手续，约定装卸公司，等待船舶进港后卸货。同时，还要提前把船舶预计到港的时间通知收货人，以便及时做好接收货物的准备工作。

6. 提取货物

收货人将提单交给船公司在卸货港的代理人，经代理人审核无误后，签发提货单交给收货人准备提货。特殊货物的收货人通常安排在船边直接办理交接手续，其他货物则由船舶公司在卸货港的代理人集中卸至码头仓库，进行分类保管，然后收货人再凭提货单前往码头仓库提取货物并与卸货代理人办理交接手续。

（二）整箱集装箱班轮货运流程

1. 订舱

货主根据贸易合同或信用证条款的规定，填制订舱单向班轮公司申请整箱货运输。班轮公司综合考虑航线、船舶、舱位、港口条件、运输时间等方面的要求后决定是否接受托运。船方一旦接受托运，即着手编制订舱清单，分送至集装箱码头堆场、集装箱空箱堆场等部门，并将据此安排办理空箱及交接等工作。

2. 提取空箱

订舱后由货主申请使用集装箱，船方发放集装箱设备交接单，货主凭设备交接单在集装箱空箱堆场提取集装箱空箱，运输至其工厂、仓库或营业处所，准备开展货物装箱工作。

3. 货物装箱

整箱货均由货主在其工厂、仓库或营业处所负责装箱及施加封志。装箱工作应严格按照集装箱船舶装载规范来进行，由负责装箱的人应制作装箱单。

4. 整箱货交接签证

集装箱装箱完毕后，通过内陆运输运至船方的集装箱码头堆场，由堆场根据订舱单，核对场站收据和装箱单接收货物，同时由货主或其代理人办理货物的出口清关手续，以便货物出运。

5. 换取提单

货主凭场站收据，在结算运费后，就可以向承运人或其代理人换取提单。出口方在取得信用证要求的包括提单在内的所有单据后，即可以去银行结汇获得货款。

6. 装船

集装箱码头堆场或集装箱装卸区根据接受待装的货箱情况，制订装船计划，待船舶靠泊后即可进行装船工作并出运货物。

7. 进口提货

集装箱船舶抵达卸货港后，船方负责卸货至集装箱堆场。进口方自行办理进口手续，凭加盖了海关放行章的提货单到码头堆场办理提货。整箱货的货方通常还需要负责空箱的还箱工作。

（三）拼箱集装箱班轮货运流程

拼箱货是由集中托运人接收多个货主的不满整箱要求的小批量货物，通过将不同收货人、同一卸货港的货物集合起来，组合成整箱货的形式向班轮公司申请舱位托运。在卸货港由集中托运人的代理人提取整箱货，再拆箱分拨交付给收货人的。具体流程如下：

（1）不同货主将不足一个集装箱的货物交给集中托运人。

（2）集中托运人将拼箱货拼装成整箱货后，向班轮公司办理整箱货物运输。

（3）整箱货装船后，班轮公司签发整箱货提单给集中托运人。

（4）集中托运人在货物装船后签发自己的分提单给每一个货主。

（5）集中托运人将货物装船及船舶预计抵达卸货港等信息告知其卸货港代理人，同时还将班轮公司的整箱货提单及分提单的副本等单据交卸货港代理人，以便向班轮公司提货和向收货人交付货物。

（6）货主之间办理包括分提单在内的有关单证的交接。

（7）集中托运人在卸货港的代理人凭班轮公司的整箱货提单提取整箱货。

（8）不同的收货人凭正本的分提单在货运站提取拼箱货或由代理人安排转运及送货工作。

三、海运提单

海运提单（Bill of Lading，B/L）是由船长、代理人或承运人签发的，证明收到货物并同意将货物运至特定的目的地且交付于收货人的凭证。

（一）海运提单的性质和作用

（1）货物收据。海运提单是承运人（或其代理人）出具的货物收据，证明承运人已收到或接管海运提单上所列的货物。

（2）物权凭证。海运提单是货物所有权的凭证，海运提单在法律上具有物权证明书的作用，船货抵达目的港后，承运人应向海运提单的合法持有人交付货物。海运提单可以背书转让，从而转让货物的所有权。

（3）运输契约的证明。海运提单是承运人与托运人之间订立的运输契约的证明。海运提单条款明确规定了承、托双方之间的权利和义务，责任与豁免，是处理承运人与托运人之间的争议的法律依据。

（二）海运提单的种类

1. 根据货物是否已装船可将提单分为已装船提单和收货待运提单

（1）已装船提单（On Board B/L，Shipped B/L）。

指由船长或承运人的代理人在货物装上开往目的地的船舶后签发的提单。已装船提单的正面载有装货船舶的名称和装船日期，表明货物确已装船，提单正面通常记载有“货已装船”字样。按照国际贸易惯例，在信用证下，银行通常只接受已装船提单。

（2）收货待运提单（Received for Shipment B/L）。

指船方已收到货物，但还没有实际装上船的提单，正面通常记载有“货已收待运”的字样。由于收货待运提单无装船日期和船名，不能为买方准时收货提供充分的保障，买方一般不愿接受收货待运提单。当以信用证方式付款时，信用证上的条款通常也不接受这样的提单作为议付的担保。所以，如信用证规定应提供“已装船提单”，就需要在货物确实装船以后，换取已装船提单。

2. 依收货人的抬头可将提单分为记名提单、不记名提单和指示提单

（1）记名提单（Straight B/L）。

记名提单指提单正面载明收货人名称的提单，收货人是由托运人指定的，承运人只能向该指定的收货人交付货物。这种提单一般不能转让给第三方，流通性有限，常用于非商业目的或贵重物品的运输。

（2）不记名提单（Bearer B/L）。

不记名提单指提单正面未载明收货人名称的提单。不记名提单的收货人一栏中空白不填或仅填写“持有人”的字样。这种提单由于未写明收货人的名称，可以不经背书就转让给第三人，因此这种提单风险较大，在实践中很少使用。

（3）指示提单（Order B/L）。

指示提单指提单正面载明“凭指示”或“凭某人指示”的字样，并经背书就可转让货物的提单。指示提单流通性佳，风险小，因此在实务中运用比较多。

3. 根据提单有无不良批注可将提单分为清洁提单和不清洁提单

（1）清洁提单（Clean B/L）。

清洁提单指提单上未载明货物表面状况有缺陷的批注的提单。承运人如签发了清洁提单，就表明所接受的货物表面无损伤，包装无缺陷。签发清洁提单就意味着承运人不得事后以货物包装不良等为由推卸其运送责任。按照国际贸易惯例，银行在结汇时通常只接受清洁提单。

（2）不清洁提单（Unclean or Foul B/L）。

不清洁提单指在提单上批注有表明货物表面状况有缺陷的提单。船方在货物装船时，如发现货物的表面情况不良，可以在提单上进行批注，如“包装不充分”、“包装陈旧并有污渍”、“不清洁”等字样，以表明上述不良是在装船前发生的，从而减轻承运人的货损货差责任。买方一般不愿接受这种提单，因为包装不良的货物在运输中很容易受损，信用证下的银行通常也会拒绝接受不清洁提单办理结汇。

4. 根据运输方式可将提单分为直达提单、转船提单和联运提单

（1）直达提单（Direct B/L）。

直达提单指表明中途不经换船直接将货物运往目的地的提单。

（2）转船提单（Transshipment B/L）。

转船提单指货物的运输不是由一条船直接运到目的港，而是在中途需换装其他船舶运往目的港时，船方签发转船提单。银行只有在信用证中规定可接受转船提单时，才接受这种提单。

（3）联运提单（Through B/L）。

联运提单指依联运合同签发的，第一程为海运，以两种以上的运输工具运输货物的提单。通常由第一程承运人签发联运提单并计收全程运费，转运手续由第一程承运人办理，而运输责任由各运段的承运人分别负责。

5. 根据内容繁简可将提单分为全式提单和简式提单

（1）全式提单（Long Form B/L）。

全式提单指背面列有承运人和托运人权力、义务的详细条款的提单。

（2）简式提单（Short Form B/L）。

简式提单指略去背面条款，只列出提单正面必须记载事项的提单。

6. 其他种类提单

（1）集装箱提单（Container B/L）。

集装箱提单指由负责集装箱运输的经营人或其代理人，在收到货物后签发给托运人的提单。

（2）舱面提单（Deck B/L）。

舱面提单指承运货物装在船舶甲板上所签发的提单，故又称为甲板货提单。

（3）倒签提单（Anti-date B/L）。

倒签提单指在货物装船完毕后，承运人或其代理人应托运人的要求，由承运人其代理人签发提单，但提单上的签发日期早于该批货物实际装船完毕的日期，以符合信用证装运期的规定，这种提单称为倒签提单。

（4）预借提单（Advanced B/L）。

预借提单指由于信用证装运期和有效期都将到期而货物因故尚未装船，或已经装船尚未完毕，在这种情况下，托运人为了交单结汇往往向承运人或其代理人提出预先签发并借到“已装船提单”，这种提单称为预借提单。

（5）过期提单（Stale B/L）。

过期提单指出口商取得提单后未能及时到银行，或过了银行规定的交单期限未议付而形成的提单。

过期提单的另外一种情形是：出口商向银行交单结汇的日期与装船开航的日期距离过久，以致无法于船到目的地以前送达目的港收货人的提单。提单晚于货物达到目的港的情形通常发生在近洋贸易中，因此近洋贸易合同中常常规定有“过期提单也可接受”的条款（Stale B/L is Acceptance）。

（三）海运提单记载的内容

国际贸易中，通常使用班轮运输提单，其记载事项有正面内容和背面条款两部分。

1. 正面内容

提单正面通常都记载了有关货物和货物运输的事项，大部分国内立法和国际条约对提单内容的规定基本相同。正面内容通常包括关于货物的描述、关于当事人的事项、关于运输事项、关于提单的签发、关于运费和其他应付给承运人的费用的记载等必要记载事项。除必要记载的事项外，如承运人与托运人协议，同意将货物装于舱面；或约定承运人在目的港交付货物的日期；或同意提高承运人的责任限额；或同意扩大承运人的责任；或同意放弃承运人的某些免责；或其他有关法律规定的事项等，都应在提单正面载明。

2. 背面条款

提单的背面印有各种条款，一般分为两类，一类属于强制性条款，其内容不能违背有关国家的海商法规、国际公约或港口惯例的规定，违反或不符合这些规定的条款是无效的；一类是任意性条款，即上述法规、公约和惯例没有明确规定，允许承运人自行拟订的条款。所有这些条款都是表明承运人与托运人以及其他关系人之间承运货物的权利、义务、责任与免责的条款，是解决他们之间争议的依据。

任务二　了解其他货物运输方式

一、航空运输

航空运输（Air Transportation），又称飞机运输，主要是利用飞机进行现代化货物运输的一种方式。航空运输，包括国内航空运输和国际航空运输，国际贸易中的航空运输专指国际航空运输。

航空运输方式主要有：班机运输（Scheduled Air-line）、包机运输（Chartered Carrier）、集中托运（Consolidation）和急件传递（Air Express）等方式。

二、铁路运输

（一）铁路运输的分类

铁路运输（Railway Transportation）分为国际铁路货物联运和国内铁路运输两种运输方式。

（1）国际铁路货物联运是指两个或两个以上国家，按照协定，利用各自的铁路，联合起来完成一票货物的全程运输的方式。它使用一份统一的国际联运票据，不需要发货人和收货人参加，而由铁路部门负责办理铁路全程运送货物的运输方式。

（2）国内铁路运输是指仅在本国范围内，按国内铁路部门的货物运输规程、规则和计价来办理的货物运输。它是我国运输网络中的骨干和国民经济体系中的大动脉，联系着工业和农业、城市和乡村、内地和沿海。

（二）我国国际铁路运输的分类

1. 国际铁路联运

我国通往欧洲的国际铁路联运线有两条：一条是利用俄罗斯的西伯利亚大陆桥贯通中东、欧洲各国；另一条是由江苏连云港经新疆与哈萨克斯坦铁路连接，贯通俄罗斯、波兰、德国至荷兰的鹿特丹。后者被称为新亚欧大陆桥，运程比海运缩短 9 000 公里，比经由西伯利亚大陆桥缩短 3 000 公里，进一步推动了我国与欧亚各国的经贸往来，也促进了我国沿线地区的经济发展。

2. 对港澳地区的铁路运输

对港澳地区的铁路运输按国内铁路运输办理，但又不同于一般的国内运输，是一种特殊的国内铁路运输方式。对香港地区的货物运输由内地装车至深圳中转和香港卸车交货，为两票联运，由外运公司签发“货物承运收据”。由于香港特别行政区系自由港，托运货物在内地和香港间进出，需要办理进出口报关手续。对澳门地区的铁路运输，是先将货物运抵广州南站再转船运至澳门再转交收货人。

三、公路运输

公路运输（Road Transportation）是一种比较灵活、方便的运输方式。它除了适用于车站、港口、机场集散进出口货物外，还适用于邻国之间的进出口货物运输。我国同越南、朝鲜、尼泊尔、缅甸等邻国都有公路相连通，我国同这些国家的贸易往来都可以经由国境公路运输。

四、邮政运输

邮政运输（Parcel Post Transport），又称邮包运输，是一种很简单的运输方式。买卖双方商定采用此种运输方式时，卖方只要根据买卖合同规定的条件，遵守邮政局的有关规定，向邮局办理商品包裹投寄手续，并取得邮包收据，即完成了交货的义务。

五、国际多式联运

国际多式联运（International Multimodal Transportation）是根据一个多式联运合同，采用两种或两种以上的运输方式，由国际多式联运经营人把货物从一国境内接管货物地点运到另一国境内指定交付货物地点的运输方式。运输包括海运与空运联运、海运与铁路联运、海运与汽运联运等。这些都是国际多式联运方式的具体形式，占据国际货物运输中相当大的运输货量。

六、集装箱运输

海运集装箱运输（Container Transportation）是一种将零散的货物合并装入具有一定规格和强度的专为周转使用的大型货箱进行运输的现代化运输方式。集装箱运输扩大了运输单元，而这种单元又具有一定的规格和强度，容易组织标准化的装卸、交接和联运。从而提高了装卸效率，减轻了劳动强度，提高了货物运输质量，加速了车船的周转，使之具有件杂货运输无法相比的优越性。这种方式在短短的 20 多年间，就基本取代了件杂货班轮运输。

任务三　掌握进出口贸易合同中的装运条款

一、装运时间

装运时间（Time of Shipment）又称装运期，是指卖方将合同规定的货物装上运输工具或交给承运人的期限。严格来讲，装运时间与交货时间（Time of Delivery）并非同一概念，在以其他贸易术语如 EXW、DDP 等达成的实际交货合同中，“装运”与“交货”是完全不同的，两者不能相互替代。

装运期的理解上日趋多样化，对于“Loading on Board Vessel 装箱”“Dispatch 发运”“Accepted for Carriage 收妥待运”“Date of Port Receipt 邮局收据日期”“Date of Pick-up 收货期”等均理解为装运日期。

（一）装运时间的规定方法

实际业务中，通常规定装运时间的方法主要有：

（1）规定某月装运。例如：Shipment during March 2016.

（2）规定跨月装运。例如：Shipment during Feb./Mar.2016.

（3）规定在某月月底或某日前装运。例如：Shipment at or before the and of May 2016; Shipment on or before July 15th, 2016. 该方法的特点是期限具体，含义明确，双方不易发生纠纷，在实际业务中使用得较普遍。

（4）规定在收到信用证后若干天内装运。例如：Shipment within 45 days after receipt of L/C. 在采用这种装运期规定时，必须同时规定有关信用证开到的期限。

在合同中，应尽量避免采用近期装运的表示方式，如“立即装运”（Immediate Shipment），“尽快装运”（Shipment as Soon as Possible），“即刻装运”（Prompt Shipment）等。如使用此类词语，银行将不予置理。

（二）规定装运时间的注意事项

（1）应充分考虑货源的供应与需求情况。

（2）应充分考虑运输方面如自身运力情况、市场船源供求状况、航线情况、港口作业条件等因素。

（3）注意与信用证有效期之间的间隔，为了便于装运交货后有余期交单结汇，装运期与 L/C 有效期应留有合理间隔时间，一般规定 L/C 有效期比装运期长半个月左右。

（4）应考虑装卸地的具体情况和气候条件。

二、装运港和目的港

装运港（Port of Shipment）是指货物起始装运的港口，目的港（Port of Destination）是指最终卸货的港口。

1. 装运港和目的港的规定方法

（1）规定一个装运港和一个目的港。

例如：Port of shipment：Xiamen.

Port of destination：New York.

（2）规定两个或两个以上的装运港和目的港。

例如：Port of shipment：Qingdao and Shanghai.

Port of destination：London/Liverpool.

（3）笼统规定。

例如：Port of shipment：China ports.

Port of destination：U.K. Ports.

（4）采用选择港（Optional Ports）。

例如：CIF London/Hamburg/Rotterdam optional，即允许收货人在预先提出的两个或两个以上的卸货港中任选一个。

2. 规定装运港或目的港应注意的问题

（1）装运港和目的港的规定要明确具体。在业务中不宜接受诸如“欧洲主要港口”或“非洲主要港口”作为装运或目的港。

（2）不能接受内陆城市为装运港或目的港的条件。

（3）注意装卸港口的装卸条件。

（4）注意国外港口有无重名的情况。在买卖合同中，要明确写明装运港或目的港所在国家或地区名称。

（5）选择港的规定不宜过多，一般不超过 3 个，而且这些选择港必须在同一航区、同一航线上。

三、分批装运和转运

1. 分批装运

分批装运（Partial Shipment）是指一笔成交的货物，分若干批次装运。在大宗货物交易中，买卖双方根据交货数量、运输条件和市场销售需要等因素，可在合同中规定分批装运条款。

分批装运的方法主要有两种：其一，只规定允许分批装运，未规定分批的具体时间、批次及数量；例如“允许分批装运”（Partial Shipments Allowed）这种做法有利于卖方。其二，既规定允许分批装运，又规定分批的具体时间、批次及数量。例如 2 月至 6 月份分五批每月等额装运（Shipment During Feb/June in Five Equal Monthly Lots）这种规定有利于买方，给予卖方机动余地小，只要其中任何一批未按时按量装运均构成卖方违约。

2. 转运

转运（Transshipment）或转船是指货物自装运港运至目的港的过程中，从一运输工具转移到另一运输工具上，或是有一种运输方式转为另一种运输方式的行为。如没有直达船或一时无合适的船舶运输，则需通过中途港转运。

3. 关于分批装运和转运的国际惯例

（1）在合同中，如没有规定允许分批装运或转运，不同国家的法律有不同的解释，所以应在合同中明确规定。

（2）根据《UCP600》，除非信用证明示不准分批装运和转运，卖方即有权分批装运和转运。

（3）如果信用证中规定了每批装运时间和数量，若其中任何一期未按规定装运，则本期及以后各期信用证均失效。

（4）根据《UCP600》，运输单据表面注明同一运输工具、同一航次、同一目的地的多次装运，即使其表面上注明不同的装运日期及/或不同的装运港、接受监管地或发运地，将不视作分批装运。

项目十

办理进出口贸易货物运输保险业务

知识目标

1. 了解海上货物运输保险承保的范围。
2. 掌握我国海洋货物运输保险条款的基本内容及其与伦敦保险协会货物条款的异同。

能力目标

1. 能够熟练订立进出口贸易合同中的保险条款。
2. 能够熟练办理各类货物运输的保险手续。

在进出口贸易中，货物往往需要经过长途运输，在运输、装卸、存储过程中，可能会遇到各种风险而遭受损失，为了使货物在遭受损失时能得到一定的经济补偿，买方或卖方一般都要向保险公司投保货物运输险。

国际贸易货物的运输保险，是指投保人（或被保险人）在货物装运前，按照一定的投保金额，向承保人（或被保险人）投保一定的险别。投保人按照一定的保险金额、投保险别及保险费率向承保人缴纳保险费并取得保险凭证。承保人对被保险货物在运输途中遭受的承保范围内的损失，按投保金额及损失程度给予一定的经济补偿。

任务一　了解海上货物运输保险承保的范围

海上货物运输风险很大，保险公司为了保证外贸业务的正常开展，根据海上运输的特点设置海运货物保险承保的范围，包括保障的风险、损失和费用。

一、海运货物保险保障的风险

保险公司对于海上货物运输保险承保的风险有海上风险和外来风险两种。

1. 海上风险

海上风险（Perils of Sea or Maritime Perils）又称海难，是运输过程中发生的自然灾害和意外事故。

（1）自然灾害（Natural Calamities），指不以人的意志为转移的自然力量所引起的灾害。如恶劣气候、雷电、海啸、洪水、火山爆发、浪击落海等人力不可抗拒的力量所造成的灾害。

（2）意外事故（Fortuitous Accidents），指由于偶然的、难以预料的原因造成的事故。如运输工具搁浅、触礁、沉没，与流冰或其他物体碰撞、互撞、失火、爆炸等造成的货物损失。

2. 外来风险

外来风险（Extraneous Risks）是指海上风险以外的其他外来原因所造成的风险，外来风险可以分为一般外来风险和特殊外来风险两种。

（1）一般外来风险（General Extraneous Risks），是指保险货物在运输途中由于偷窃提货不着、雨淋、短量、沾污、破碎、受潮受热、串味、生锈、钩损等一般外来原因引起的风险。

（2）特殊外来风险（Special Extraneous Risks），是指运输过程中由于军事、政治、国家政策法令及行政措施等外来特殊原因造成的风险与损失。

二、海运货物保险保障的损失

海上损失是指被保险货物在海上运输过程中，因遭受海上风险而产生的损失或灭失。根据各国保险业的习惯，凡与海上运输相连接的陆上或内河运输中所发生的损失也属海上损失。按损失程度的不同，海上损失可分为全部损失和部分损失。

1. 全部损失

全部损失（Total Loss）又称全损，指整批或不可分割的一批被保险货物在运输途中全部遭受损失，根据情况不同，又可以分为实际全损和推定全损。

（1）实际全损（Actual Total Loss），指保险标的物已经完全灭失，或受到严重破坏，已经完全失去原有的形体、效用，或被保险人对货物的所有权丧失。例如，载货船舶失踪，经过相当长时间（例如 2 个月）仍然无音信，可被视为实际全损。

（2）推定全损（Constructive Total Loss），指被保险货物在运输途中受损后，实际全损已经不可避免，或为避免实际全损所需要支付的费用与继续将货物运抵目的地的费用之和超过保险价值。被保险货物发生推定全损时，被保险人可以要求保险公司按部分损失赔偿，也可以经保险公司审核同意的情况下进行委付。委付指被保险人将保险标的的一切权利与义务转让给保险公司，保险公司按全部损失进行赔偿。

2. 部分损失

按其损失（Partial Loss）的性质不同，可以分为共同海损与单独海损。

（1）共同海损（General Average），指载货的船舶在海运途中遭到自然灾害或意外事故，船长为解除船货的共同风险或为了使航行能够继续，有意地、合理地、人为地做出牺牲，或采取其他救难措施所带来的损失和额外的费用。例如，暴风雨把部分货物卷入海中，使船身发生严重倾斜，如果不及时采取措施，船货会全部沉入大海，这时船长下令扔掉部分货物以维持船身平衡，这部分牺牲就属于共同海损。

构成共同海损，必须具备四个条件：

第一，危险是共同的，并且是真实存在或不可避免地发生的；

第二，是人为的、有意的、合理的措施造成的牺牲和费用；

第三，损失是属于非常情况下的，支出的费用是额外的，是为了解除危险，而不是危险直接造成的；

第四，牺牲和费用的支出最终必须是有效的。

根据惯例，共同海损牺牲和费用应由受益方，即船方、货方、运费方三方最后按获救价值的比例进行分摊。所以必须有获救方，才能实现共同海损分摊（General Average Contribution）。

课内讨论 10-1

某货轮从厦门港驶往新加坡，在航行途中船舶货舱起火，大火蔓延到机舱，船长为了船货的共同安全，决定采取紧急措施，往舱中灌水灭火。火虽被扑灭，但由于主机受损，无法继续航行，于是船长决定雇用拖轮将货船拖回厦门修理，检修后重新驶往新加坡。事后调查，这次事件造成的损失有：① 1 000 箱货物被火烧毁；② 600 箱由于灌水灭火而受到损失；③ 主机和部分甲板被烧坏；④ 拖轮费用；⑤ 额外增加的燃料和船长、船员工资。从上述各项损失的性质看，哪些属单独海损，哪些属共同海损?

（2）单独海损（Particular Average），指涉及船舶或货物所有人单方面的利益的损失。

它与共同海损的区别：一是造成海损的原因不同，单独海损是承保风险所直接导致的船、货损失；共同海损是为了解除船货共同风险而人为采取的合理措施而造成的损失。二是海损的承担者不一样，单独海损由受损方自行承担；共同海损由受益各方按受益大小的比例共同分摊。

课内讨论 10-2

有一货轮在航行中与流冰相撞，船身一侧裂口，海水涌进，舱内部分货物遭浸泡。船长不得不将船驶上浅滩，进行排水，修补裂口，而后为了浮起，又将部分笨重货物抛入海中。问这一连串的损失都是单独海损吗?

三、海运货物保险保障的费用

海上费用是指由海上风险造成的保险人承保的费用损失，包括施救费用和救助费用。

（1）施救费用（Sue and Labor Charges），指保险货物遭受保险责任范围内的自然灾害和意外事故时，被保险人或其他代理人、雇用人员和受让人等为抢救被保险货物，防止损失继续扩大而采取措施所支付的费用。这种费用由保险公司负责赔偿。

（2）救助费用（Salvage Charges），指保险标的在运输途中遇到承保范围内的灾害事故时，有保险人和被保险人以外的无契约关系的第三者采取救助措施而向第三者支付的报酬。保险人负责赔偿救助费用，但是要求救助成功。

任务二　掌握我国海洋货物运输保险的险别

海洋运输货物保险条款是指保险人或保险公司在其保险单内所载明的，明确规定投保人与保险人之间的权利与义务，即赔偿的责任范围、除外责任、保险期限及其他有关事项的条款。所谓险别，是保险公司按不同情况所规定的不同的保险范围，它是保险人承保责任大小、被保险人缴付保险费多少的依据。

为了适应对外贸易的发展，各国都设有国际运输货物保险机构，并制定了相应的保险条款。中国人民保险公司根据我国保险工作的实际情况，并参照国际保险市场的习惯做法，分别制订了海洋、陆上、航空及邮包运输方式的货物运输保险条款，以及适用于以上四种运输方式货物保险的附加条款，称为中国保险条款（China Insurance Clauses，CIC）在上述各种运输方式的货物保险中，海运货物保险的险种最多。

我国海洋运输货物保险的险别，按照是否能单独投保分为基本险和附加险两类。基本险所承保的主要是自然灾害和意外事故所造成的货物损失或费用，附加险承保的是其他外来风险所造成的损失和费用。

一、基本险

基本险有三类，即平安险、水渍险、一切险。

（1）平安险（Free from Particular Average，F.P.A）的承保范围有以下几项：

① 在海运途中，运输工具遇到自然灾害造成的被保险货物的全部损失；

② 在海运途中，运输工具遭到意外事故造成的被保险货物的全部损失或部分损失；

③ 运输工具已经发生意外事故的情况下，货物在此前后又在海上遭受自然灾害所造成的部分损失；

④ 在装卸或转运时由于一件或数件甚至整批货物落海所造成的全部或部分损失；

⑤ 被保险人对遭受承保责任内危险的货物采取抢救、防止或减少货损的措施所支付的合理费用，但以不超过该批被毁货物的保险金额为限；

⑥ 运输工具遭遇海难后，在避难港由于卸货而引起的损失以及在中途港或避难港由于卸货、存舱和运送货物所产生的特殊费用；

⑦ 共同海损的牺牲、分摊和救助费；

⑧ 运输契约中订有“船舶互撞条款”，按规定，应由货方偿还船方的损失。

（2）水渍险（With Average 或 With Particular Average，W.A 或 W.P.A）。

承保范围包括平安险，再加上被保险货物由于恶劣气候、雷电、海啸、地震等自然灾害所造成的部分损失。

课内讨论 10-3

我方对澳大利亚出口棉布 100 包，按合同规定加一成投保水渍险。货在运输途中船舱内食用水管漏水，致使该批棉布中的 30 包浸有水渍。问对此损失应该向保险公司索赔还是向船舶公司索赔？

（3）一切险（All Risks）。

承保范围包括水渍险外，还负责被保险货物在运输途中由于一般外来风险造成的全部或部分损失。

上述三种基本险的除外责任有：

① 被保险人的故意行为或过失所造成的损失；

② 属于发货人的责任所引起的损失；

③ 在保险责任开始承担前，被保险货物已存在的品质不良或数量短差所造成的损失；
④ 被保险货物的自然损耗，本质缺陷，特征及市价跌落，运输延迟所引起的损失或费用；
⑤ 战争险条款和罢工险条款所规定的责任范围和除外责任。

二、附加险

附加险不能单独投保，必须依附于基本险项下，附加险可以分为一般附加险和特殊附加险两种。

1. 一般附加险

一般附加险（General Additional Risks）包括偷窃提货不着险、淡水雨淋险、串味险、碰损破碎险、短量险、混杂沾污险、受潮受热险、包装破裂险、锈损险、渗漏险、钩损险 11 种险别。一般附加险均包括在一切险范围内。

2. 特殊附加险

特殊附加险（Special Additional Risks）包括战争险、罢工险、交货不到险、进口关税险、舱面险、拒收险、黄曲霉素险和出口到港澳存舱火险 8 种。

三、承保责任的起讫期限

1. 基本险的责任起讫期限

我国海运货物保险责任的起讫主要是遵循"仓至仓"条款（Warehouse to Warehouse Clause，W/W Clause），即保险责任自被保险货物运离保险单所载明的起讫地仓库或储存所开始，到该货物抵达保险单所载明的目的地收货人的最后仓库或储存所或被保险人用作分配、分派或非正常运输的其他储存所为止。假如货物迟迟不抵达保险所载明的目的地收货人的仓库或储存所，则以被保险货物在最后卸货港全部卸离海轮后 60 天为止。如在上述 60 天内被保险货物需转运运至非保险单所载明的目的地时，则以该项货物开始转运时终止。

2. 海运战争险的责任起讫期限

在中国保险条款中，战争险的承保责任以水上风险为限；即自货物在起运港装上海轮或驳船时开始，直到目的港卸离海轮或驳船时为止。如不卸离，则从海轮到达目的港当日午夜起算满 15 天为止。如果在中途港转船，不论货物在当地是否卸离，保险责任以海轮到达该港或卸货地点的当日午夜起算 15 天为止，到再装上海轮时保险责任恢复有效。

任务三　了解英国伦敦保险协会的货物保险条款

伦敦保险协会是国际上有国际上有较大影响的保险机构，其制定的《伦敦货物条款》（Institute Cargo Clauses，ICC）在世界各国有着广泛的影响。

一、伦敦保险协会海运货物保险条款的种类

（1）协会货物（A）险条款［Institute Cargo Clauses A，简称 ICC（A）］；
（2）协会货物（B）险条款［Institute Cargo Clauses B，简称 ICC（B）］；
（3）协会货物（C）险条款［Institute Cargo Clauses C，简称 ICC（C）］；
（4）协会货物战争险条款［Institute War Clauses-Cargo］；

（5）协会货物罢工险条款［Institute Strikes Clauses-Cargo］；

（6）恶意损害险条款［Malicious Damage Clauses］。

二、协会货物保险主要险别的承保风险与除外责任

1. ICC（A）险的承保风险与除外责任

ICC（A）险大体相当于中国人民保险公司所规定的一切险，其责任范围最广，故协会货物条款采用承保“除外责任”之外的一切风险的概括式规定办法，即除了“其他责任”项下所列风险保险人不予负责外，其他风险均予负责。

ICC（A）险的除外责任包括以下几个方面：

（1）一般除外责任。

如归因于被保险人故意的不法行为造成的损失或费用；自然渗漏、重量或容量的自然损耗或自然磨损；包装或准备不足或不当所造成的损失或费用；保险标的的内在缺陷或特性所造成的损失或费用；直接由于迟延所引起的损失或费用；由于船舶所有人、经理人、租船人或经营破产或不履行债务造成的损失或费用；由于使用任何原子或热核武器所造成的损失或费用。

（2）不适航和不适货除外责任。

指在装船时，如被保险人或其受雇人已经知道船舶不适航，以及船舶、装运工具、集装箱等不适货，保险人不负赔偿责任。

（3）战争除外责任。

指由于战争、内战、敌对行为等造成的损失或费用；由于捕获、拘留、扣留等（海盗除外）所造成的损失或费用；由于漂流水雷、鱼雷等造成的损失或费用。

（4）罢工除外责任。

指由于罢工者、被迫停工工人等造成的损失或费用；任何恐怖主义者或出于政治动机而行动的人所造成的损失或费用。

ICC（A）的除外责任不包括“海盗行为”和“恶意损害条款”，即ICC（A）对海盗行为和恶意损害造成的损失负保险责任。

2. ICC（B）险的承保风险与除外责任

ICC（B）险大体相当于中国人民保险公司所规定的水渍险，它比ICC（A）险的责任范围小，故采用承保“除外责任”之外列明风险的办法，即将其承保的风险一一列举出来。这种规定办法，既便于投保人选择投保适当的险别，又便于保险人处理损害赔偿。ICC（B）险具体承保的风险包括：

（1）灭失或损害合理归因于下列原因者：火灾、爆炸；船舶或驳船触礁、搁浅、沉没或倾覆；陆上运输工具倾覆或出轨；船舶、驳船或运输工具同水以外的外界物体碰撞；在避难港卸货；地震、火山爆发、雷电。

（2）灭失或损害由于下列原因造成者：共同海损牺牲；抛货；浪击落海；海水、湖水或河水进入船舶、驳船、运输工具、集装箱、大型海运箱或贮存处所；货物在装卸时落海或摔落造成整件的全损。

在除外责任方面ICC（B）对海盗行为和恶意损害不负保险责任，其余均与ICC（A）的除外责任相同。

3. ICC（C）险的承保风险与除外责任

ICC（C）险的承保风险较ICC（A）险和ICC（B）险都小得多，它仅承保“重大意外事故”的风险，而不承保自然灾害及非重大意外事故的风险。

ICC（C）险具体承保风险如下：

（1）灭失或损害合理归因于下列原因者：火灾、爆炸；船舶或驳船触礁、搁浅、沉没或倾覆；陆上运输工具倾覆或出轨；在避难港卸货。

（2）灭失或损害由于下列原因所造成者：共同海损牺牲；抛货。

ICC（C）险的除外责任与ICC（B）险完全相同。

任务四　了解其他运输方式的保险

一、陆运货物保险

根据中国人民保险公司1981年1月1日修订的《陆上运输货物保险条款》（Overland Transportation Cargo Insurance Clauses）的规定，基本险别有陆运险（Overland Transportation Risks）和陆运一切险（Overland Transportation All Risks），前者与海运保险的“水渍险”相似，后者与海运保险的“一切险”相似。此外，还有陆上运输冷藏货物险，它具有基本险的性质，附加险有一般附加险和战争险等特殊附加险。

陆上运输货物保险的责任起讫原则上遵循“仓至仓”条款。陆运战争险目前仅限于火车运输，承保责任起讫与海运战争险相似，以货物置于运输工具时为限。

二、空运货物保险

根据中国人民保险公司1981年1月1日修订的《航空运输货物保险条款》（Air Transportation Cargo Insurance Clauses）规定：航空运输货物保险的基本险别有航空运输险（Air Transportation Risks）和航空运输一切险（Air Transportation All Risks）。前者类似于海运“水渍险”，后者类似于海运“一切险”。附加险有一般附加险和航空运输货物战争险等特殊的附加险。

航空运输货物保险承保责任起讫原则上遵循“仓至仓”条款，与海运“仓至仓”条款的区别是：如货物运达保险单所载明目的地而未运抵保险单所载明收货人仓库或储存所，则以被保险货物在最后卸载地卸离飞机后满30天，保险责任即告终止。如在上述30天内被保险货物需转送到非保险单所载明的目的地时，则以该项货物开始转运时终止。航空运输战争险的责任期限，自被保险货物装上保险单所载明的启运地的飞机开始，到卸离保险单所载明的目的地飞机时为止。

三、邮包运输保险

根据中国人民保险公司1981年1月1日修订的《邮包保险条款》（Parcel Insurance Clauses）规定，基本险有邮包险（Parcel Post Risks）和邮包一切险（Parcel Post All Risks），前者类似于海运“水渍险”，后者类似于海运“一切险”。附加险有一般附加险和邮包战争险等特殊附加险。

邮包运输保险的责任起讫原则上是：自被保险邮包离开保险单所载明起运地寄件人处所运往邮局时开始生效，直至被保险邮包运达保险单所载明的目的地邮局发出通知书给收件人当日午夜为止，但在此期限内，邮包一经递交至收件人处所时，保险责任即告终止。邮包战争险承保责任起讫是：自被保险邮包经邮政机构收讫后自储存处所开始运送时生效，至该项邮包运达保险单所载明的目的地邮政机构送交收件人为止。

任务五　掌握办理进出口贸易货物运输保险程序

一、订立进出口贸易合同中的保险条款

在进出口贸易合同中，保险条款是一个重要的内容，如何订立，应取决于买卖双方在合同中所采用的贸易术语。

1. 规定由买方办理保险手续

例如以 FOB、CFR 或 FCA、CPT 术语成交，合同中的保险条款可订为：

"保险由买方办理。"

"Insurance is to be covered by Buyers."

2. 规定由卖方办理保险手续

以 CIF 或 CIP 术语成交，条款内容要明确由卖方办理保险，保险险别是什么，保险金额是多少，受何种保险条款的约束以及保险条款的生效日期等。如合同中的保险条款可定为：

"由卖方按发票金额的 110%投保一切险和战争险，按 1981 年 1 月 1 日中国人民保险公司海洋货物运输保险条款负责。"

"Insurance is to be covered by the sellers for 110% of the Invoice Value against All Risks and War Risk as per Ocean Marine Cargo Clauses of the People's Insurance Company of China dated Jan.1，1981."

二、正确选择投保险别

根据《2010 年国际贸易术语解释通则》，按 CIF 或 CIP 术语成交，由卖方办理货运保险手续、支付保险费。买卖双方约定的险别通常为平安险、水渍险、一切险三种基本险别中的一种，还可在此基础上加保一种或若干种附加险。在买卖双方未约定投保险别的情况下，按惯例，卖方可投保保险公司承保责任范围最小的险别。

三、保险金额的确定和保险费的计算

保险金额（Insured Amount），也可以称为投保金额，是指被保险人向保险公司投保的金额，也是保险公司承担的最高赔偿金额，还是计算保险费的基础。保险金额一般应由买卖双方经过协商确定。按 CIF 或 CIP 术语成交，买卖双方应该在合同中约定保险金额，如未约定，按惯例，保险金额通常按 CIF 或 CIP 总值加成 10%计算。加成的 10%是作为买方的经营管理费用和预期利润。保险金额的计算公式如下：

保险金额=CIF 总值（或 CIP）×（1+投保加成率）

保险费是保险公司经营业务的基本收入，是保险合同生效的前提条件。保险费的计算公

式如下：

保险费=保险金额×保险费率

保险费率是按照不同货物、不同目的地、不同运输工具和保险险别由保险公司根据货物损失率和赔付率，并在此基础上，参照国际保险费水平，结合我国的情况制定的。

课内训练 10-1

某进出口公司按 CIF 条件出口食糖一批，CIF 总值为 5 000 美元，按发票金额加成 10% 投保一切险、战争险，应付保险费多少？（一切险费率为 0.3%，战争险费率为 0.04%）

四、保险单证的填写

保险单证既是保险公司对被保险人的承保证明，也是保险公司和被保险人之间的保险契约，它具体规定了保险公司和被保险人的权利和义务。在被保险货物遭受损失时，保险单证是被保险人索赔的依据，也是保险公司理赔的主要依据。在国际贸易中，保险单证是可以转让的。常用的保险单证有以下几种。

1. 保险单

保险单（Insurance Policy），又称“大保单”，是投保人与保险公司之间订立的正式的保险合同。它除了正面载明证明双方当事人建立保险关系的文字、被保险货物的情况、承保险别、理赔地点以及保险公司关于所保货物如遇险可凭本保险单及有关证件给付赔款的声明等内容外，在背面还对保险人和被保险人的权利和义务做了规定。

2. 保险凭证

保险凭证（Insurance Certificate），俗称“小保单”，是一种简化了的保险合同，它与正式的保险单具有同样的效力。保险凭证只有正面的内容，无背面条款，但其一般标明按照正式保险单上所载保险条款办理。

3. 联合凭证

联合凭证（Combined Certificate），又可称为“联合发票”，是一种将发票和保险单相结合的比保险凭证更为简化的保险单证。通常是保险公司在商业发票上加盖保险章，并注明投保险别、保险金额及船名航次等内容。这种单证只有我国采用，并且仅适用于对港、澳地区的出口业务。

4. 预约保险单

预约保险单（Open Policy），又称为“开口保险单”，是经常有相同类型货物需要陆续分批装运时所采用的一种保险单。严格地讲，它是一种没有总保险金额限制的预约保险总合同，是保险人对被保险人将要装运的属于约定范围内的一切货物负自动承保责任的总合同。在我国，预约保险单常用于进口业务中。

五、保险索赔

如果被保险的货物在保险责任有效期内发生属于保险责任范围内的损失，被保险人可向保险公司提出索赔。索赔时，被保险人应注意以下几点。

1. 分清责任

被保险人在发现被保险的货物遭受损失后，首先应分清责任，并向有关责任方提出索赔。比如，被保险人或其代理人在提货时发现货物包装有明显的受损痕迹，或整件短少或散舱货物已经残损，除向保险公司报损外，还应立即向承运人、海关、港务当局等索取货损货差证明，及时向有关责任方提出索赔，并保留追偿的权利，必要时还要申请延长索赔时效。

2. 及时通知保险公司

当被保险人获悉被保险货物已遭受损失，并确定属于保险公司的承保责任范围，应立即通如保险公司，以便保险公司在接到损失通知后采取相应的措施。

3. 采取合理的施救措施

被保险货物受损后，被保险人应对受损的货物采取相应的施救、整理措施，以防止损失的扩大，由此而产生的施救费用，由保险公司负责赔偿，但以不超过该批被救货物的保险金额为限。

4. 备妥索赔的依据

被保险人在办理保险索赔时，一定要备妥索赔的依据，否则会使索赔的过程复杂化。索赔时通常需提交的单证有：

（1）保险单或保险凭证正本；

（2）运输单据；

（3）发票；

（4）装箱单、重量单；

（5）第三责任方请求赔偿的函电或其他凭证；

（6）检验报告；

（7）海事报告摘录；

（8）货损、货差证明；

（9）索赔清单。

项目十一

办理进出口商品的报检与报关

知识目标

1. 了解进出口报检、报关的概念，理解报检与报关工作中的主要内容。
2. 掌握报检与报关工作的具体程序。

能力目标

1. 能够熟悉进出口货物检验和报关的基本流程。
2. 能够合理订立进出口贸易合同中的检验条款。

任务一　掌握办理进出口商品报检的程序

一、进出口商品检验检疫的概述

进出口商品检验检疫是进出口贸易合同的重要内容之一。在进出口贸易中，买卖双方分别在两个国家（地区），一般不当面交接商品，又因货物需经长途运输和多次装卸，也可能发生牵涉到承运人、保险公司或装卸部门的责任问题。为了避免不必要的纠纷，长期以来，形成了一种习惯做法，即由第三者出面对进出口货物进行有关方面的检验并出具相应的检验证书，即进出口货物的检验检疫。

（一）检验权

各国法律和《联合国国际货物销售合同公约》都对买方的检验权做出了相似的规定：除非合同另有规定。当卖方履行交货义务以后，买方有权对货物进行检验，如发现货物与合同不符，而且确属于卖方责任的，买方有权要求卖方予以损害赔偿等补救措施甚至拒收货物。但是买方对货物的检验权并不是对货物接收的前提条件，买方对收到货物可以进行检验，也可以不进行检验，假如买方没有利用合理的机会对货物进行检验，就是放弃了检验权，也就丧失了拒收货物的权利。

（二）检验时间和地点

检验的时间和地点主要指由哪方行使货物检验权、以哪方提供的检验证书为准的问题。这部分的合同条款需要经双方商议决定。规定检验的时间和地点主要有以下三种。

1. 在出口国检验

此种方法包括工厂检验（产地检验）和装船时检验两种。

（1）工厂检验（产地检验）。

工厂检验（产地检验）是指进出口商品生产工厂的检验人员或合同约定的买方检验人员在货物离厂前对货物的质量、数量、等级、包装等实施检验。由卖方承担货物离厂前的责任。

（2）装船前或装船时检验。

装船前的检验是指货物装船前或装船时由约定的检验机构，出具检验证明，并以此作为交货品质和重量的最后依据。即离岸品质和重量（Shipping Quality & Weight）。采用这种方法，卖方取得检验证书，标明所交货物的品质和重量与合同规定相符，买方无复验权。可见，此种方法对卖方有利。

2. 在进口国检验

此种方法包括目的港卸货时检验和用货所在地检验两种。

（1）目的港卸货时检验。

目的港卸货时检验是指卸货时由约定的检验机构对货物的质量、数量等实施检验，出具检验证明，并以此作为卖方交货品质和重量的最后依据。即到岸品质和重量（Landed Quality & Weight）。若卸货时发现货物品质和重量与合同规定不符，卖方要承担责任。可见，此种方法对买方有利。

（2）用户所在地检验。

用户所在地检验是指货物的品质和重量是以用户所在地的检验结果为准。

3. 出口国检验、进口国复验

按照国际惯例，进出口货物检验的时间和地点一般是以装运港的商检证书作为议付货款的依据，货到目的港后，买方有复验权。按此规定，货物需于装运前由装运港的商检机构进行检验，其检验证书作为卖方向银行议付货款时提交的单证之一。运抵目的港卸货后，买方有复验权。如经复验后，发现货物不符合合同的规定，并证明这种不符情况不属于承运人或保险公司的责任范围，而是卖方交货时就已存在，买方可凭复验证书向卖方提出异议和索赔。这种做法，已为世界上绝大多数国家所采用，它较好地体现了国际贸易平等互利的原则。

（三） 检验机构

商品检验机构是指根据客户的委托或有关法律、法规的规定对出入境商品进行检验、鉴定和管理的机构，简称商检机构。

1. 国际上的商检机构

世界上的检验机构众多，有的属于综合性的，有的属于专业性的，有的是国家设立的，有的是属于半官方的，还有民间机构。官方商检机构有美国食品与药品管理局（Food and Drug Administration，FDA）、法国国家实验检测中心、日本通商省检验所等。半官方机构是由一些非营利性机构组织或其他机构设立的具有授权性质的检验机构，比如美国担保人实验室。民间机构中比较著名的有瑞士日内瓦通用鉴定公司（SGS）等。

2. 我国的商检机构

我国的商检机构为中华人民共和国质量监督与检验检疫总局（以下简称国家质检总局）。国家质检总局主要对法定检验商品实施检验与监督管理，以及免检审批；对非法定检验商品实施抽检；对其他机构的检验、鉴定工作实施管理活动；负责进出口商品一般原产地证与普惠制签证活动以及其他法律规定的工作。

（四）检验证书

商品检验证书是指商检机构对进出口商品检验、鉴定后，根据不同的检验结果或鉴定项目签发的各种检验证书、鉴定证书和其他证明书的统称。

1. 检验证书的作用

（1）作为证明卖方所交付的货物的品质、数量、重量、包装以及卫生条件等是否符合合同规定的依据。

（2）作为买方对品质、数量、重量、包装等提出异议，拒收货物，进行索赔的凭证。

（3）作为卖方向银行议付货款的单据之一。

（4）作为海关验收货物的有效凭证。

（5）作为证明货物在装卸、运输中的实际状况，明确责任归属的依据。

2. 检验证书的种类

（1）品质检验证书（Inspection Certificate of Quality）。

（2）重量检验证书（Inspection Certificate of Weight）。

（3）数量检验证书（Inspection Certificate of Quantity）。

（4）包装检验证书（Inspection Certificate of Packing）。

（5）兽医检验证书（Veterinary Inspection Certificate）。

（6）卫生检验证书（Sanitary Inspection Certificate）。

（7）消毒检验证书（Disinfecting Inspection Certificate）。

（8）熏蒸检验证书（Inspection Certificate of Fumigation）。

（9）温度检验证书（Certificate of Temperature）。

（10）残损检验证书（Inspection Certificate of Damaged Cargo）。

（11）船舱检验证书（Inspection Certificate on Tank/Hold）。

（12）价值检验证书（Certificate of Value）。

二、进出口商品检验的程序

凡属于法定检验商品或合同规定需要检验的商品，对外贸易关系人均应及时提请检验。我国进出口商品的检验程序主要包括以下四个环节：

（一）报检

报检是指进出口商向商检机构申请检验，填写报验申请单，同时提交合同、信用证、成交样品及其他必要的材料。

1. 出口商品报检

出口商品的报检人填写“出境货物报检单”。凡属于法定检验的商品，以及买卖合同规定由装运港（地）检验的进口商品以及国外政府有要求出口前检验的，报检人必须按报验单的要求填写。报验需要在货物发运前 7 天前发出，如果是生鲜商品应在发运前 3～7 天，如果申请单位不在商检部门所在地，则报检时间为发运前 10～15 天。

2. 进口商品报检

进口商品的报检人填写“入境货物报检单”。凡属于法定检验的商品，以及买卖合同规定由目的港（地）检验的进口商品，以及在进口商品卸货时发现存在残损、短损的，收货人或代理人需要提请检验。“入境货物报验单”需按要求填写，并提交合同、提单的相应单据。报检时间一般为货物达到报检地 3 天以内或合同规定的索赔期限内。

（二）抽样

由商检机构派员主持进行，根据不同的货物形态，采取随机取样方式抽取样品。报验人应提供存货地点情况，并配合商检人员做好抽样工作。

（三）检验

检验部门可以使用从感官到化学分析、仪器分析等各种技术手段，对出口商品进行检验，检验的形式有商检自验、共同检验、驻厂检验和产地检验。

（四）签发证书

商检机构对检验合格的商品签发检验证书，或在“出口货物报关单”上加盖放行章。出口企业在取得检验证书或放行通知单后，在规定的有效期内报运出口。

课内讨论 11-1

我国某企业从美国进口一批工艺品。货物于 2016 年 12 月到达天津，货到后我国公司未经检验就直接将货运至某内陆城市仓库。两个月后，国内客户过来取货时，才发现部分货物受损。我国某企业认为是由于包装不善导致的货物受损，因此要求美国出口商赔偿，并提交了该内陆城市商检机构商检证书。但该要求遭到美国出口商的拒绝。我方欲提请仲裁解决，能否得到仲裁庭的支持？

任务二　掌握办理进出口货物报关的程序

一、进出口货物报关概述

1. 报关的基本概念

报关是指进出口货物的收发货人、进出境运输工具的负责人、进出境物品所有人或者他们的代理人向海关办理货物、物品或交通工具进出境手续及海关事务的过程。报关是履行海关进出境手续的必要环节之一。

2. 报关的具体范围

按照法律规定，所有进出境运输工具、货物、物品都需要办理报关手续。报关的具体范围如下：

（1）进出境运输工具。

进出境运输工具是指用以载用人员、货物、物品进出境，并在国际运营的各种境内或境外船舶、车辆、航空器和驮畜等。

（2）进出境货物。

进出境货物是指一般进出口货物，保税货物，暂准进出境货物，特定减免税货物，过境、转运和通用及其他进出境货物。

（3）进出境物品。

进出境物品是指进出境的行李物品、邮递物品和其他物品。以进出境人员携带、托运等方式进出境的物品为行李物品；以邮递方式进出境的物品为邮递物品；其他物品主要包括享有外交特权和豁免的外国机构或者人员的公务用品和自用物品等。

3. 报关期限

进出口货物的报关期限在《中华人民共和国海关法》中都有详细说明，出入境货物的报关期限并不相同。

（1）出口报关期限。

出口货物的报关期限为货物运抵海关监管区后、装船前24小时前，如果没有在这一规定的期限之前向海关申报，海关可以拒绝接受通关申报。这样，出口货物无法取得报关单证，也就无法装货运输，从而影响运输单据的取得，有可能导致延迟转运。因此，应该及早地向海关办理申报手续，做到准时装运。

（2）进口报关期限。

进口货物的收货人或其代理人应自装载货物的运输工具申报进境之日起 14 日内向海关办理进口货物的通关申报手续。申报期限的最后一天是法定节假日或者休息日的，顺延至法定节假日或休息日后1个工作日。如果在法定的14天内没有向海关办理申报手续，海关将征收滞报金。滞报金的起收日期为运输工具申报进境之日起的15天；转关运输货物为货物运抵指运地之日起的第15天；邮运进口货物为收到邮局通知之日的第15天。截止日期为海关申报之日。滞报金的每日征收率为进口货物到岸价格的0.5%，起征点为人民币10元。计算滞报金的公式为：滞报金总额=货物的到岸价格×滞报天数×0.5‰。

进口货物的收货人自运输工具申报进境之日起超过3个月未向海关申报的，其进口货物由海关提取变卖处理。所得价款需先扣除运输、装卸、存储等费用和税款才得超期未报关货物的变卖余款。变卖余款自货物依法变卖之日起1年内，经收货人申请，予以发还；逾期无人申请或申请人不符合发还条件的，余款上缴国库。确属误卸或者溢卸的进境货物除外。不宜长期保存的货物，海关可以根据实际情况提前变卖。

二、一般进出口货物的报关程序

一般进出口货物是指在进出口环节缴纳了应征的进出口税费并完成所有必要报关手续，海关放行后不再进行监管，可以直接进入生产和消费领域流通的进出口货物。

一般进出口货物报关程序由四个环节构成：进出口申报、配合查验、缴纳进出口税费、提取或装运货物。

（一）进出口申报

进出口申报是指报关单位依照《中华人民共和国海关法》（以下简称《海关法》）以及有关法律、行政法规要求，在规定的期限、地点，采用电子数据报关单和纸质报关单，向海关报告实际进出口货物的情况，并接受海关审核的行为。

1. 申报期限与地点

申报期限需按照《海关法》要求在指定报关期限内报关。进口货物的报关地点为货物的进境地，一般为进入关境的第一口岸。如由于运输工具或其他方面需要，货物需要办理从一个设关地点转至另一个设关地点的（简称转关），可在设有海关的指运地申报。出口货物的报关地点为出境地，一般为离境的最后一个口岸。如需转关运输，可在设有海关的启运地申报。

2. 报关单证

准备好各类申报单证是报关员进行申报的第一步，申报单证可以分为两大类，即报关单和随附单证，其中随附单证包括基本单证和特殊单证。

（1）主要单证。

申报的主要单证为报关单。报关单是由报关员按照海关规定格式填制的申报单是指进出口货物报关单或者具有进出口货物报关单性质的单证，如特殊监管区域进出境备案清单、ATA 单证册、过境货物报关单、快件报关单等。一般来说，任何货物的申报都必须有报关单。

在报关单填写要求方面，一直以来，报关单填制规范的主要依据是 2008 年海关总署第 52 号公告的文件上的规定，2016 年海关总署第 20 号公告对此进行了修订，并同时启用新版的进出口货物报关单。

相关链接

关于修订《中华人民共和国海关进出口货物报关单填制规范》的公告

（海关总署公告 2016 年第 20 号）

为规范进出口货物收发货人的申报行为，统一进出口货物报关单填制要求，海关总署对原《中华人民共和国海关进出口货物报关单填制规范》（海关总署 2008 年第 52 号公告）再次进行了修订。现将本次修订后的规范文本及有关内容公告如下：

一、本次修订补充了 2008 年以来散落在相关文件中的关于报关单填制的内容。主要根据海关总署 2010 年第 22 号公告，海关总署 2014 年第 15 号公告，海关总署 2014 年第 33 号公告，海关总署、国家发展改革委、财政部、商务部联合令第 125 号，海关总署、国家发展改革委、财政部、商务部联合令第 185 号，海关总署令第 213 号，海关总署令第 218 号，海关总署令第 219 号等对《中华人民共和国海关进（出）口货物报关单》中的“合同协议号”“申报单位”“运输方式”“提运单号”“监管方式”“备案号”“许可证号”“运费”“保费”“随附单证”“标记唛码及备注”“项号”“商品编号”“数量及单位”“版本号”“货号”和“海关批注及签章”等相关栏目的填制要求做了相应调整。

二、新增“贸易国（地区）”、出口“原产国（地区）”、进口“最终目的国（地区）”的填制要求；为报关人员准确填写“其他说明事项”栏目，增加“特殊关系确认”“价格影响确认”“支付特许权使用费确认”等项目的填制规范。

三、删除“结汇证号/批准文号”、出口“结汇方式”、“用途/生产厂家”、“税费征收情况”、“海关审单批注及放行日期”、“报关单打印日期/时间”、“报关员联系方式”等已失去法律依据或不具备监管意义的申报指标。

四、为与相关法律表述一致，调整相关项栏目名称：将原“经营单位”改为“收发货人”，将原“收货单位”改为“消费使用单位”，将原“发货单位”修改为“生产销售单位”，将“贸易方式（监管方式）”改为“监管方式”，并对调整项目的填制要求进行规范。

五、为解决部分因商品项数限制导致的物流凭证拆分问题，报关单商品项指标组上限由20调整为50。

六、海关特殊监管区域（以下简称特殊区域）企业向海关申报货物进出境、进出区，以及在同一特殊区域内或者不同特殊区域之间流转货物的双方企业，应填制《中华人民共和国海关进（出）境货物备案清单》，特殊区域与境内（区外）之间进出的货物，区外企业应同时填制《中华人民共和国海关进（出）口货物报关单》，向特殊区域主管海关办理进出口报关手续。货物流转应按照“先报进，后报出”的原则，在同一特殊区域企业之间、不同特殊区域企业之间流转的，先办理进境备案手续，后办理出境备案手续，在特殊区域与区外之间流转的，由区内企业、区外企业分别办理备案和报关手续。《中华人民共和国海关进（出）境货物备案清单》原则上按《中华人民共和国海关进出口货物报关单填制规范》的要求填制。

修订后的《中华人民共和国海关进出口货物报关单填制规范》自2016年3月30日起执行，海关总署2008年第52号公告、2013年第30号公告同时废止。纸质《中华人民共和国海关进（出）口货物报关单》也将调整，另行公告。

来源：中国海关总署网站（http://www.customs.gov.cn/）

（2）基本单证。

基本单证是指进出口货物的货运单据和商业单据，主要有进口提货单据、出口装货单据、商业发票、装箱单等。一般来说，任何货物的报关都必须提供基本单证。

（3）特殊单证。

特殊单证为一些享有关税优惠，有检验检疫要求的货物所需提交的单据和一些辅助性单证。如进出口许可证、加工贸易手册（包括纸质手册、电子手册和电子账册）、特定减免税证明、出入境货物通关单、原产地证明、贸易合同等。

准备申报单证的原则是：基本单证、特殊单证必须齐全、有效、合法，填制报关单必须真实、准确、完整，报关单与随附单证数据必须一致。

（二）配合查验

海关查验是为了核对报关单所报内容与实际到货是否相符，有无错报、漏报、瞒报、伪报等情况，并审查货物出口的合法性。

1. 查验时间与地点

查验时间一般由海关书面通知进出口货物收发货人或其代理人，以约定查验时间。查验地点一般在海关监管区内实施，因特殊情况（比如货物无法搬动）不适宜在海关监管区内实施查验的，经申请，海关可派工作人员到海关监管区外实施查验。

2. 查验方法

海关查验方法有三种彻底查验、抽查、外形查验。在查验过程中，货物的收、发货人或其代理人必须到场，并按海关要求负责办理货物的搬移、拆装箱和查验货物的包装等工作。

如遇货物有违法嫌疑以及经海关通知收发货人或其代理人未到场的情况时，海关可以自行开验、复检或提取货样，货物存放场所管理人应到场作为见证人。

3. 配合查验

进出口货物收货人或代理人须做好配合查验工作，除负责搬运、开箱、封箱和回答问题以外，还要协助海关提取需进一步检验、化验或鉴定的货样，收取海关开具的取样清单。查验结束后，配合查验人员确认查验结果，在《海关进出境货物查验记录单》上签字。

（三）缴纳进出口税费

经海关审核报关单，并查验货物无误后，海关根据申报货物计算税费，包括由海关依法征收关税以及代征的增值税、消费税等税费。然后打印纳税缴款书和收费票据。纳税义务人可以凭以上单据向指定银行缴纳税费，也可以利用"中国电子口岸"网上缴纳税费。

相关链接

中国电子口岸

电子口岸是经国务院批准，由海关总署会同公安部、财政部、铁道部、交通部、工业与信息化部、商务部、人民银行、税务总局、工商总局、质检总局、民航总局、国家外汇管理局、国家发改委和环境保护部 14 个部委共同建设的跨部门、跨地区、跨行业的大通关统一信息平台。它依托国家电信公网，实现进出口相关管理部门间与大通关流程相关的数据共享和联网核查，实现工商、税务、海关、外汇、外贸、质检、公安、铁路、银行等部门以及进出口企业、加工贸易企业、外贸中介服务企业、外贸货主单位的联网，将进出口管理流信息、资金流信息、货物流信息存放在一个集中式的数据库中，随时提供国家各行政管理部门进行跨部门、跨行业、跨地区的数据交换和联网核查，并向企业提供报关申报、网上支付、外汇核销、出口退税等"一站式"电子政务服务。经过十年的建设和发展，电子口岸已经逐步发展成为一个集口岸通关执法管理及相关物流商务服务为一体的大通关统一信息平台。

来源：中国电子口岸网站（www.chinaport.gov.cn）

（四）提取或装运货物

1. 海关出入境现场放行和货物结关

经过上述环节后，海关对进出口货物做出结束海关进出境现场监管决定，允许进出口货物离开海关监管现场。

2. 提取、装运货物

进口货物的收货人或其代理人签收加盖海关放行章的进口货物提货凭证，凭此到货物进境地海关监管仓库办理提货手续；出口货物则按类似程序完成货物装运离境手续。

3. 申请签发证明

需要海关签发证明的，可以提出申请。常见证明包括：进口货物报关单付汇证明、出口货物报关单收汇证明、具有海关单证签章的出口收汇核销单、出口货物报关退税证明、进口货物证明。

表 11-1 所示为出口货物报关单。

表 11-1　出口货物报关单

预录入编号：　　　　　　　　　　　　　海关编号：011020160420××××××

收发货人 18 位统一社会信用代码 北京××××贸易有限公司	出口口岸 北京海关	出口日期 20160401	申报日期 20160329	
生产销售单位 18 位统一社会信用代码 内蒙古××××生物科技有限公司	运输方式 空运	运输工具名称	提运单号 880-××××××××	
申报单位 91110113670×××××× 北京××××货运代理有限公司	监管方式 0110 一般贸易	征免性质 101 一般征税	备案号	
贸易国（地区）142 中国	运抵国（地区）502 美国	指运港 3166 纽约	境内货源地 15909 内蒙古其他	
许可证号	成交方式 CIF	运费 3550USD	保费 75USD	杂费
合同协议号 2016BJ001X	件数 40	包装种类 桶装	毛重（公斤） 1 150	净重（公斤） 1 000
集装箱号	随附单证 **B**			

标记唛码及备注

随附单证号：

项号	商品编号	商品名称、规格型号	数量及单位	最终目的国（地区）	单价	总价	币制	征免
1.	1302199099	苹果提取物	200 千克	美国	45	9 000	美元	照章
制作或保存方法：粉末；加工工艺：提纯、烘干；品牌：无								
2.	2102200000	螺旋藻粉	200 千克	美国	8.2	1 640	美元	照章
是否活性酵母：否；是否已死的单细胞微生物：是；包装规格：25KG/桶；品牌：无								
3.	2932999099	越橘多酚	25 千克	美国	325	8 125	美元	照章
成分含量：15%花青素，35%多酚，5%水分，5%灰分，40%碳水化合物；用途：减缓衰老、增强记忆								
4.	2938909090	甜菊糖甙	200 千克	美国	38	7 600	美元	照章
成分含量：甜菊糖甙 90%，其他 10%；用途：补充膳食纤维；来源：甜菊干叶								
5.	2932999099	西兰花提取物	75 千克	美国	8.5	637.5	美元	照章
成分含量：萝卜硫素 50%、水分 6%、维生素 6%、类黄酮 5%、碳水化合物和纤维 33%；用途：增香，调味								
6.	2932999099	红景天提取物	300 千克	美国	23	6 900	美元	照章
成分含量：红景天甙 96%，水分 2%，灰分 2%；用途：保健品用食品添加剂								
7.								
8.								

特殊关系确认：是　　价格影响确认：否　　支付特许权使用费确认：是

录入员　　录入单位	兹申明对以上内容承担如实申报、依法纳税之法律责任	海关批注及签章
报关人员 北京××××货运代理有限公司	申报单位（签章）	

项目十二

制单结汇

知识目标

1. 了解信用证项下制单结汇的要求及我国出口结汇的主要形式。
2. 掌握信用证项下主要结汇单据内容与缮制方法。

能力目标

1. 能够选择正确的结汇方式。
2. 能够熟知主要结汇单据的内容及其缮制方法。

任务一　掌握信用证项下制单的要求

一、信用证项下制单的基本要求

在整个制单结汇的过程中，单据是否符合合同及信用证的要求、是否符合国际商业惯例及相关国家法律的规定，直接关系到出口方能否安全、及时地收到货款。

（一）总要求

“四个一致”即“单同一致、单证一致、单单一致、单货一致”。前三个“一致”是针对单据处理而言，后一个“一致”是侧重在备货工作上，对制单所需要的资料必须核实，保证单据中商品描述与实物相一致。

（二）基本要求

正确、完整、及时、简明、整洁是制单的基本要求。

1. 正确

正确是单证工作的前提，单证不正确，买方就有拒付货款的权利，出口企业就不能安全结汇。正确包括两个方面的内容。

（1）单据要求做到“三相符”。“三相符”即要做到单据与单据相符、单据与信用证相符、单据与贸易合同相符。

（2）单据必须符合有关国际贸易惯例和进出口双方所在国家的有关法律和规定。目前，大多数信用证都在证中注明是按照国际商会《跟单信用证统一惯例》2007 年修订本解释。银行在审单时，除信用证另有特殊规定外，都是以《UCP600》作为审单的依据。因此，在缮制单据时，应注意不要与《UCP600》的规定有抵触，否则，就会被银行当成出单不符而退还或拒付。

2. 完整

完整是构成单证合法性的重要条件之一。完整包括三方面的要求。

（1）单证的内容要完整。任何单证都有其特定的作用，这种作用是通过单据本身的格式、项目、文字、签章等来体现的。所以制单时对单据的内容描述、应列项目、文字拼写、语句表达、签章及背书等内容都必须按要求列齐，否则就不能构成有效文件，也就不能被银行接受。例如，普惠制产地证表格 A“原产地标准”一栏，虽仅需填一个字母或加上税则号或进口成分，但如果漏填或填得不正确，便会使证书成为废纸一张，失去其原有的作用。

（2）单证的种类要完整。单证在通过银行议付时，要求单据是全套的而不是单一的。如以 CIF 术语成交的合同，卖方向买方提交的单据至少应该包括发票、提单和保单三种。如有遗漏，银行和进口商则不可能履行议付、承兑或付款的责任。

（3）单证的份数要完整。卖方提交的单证要按信用证或买卖合同和国际惯例的要求如数提交，不能短缺。如信用证要求“全套（Full Set）”海运提单时，卖方应提交船公司签发的全套正本提单，而不是其中的一份正本。若信用证要求提交“一式三份（In Triplicate）”单据时，受益人可以只交一份正本，其余份数则可用副本来满足。

3. 及时

单证工作是一项时效性很强的工作。及时包括两方面的要求。

（1）出单要及时。由于发货装运和制单结汇是多环节的综合性工作，每一环节都紧密相连，这就决定了每一种单据的出单日期一定要及时。比如保险单的出单日期不得迟于提单的签发日期，提单的签发日期必须在装运期内，商检证书必须在报关之前取得等。在信用证支付方式下，所有单证的出单日期还必须在信用证的有效期之内。如果制单工作不及时，或者将各种单据的出单日期弄错，将会影响到运输、商检、海关监管、港口作业等多部门的工作，轻则打乱了工作秩序，重则会造成巨大的经济损失。

（2）交单要及时。出口方及时缮制各种必要的单证，经审核无误后，应尽早向银行交单，以便早日收汇。尤其是在信用证支付方式下，更应注意交单议付日期不得超过信用证规定的交单期和信用证有效期。如信用证没有规定交单议付期，按《UCP600》的规定，受益人不得迟于运输单据出单日期后的 21 天向银行交单，并不得迟于信用证的有效期，否则提单应视为过期提单，过期提单将遭拒付或造成利息损失。

4. 简明

简明即单证内容力求简单明了，避免复杂烦琐。这样不仅可以减少工作量，提高工作效率，而且也有利于提高单证的质量，降低差错率。

5. 整洁

整洁是指单证的表面是否清洁、美观、大方，单据中的各项内容清楚易认，各项内容的记载简洁明了。正确和完整是单证的内在质量，整洁是单证的外观质量。单证的整洁在一定程度上反映了出单人制单技术的熟练程度和工作态度。

单证的整洁要求单证格式设计要标准化，缮制要规范化，单证内容的排列要行次整齐，重点项目醒目突出，字迹清晰。各种单证的更改都要有一个限制点，不允许在一份单证上做多次涂改，更改处一定要盖校对章或简签。对于一些特殊单证（如普惠制产地证表格），是不允许有任何更改的，否则就是无效单据。

二、信用证项下常见结汇单据

出口结汇单据种类繁多，常见的结汇单据有商业发票、汇票、海运提单、保险单、装箱单、产地证明书等。

（一）发票

进出口贸易中涉及的发票主要有商业发票、海关发票、领事发票、厂商发票及形式发票。

1. 商业发票

商业发票（Commercial Invoice）是卖方向买方开具的载有交易货物名称、数量、价格等内容的商业单据，是买卖双方记账的依据，同时也是对装运货物的总说明。它是结汇单据中最重要的单据，也是缮制其他单据的依据。目前，我国进出口贸易中的商业发票没有统一的格式，均是由各出口企业自行设计制作，但基本内容均包含首文、本文和结文三个部分。首文部分包括发票的名称、号码、出票日期、地点、付款人、合同号、运输路线等；正文部分包括货物描述、单价、总金额、唛头等；结文部分包括有关货物原产地、包装类别、证明文句、制作人签章等（见表 12–1）。商业发票缮制时应注意的问题：

表 12–1　商业发票

<table>
<tr><td colspan="3">1. COMMERCIAL　INVOICE</td></tr>
<tr><td rowspan="3">2. SELLER</td><td>4. INVOICE NO.</td><td>4. INVOICE DATE</td></tr>
<tr><td>5. L/C NO.</td><td>5. DATE</td></tr>
<tr><td colspan="2">5. ISSUED BY</td></tr>
<tr><td rowspan="2">3. BUYER</td><td>5. CONTRACT NO.</td><td>DATE</td></tr>
<tr><td>6. FROM</td><td>6. TO</td></tr>
<tr><td>7. MARKS　8. DESCRIPTION AND QTY</td><td>9. UNIT PRICE</td><td>9. AMOUNT</td></tr>
<tr><td colspan="3">TOTAL AMOUNT IN WORDS：
10.
11. ISSUED BY</td></tr>
</table>

（1）出票日期和出票信息。出票日期不能迟于装运日；如果商业发票的货物涉及不止一个合约的，则商业发票在显示合约号时，必须显示全部合约号码。

（2）单价和总值。信用证如何用了“约”，可允许有不超过 10%的增减幅度。

（3）发票的抬头。信用证方式下，除非信用证另有规定，商业发票抬头需做成开证申请人。

2. 海关发票

海关发票（Customs Invoice）是根据某些国家海关的规定，由出口商填制的供进口商凭以报关用的特定格式的发票。它是进口商向进口国海关报关的证件之一。各国海关发票均采用进口国海关自身的固定格式，其单据名称和内容也不尽相同。

海关发票主要有以下用途：供进口国海关核定货物的原产地国，以采取不同的国别政策；供进口商凭以报关，进口国海关估价完税的凭证；供进口国海关核查进口商品的价格，以确定是否低价倾销，或作为征收反倾销税的依据；此外还可以作为进口国海关编制统计资料的依据。

3. 领事发票

领事发票（Consular Invoice）又称为签证发票。某些国家法令规定，对于输往该国的货物，国外出口商必须向进口国海关提供由进口国领事签证的发票。领事发票的作用与海关发票类似。各国领事签发领事发票时均需收取一定签证费用。领事发票是一种官方签发的单据，有些国家规定了领事发票的具体格式，但实际中更多的是由进口国领事在出口商提供的商业发票上签证确认。目前，国际上除拉美、中东国家外已很少使用领事发票了。

4. 厂商发票

厂商发票（Manufacturer Invoice）是国内的厂家出具的，以本国货币计量一种发票。用以显示该货物在出口国国内市场的出厂价格。厂商发票的作用主要是供进口国海关估价、核税及确定是否存在倾销行为并征收反倾销税之用。

5. 形式发票

形式发票（Proforma Invoice）是一种非正式发票，是卖方对潜在的买方报价的一种形式。买方常常需要形式发票以作为申请进口和批准外汇之用。

（二）汇票

汇票（Draft/Bill of Exchange）是出票人（Drawer）签发的，要求受票人（Drawee）在见票时或在指定的日期无条件支付一定金额给其指定的受款人（Payee）的书面命令。汇票缮制时应该注意下列问题：

（1）出票地点及日期。出票地点一般为出口商所在地，一般在汇票的右上方，其后为出票日期。在信用证方式下，一般以议付日期为出票日期。注意该日期不能早于运输单据日期，不迟于信用证的交单期和有效期。

（2）汇票金额。汇票金额有小写金额（Exchange for）和大写金额（The Sum of）。注意填写时应保持大小写一致，且币种、金额与信用证规定相符。

（3）付款期限。常见的付款期限有即期与远期两种。即期付款需在汇票上的付款期限处加打“***”或“——”，如：“AT***SIGHT”表示见票即付。远期付款的汇票应按照信用证的规定进行填写，通常在汇票付款期限处，加打远期天数和起算期。如：见票后60天付款，则在汇票上显示为“AT 60 DAYS AFTER SIGHT”；出票日后60天付款，则显示为“AT 60 DAYS AFTER DATE”，并把已经印好的SIGHT划掉；提单日期后60天付款，则显示为“AT 60 DAYS AFTER B/L DATE”，并把已经印好的SIGHT划掉。

（4）受款人。即收款人，也称为汇票抬头人。一般情况下，汇票的抬头人均做成指示性抬头，即汇票上写明“PAY TO THE ORDER OF ×××”。这里的“×××”即为汇票的收款人，同时他也可以通过背书转让该汇票。在信用证方式下，汇票的受款人一般为议付行。

（5）付款人。又称为受票人，即接受汇票命令对持票人付款的人。付款人一栏要按照信用证要求填写，一般为开证行。

（6）出票人。汇票必须有出票人的签章，一般位于汇票的右下角。出票人通常为信用证项下的受益人或出口商。

图 12–1 所示为汇票。

凭

Drawn under ………………………1……………………..…………………..

信用证　　　　　　　　第　　　　　　　　号

L/C　No.………..1…………………..………

日期

Dated …………1………………………….

按　　　　　　　　息　　　　　　　　付款

Payable　with　interest　@.....……………...%　per　annum

号码　　　　　汇 票 金 额　　　　　　　　中　　国，　广　　州　　　年　　　月　　　日

No: ………….……Exchange　for　　　　　3.　　　　　　Guangzhou ,　China……2…………...….

见票　　　　　　　　　　　　　　　　　　日　后（本　汇　票　之　副　本　未　付）

At……..…4………………Sight of this　FIRST　of Exchange (Second of exchange being unpaid)

pay to the order of ＿＿＿＿＿＿＿＿5.＿＿＿＿＿＿＿＿或 其 指 定 人

付金额

The sum of　　　　　　3.

To……………….6……..

…………………………7…………………

图 12–1　汇票

相关链接

表 12–2 所示为常用货币符号。

表 12–2　常用货币符号

货币名称	货币符号	货币名称	货币符号
日元	JPY	美元	USD
英镑	GBP	欧元	EUR
瑞士法郎	CHF	澳大利亚元	AUD
加拿大元	CAD	新加坡元	SGD
港币	HKD	新西兰元	NZD
人民币	RMB	丹麦克朗	DKK
俄罗斯卢布	SUR	挪威克朗	NOK
韩国元	KRW	瑞典克朗	SEK
菲律宾比索	PHP	泰国铢	THB

（三）海运提单

海运提单（Ocean Bill of Lading）是船长或其代理人签发的，用以证明货物已由承运人接受或已装船的收据。同时亦表明承运人保证将货物交付给指定的收货人。通常各船公司的提单格式并不一样，但内容大致相似（见表 12–3）。缮制提单应注意以下几点：

（1）收货人（Consignee）。这是提单中比较重要的一栏，应严格按照信用证规定填制。提单收货人按信用证的规定一般有三种填法，即：空白抬头、记名指示抬头和记名收货人抬头。例如信用证规定“Made Out to Order”或“Made Out to Order of Shipper”，则应在提单收货人一栏处相应填上“To Order”和“To Order of Shipper”。

（2）通知人（Notify Party）。要与信用证的规定一致。例如：信用证提单条款中规定：“...Bill of Lading ...notify applicant.”则提单通知人栏中要打上开证申请人的详细名称和地址。

（3）装货港（Port of Loading）和卸货港（Port of Discharge）。应填写具体港口名称，如有重名，则应加注国家名称。同时要与信用证规定一致。如需进一步转运至内陆地点，则在卸货港后加“In Transit to”。

（4）运费条款（Freight and Charges）。提单要按信用证规定加注运费条款，并注意与所用的贸易术语的一致性。如：以 CIF 或 CFR 贸易术语成交，此栏可填写“Freight Prepaid”（运费预付）或“Freight Paid”（运费已付）；以 FOB 术语成交，可填写“Freight Collect”（运费待付）或“Freight Payable at Destination”（运费到付）。

（5）提单签发地点和日期（Place and Date of Issue）。签发地点一般是实际装货港所在地。签发日期即货物实际装运的时间。该时间不晚于信用证或合同规定的最迟装运期。

表 12–3 海运提单

<table>
<tr><td colspan="3">1. SHIPPER</td><td colspan="3" rowspan="6">10. B/L NO.
CARRIER:
C O S C O
中国远洋运输（集团）总公司
CHINA OCEAN SHIPPING (GROUP) CO.
ORIGINAL
Combined Transport BILL OF LADING</td></tr>
<tr><td colspan="3">2. CONSIGNEE</td></tr>
<tr><td colspan="3">3. NOTIFY PARTY</td></tr>
<tr><td>4. PLACE OF RECEIPT</td><td colspan="2">5. OCEAN VESSEL</td></tr>
<tr><td>6. VOYAGE NO.</td><td colspan="2">7. PORT OF LOADING</td></tr>
<tr><td>8. PORT OF DISCHARGE</td><td colspan="2">9. PLACE OF DELIVERY</td></tr>
<tr><td colspan="6">11. MARKS 12. NOS.&KINDS OF PKGS. 13. DESCRIPTION OF GOODS 14. G.W.（kg） 15. MEAS（m³）</td></tr>
<tr><td colspan="6"></td></tr>
<tr><td colspan="6">16. TOTAL NUMBER OF CONTAINERS
OR PACKAGES（IN WORDS）</td></tr>
<tr><td>17. FREIGHT & CHARGES</td><td>REVENUE TONS</td><td>RATE</td><td>PER</td><td>PREPAID</td><td>COLLECT</td></tr>
<tr><td>PREPAID AT</td><td colspan="2">PAYABLE AT</td><td colspan="3" rowspan="2">19. PLACE AND DATE OF ISSUE</td></tr>
<tr><td rowspan="2">TOTAL PREPAID</td><td colspan="2" rowspan="2">18. NUMBER OF ORIGINAL B(S)L</td></tr>
<tr><td colspan="3">20.</td></tr>
</table>

（四）保险单据

目前我国外贸业务中使用的保险单据（Insurance Policy）主要有保险单和保险凭证（Insurance Certificate）。这两种单据的法律效力和保单正面内容均是一样的，区别在于保险单背面载有保险条款，而保险凭证背面没有载明保险条款。保险单（见表 12–4）填制时应注意以下几点：

（1）被保险人（Insured）。在 CIF 条件下，出口商投保时，被保险人一般为信用证受益人。

（2）保险金额（Amount Insured）。按信用证规定的金额及加成率投保，保险金额应向前进位取整数。如经计算的保险金额为“USD1 110.23”，则此栏填写“USD1 111.00”。

（3）保单日期（Date）。保单签发日期不应早于货物离开仓库的日期和不晚于提单日期。

表 12–4 保险单

中 国 人 民 保 险 公 司
THE PEOPLE'S INSURANCE COMPANY OF CHINA
总公司设于北京　　　一九四九年创立
Head office：BEIJING　　　Established in 1949

保 险 单
INSURANCE POLICY

保险单号次 1.　　　　　　　　发票号码 2.
POLICY NO.
中国人民保险公司（以下简称本公司）
THIS POLICY OF INSURANCE WITNESSES THAT THE PEOPLE'S INSURANCE COMPANY OF CHINA (HEREINAFTER CALLED "THE COMPAANY")
根据
AT THE REQUEST OF ______3.______
（以下简称被保险人）的要求，由被保险人向本公司缴付约
(HEREINAFTER CALLED "THE INSURED") AND IN CONSIDERATION OF THE AGREED PREMIUM PAID TO THE COMPANY BY THE
定的保险，按照本保险承保险别和背面所载条款下列
INSURED UNDERTAKES TO INSURE THE UNDERMENTIONED GOODS IN TRANSPORTATION SUBJECT TO THE CONDITION OF THIS POLICY
特款承保下述货物运输保险，特立本保险单
AS PER THE CLAUSES PRINTED OVELEAF AND OTHER SPECIAL CLAUSES ATTACHED HEREON

标记 MARKS&NOS	包装及数量 QUANTITY	保险货物项目 DESCRIPTION OF GOODS	保险金额 AMOUNT INSURED
4.	5.	6.	7.

总保险金额
TOTAL AMOUNT INSURED: ______8.______
保险　　　　费率　　　　转载运输工具
PREMIUM AS ARRANGED 9.　RATE AS ARRANGED 10.　ER CONEYANCE SS. ______11.______
开 航 日 期　　　　自　　　　至
SLG.ON OR ABT.______12.______ FROM______13.______TO

续表

承保险别：
CONDITIONS
14.
所保险别，如遇出险，本公司凭本保险单及其他有关证件给付赔款。
CLAMIS, IF ANY, PAYABLE ON SURRENDER OF THIS POLICY TOGETHER WITH OTHER RELEVANT COCUMENTS
所保货物，如发生本保险单项下负责赔偿的损失或事故。
IN THE EVENT OF ACCIDENT WHEREBY LOSS OR DAMAGE MAY RESULT IN A CLAIM UNDER THIS POLICY IMMEDIATE NOTICE
应立即通知本公司下述代理人查勘。
APPLYING FOR SURVEY MUST BE GIVEN TO THE COMPANY\`S AGENT AS MENTIONED HEREUDER:
15.

18.
中 国 人 民 保 险 公 司 宁 波 分 公 司
THE PEOPLE'S INSURANCE CO.OF CHINA NINGBO BRANCH
GENERAL MANAGER

赔 款 偿 付 地 点
CLAIM PAYABLE AT/IN 16.
日 期
DATE 17.
地址：中国宁波中山东一路 23 号。
TEL：3234305 3217466–44 TELEX "33128 PICCS CN.
Address：23 Zhongshan Dong Yi Lu Ningbo.China.

（五）包装单据

包装单据（Packing Documents）是记载或描述商品包装情况的单据，也是商业发票的补充单据。除散装货物外，一般均要求提供包装单据，它是报关、结算及核对货物的不可缺少的单据。包装单据无统一的格式，出口商可根据商品特点及客户的要求进行制作。根据包装单据突出的重点不同，其名称也有所不同，比较常用的包装单据有装箱单（Packing List）、重量单（Weight Memo）及尺码单（Measurement List）等。这些包装单据的大致内容均一样，所不同的是重量单侧重于每一包装商品的毛重、净重及总重量，而尺码单则侧重于包装商品的尺码和总尺码。缮制包装单据时要注意以下几点：

（1）除非信用证另有规定，包装单据上一般不显示签名，货物的单价和总金额。

（2）单据号码须与商业发票号码一致。

（3）货物描述应与发票描述一致，也可使用统称，但不能与发票相矛盾。

装箱单如表 12–5 所示。

（六）原产地证明书

产地证明书主要是用以证明货物原产地或制造地的文件，供进口国实施不同的国别政策及相应的差别待遇。比较常见的产地证明书有一般原产地证书（Certificate of Origin）、普惠制原产地证书（Generalized System of Preferences Certificate of Origin）及区域性优惠原产地证明书。

表 12–5　装箱单

<table>
<tr><td colspan="3">2. ISSUER</td><td colspan="3">1. PACKING LIST</td></tr>
<tr><td colspan="3">3. TO</td><td>4. INVOICE NO.</td><td colspan="2">5. DATE</td></tr>
<tr><td>6. Marks and Numbers</td><td>7. Number and kind of Package, Description of goods</td><td>8. Quantity</td><td>9. G.W</td><td>9. N.W</td><td>10. Meas</td></tr>
<tr><td></td><td></td><td></td><td></td><td></td><td></td></tr>
<tr><td colspan="2">11. TOTAL:</td><td></td><td></td><td></td><td></td></tr>
<tr><td colspan="6">12. SAY TOTAL:
13.</td></tr>
</table>

1. 一般原产地证书

在我国，一般原产地证书主要由中国国际贸易促进委员会（贸促会）或出入境检验检疫局出具。如果国外进口商无特殊要求，也可由出口商或生产厂家出具。一般原产地证书如表 12–6 所示。

表 12–6　一般原产地证书

<table>
<tr><td colspan="2">1. Exporter</td><td colspan="3" rowspan="2">Certificate No.
CERTIFICATE OF ORIGIN
OF
THE PEOPLE'S REPUBLIC OF CHINA</td></tr>
<tr><td colspan="2">2. Consignee</td></tr>
<tr><td colspan="2">3. Means of transport and route</td><td colspan="3" rowspan="2">5. For certifying authority use only</td></tr>
<tr><td colspan="2">4. Country/region of destination</td></tr>
<tr><td>6. Marks and numbers of Packages</td><td>7. Number and kind of packages; description of goods</td><td>8. H.S code</td><td>9. Quantity</td><td>10. Number and date of invoices</td></tr>
<tr><td></td><td></td><td></td><td></td><td></td></tr>
<tr><td colspan="2">11. Declaration by the exporter
The undersigned hereby declares that the above details and statements are correct; that all the goods were produced in china and that they comply with the rules of origin of the people's republic of china
……………………………………………………
Place and date, signature and stamp of certifying authority</td><td colspan="3">12. Certification
It is hereby certified that the declaration by the exporter is correct
……………………………………………………
Place and date, signature and stamp of certifying authority</td></tr>
</table>

2. 普惠制产地证书

普惠制产地证书是指受惠国有关机构就本国出口商向给惠国出口受惠国商品而签发的用以证明原产地证的证明文件。凡享受普惠制待遇的商品，出口方一般应向给惠国提供普惠制原产地证明书。最常见的就是普惠制产地证明书格式A（Form A）。

相关链接

普　惠　制

普惠制全称为普遍优惠制（Generalized System of Preferences），是发达国家给予发展中国家出口制成品和半制成品（包括某些初级产品）一种普遍的、非歧视的和非互惠的关税优惠制度。其目的就是使发展中国家的出口商品在发达国家具有竞争力，从而扩大发展中国家的出口贸易，增加外汇收入，促进工业化，加速国民经济的增长。

普惠制的原则有三个：普遍性、非歧视性和非互惠性。

截至2013年年底，共有40个国家给予中国普惠制待遇。它们是：欧盟28个成员国（包括法国、英国、爱尔兰、德国、丹麦、意大利、比利时、荷兰、卢森堡、希腊、西班牙、葡萄牙、奥地利、芬兰、瑞典、匈牙利、爱沙尼亚、拉脱维亚、塞浦路斯、马耳他、立陶宛、斯洛文尼亚、捷克、斯洛伐克、波兰、罗马尼亚、保加利亚、克罗地亚）、土耳其、瑞士、列支敦士登、挪威、日本、加拿大、澳大利亚、新西兰、俄罗斯、白俄罗斯、哈萨克斯坦、乌克兰共计39个国家（美国不给中国普惠制待遇）。

3. 区域性优惠原产地证明书

区域性优惠原产地证书是具有法律效力的在贸易优惠协定成员国之间就特定产品享受互惠减免关税待遇的官方凭证。我国签发的常见的区域性优惠原产地证有：中国—东盟自由贸易协定证书、中国—巴基斯坦自由贸易协定证书、中国—智利自由贸易协定证书、中国—新加坡自由贸易协定证书、中国—新西兰自由贸易协定证书、中国—秘鲁自由贸易协定证书、海峡两岸经济合作框架协议证书、中国—哥斯达黎加自由贸易协定证书等。

任务二　掌握我国出口结汇的主要方式

我国的出口结汇可分为以下三种方式：收妥结汇、押汇及定期结汇。

（一）收妥结汇

收妥结汇，又称先收后结，是指议付行收到出口方交来的全套单据，经审核无误后，将单据寄交给国外付款行索要货款，待收到付款行将货款拨入议付行账户的贷记通知书后，即按当日外汇牌价折算成人民币拨付给出口方。这种方法的特点是，银行无须预先垫付资金，不承担资金风险，但对于出口方而言，则收汇较慢。

（二）押汇

押汇又称为买单结汇，是指议付行在审单无误后，按照信用证规定买入出口方交来的单据和汇票，从票面金额中扣除从议付日起至估计收到票款之日的利息，将余额按议付日外汇牌价折算成人民币拨付给出口方。而议付行买入跟单汇票后，即成为汇票的合法持有人，有权向付款行索要票款。出口押汇的实质是议付行为出口方提供资金融通的便利，有利于出口方尽快地收回货款。但押汇银行要承担一定的资金风险。为了减少风险，一般接受押汇的银行都规定，在办理出口押汇时必须具备以下几个条件：

（1）开证行资信良好。

（2）开证行所在国不是政局动乱和经济危机以及外汇不充足的国家和地区。

（3）单证相符。银行要求受益人提供单据应做到“单单相符”和“单证相符”，不能出现不符点。

（4）可由接受办理出口押汇的银行执行信用证议付、付款或承兑。

（三）定期结汇

定期结汇是指议付行依据向国外付款行索偿所需的时间，预先确定一个结汇的时间，无论到期货款是否已拨入议付行账户，议付行均在到期日按当日外汇牌价将货款折算成人民币拨付给出口方。

模块四

进出口贸易的后续工作

项目十三

进出口贸易的后续工作

知识目标

1. 了解进出口贸易的后续工作的基础知识。
2. 掌握出口退税的程序。
3. 掌握合同中的索赔条款、不可抗力条款及仲裁条款。

能力目标

1. 能够正确办理出口退税。
2. 能够正确订立合同中的索赔条款，并能够做好索赔与理赔工作。
3. 能够正确订立合同中的不可抗力条款并在遭遇不可抗力时做好通知及证明工作。
4. 能够正确订立合同中的仲裁条款，并能选择最佳的争议解决方式。

任务一　办理出口退税

一、出口退税含义

出口退税是指对出口货物退还其在国内生产和流通环节实际缴纳的产品税、增值税、营业税和特别消费税。其目的是通过退还出口货物的国内已纳税款来减轻国内产品的税收负担，使本国产品以不含税成本进入国际市场，与国外产品在同等条件下进行竞争，从而增强竞争能力，扩大出口创汇。

二、出口退税的条件

我国企业出口退税必须同时具备以下几个条件：

(1) 必须是增值税、消费税征收范围内的货物。之所以必须具备这一条件，是因为出口货物退（免）税只能对已经征收过增值税、消费税的货物退还或免征其已纳税额和应纳税额。未征收增值税、消费税的货物（包括国家规定免税的货物）不能退税，以充分体现“未征不退”的原则。

（2）必须是报关离境出口的货物。货物是否报关离境出口，是确定货物是否属于退（免）税范围的主要标准之一。凡在国内销售、不报关离境的货物，除另有规定者外，均不被认定为出口货物。

（3）必须是在财务上做出口销售处理的货物。也就是说，出口退（免）税的规定只适用于贸易性的出口货物，而对非贸易性的出口货物，如捐赠的礼品、在国内个人购买并自带出境的货物（另有规定者除外）、展品、样品等等，因其在财务上不做销售处理，故不能退（免）税。

（4）必须是已收汇并经核销的货物。即出口企业申请办理退（免）税的出口货物，必须是已收外汇并经外汇管理部门核销的货物。

一般而言，外贸出口企业申请出口退税，必须具备以上四个条件，但如果是生产企业出口货物则还必须加上一个条件，即该批货物是生产企业的自产货物。

三、出口退税的一般程序

1. 出口退税资格的认定

出口企业必须在其获准具有进出口经营权之日起30日内，持商务部及其授权单位批准其出口经营权的批件、工商营业执照副本、税务登记证副本等证件到所在地主管退税机关办理出口退税登记。

2. 申报出口退税，并提交相关材料

出口企业申报出口退税时，应按规定向税务机关提供相关材料。如果是生产型企业，申报时除报送出口货物退（免）税正式申报电子数据外，还应报送下列资料：

（1）《生产企业出口货物免抵退税申报明细表》；

（2）《生产企业出口货物免抵退税申报汇总表》；

（3）主管征税部门审核签章的《增值税纳税申报表》；

（4）主管退税部门确认的进料加工申请表、明细表及免税证明；

（5）代理出口货物证明；

（6）出口专用发票；

（7）税务部门要求提供的其他资料。

外贸企业申报时除报送出口货物退（免）税正式申报电子数据外，还应报送下列资料：

（1）《外贸企业出口退税汇总申报表》；

（2）《外贸企业出口退税进货明细申报表》；

（3）《外贸企业出口退税出口明细申报表》；

（4）经认证相符的增值税专用发票；

（5）消费税税收（出口货物专用）缴款书；

（6）代理出口货物证明；

（7）税务部门要求提供的其他资料。

相关链接

关于取消收汇核销单的公告

《国家外汇管理局　海关总署　国家税务总局关于货物贸易外汇管理制度改革的公告》
（2012 年第 1 号）

为大力推进贸易便利化，进一步改进货物贸易外汇服务和管理，国家外汇管理局、海关总署、国家税务总局决定，自 2012 年 8 月 1 日起在全国实施货物贸易外汇管理制度改革，并相应调整出口报关流程，优化升级出口收汇与出口退税信息共享机制。现公告如下：

一、改革货物贸易外汇管理方式

改革之日起，取消出口收汇核销单（以下简称核销单），企业不再办理出口收汇核销手续。国家外汇管理局分支局（以下简称外汇局）对企业的贸易外汇管理方式由现场逐笔核销改变为非现场总量核查。外汇局通过货物贸易外汇监测系统，全面采集企业货物进出口和贸易外汇收支逐笔数据，定期比对、评估企业货物流与资金流总体匹配情况，便利合规企业贸易外汇收支；对存在异常的企业进行重点监测，必要时实施现场核查。

二、对企业实施动态分类管理

外汇局根据企业贸易外汇收支的合规性及其与货物进出口的一致性，将企业分为 A、B、C 三类。A 类企业进口付汇单证简化，可凭进口报关单、合同或发票等任何一种能够证明交易真实性的单证在银行直接办理付汇，出口收汇无须联网核查；银行办理收付汇审核手续相应简化。对 B、C 类企业在贸易外汇收支单证审核、业务类型、结算方式等方面实施严格监管，B 类企业贸易外汇收支由银行实施电子数据核查，C 类企业贸易外汇收支须经外汇局逐笔登记后办理。

外汇局根据企业在分类监管期内遵守外汇管理规定情况，进行动态调整。A 类企业违反外汇管理规定将被降级为 B 类或 C 类；B 类企业在分类监管期内合规性状况未见好转的，将延长分类监管期或被降级为 C 类；B、C 类企业在分类监管期内守法合规经营的，分类监管期满后可升级为 A 类。

三、调整出口报关流程

改革之日起，企业办理出口报关时不再提供核销单。

四、简化出口退税凭证

自 2012 年 8 月 1 日起报关出口的货物（以海关“出口货物报关单（出口退税专用）”注明的出口日期为准，下同），出口企业申报出口退税时，不再提供核销单；税务局参考外汇局提供的企业出口收汇信息和分类情况，依据相关规定，审核企业出口退税。

2012 年 8 月 1 日前报关出口的货物，截至 7 月 31 日未到出口收汇核销期限且未核销的，按本条第一款规定办理出口退税。

2012 年 8 月 1 日前报关出口的货物，截至 7 月 31 日未到出口收汇核销期限但已核销的以及已到出口收汇核销期限的，均按改革前的出口退税有关规定办理。

五、出口收汇逾期未核销业务处理

2012 年 8 月 1 日前报关出口的货物，截至 7 月 31 日已到出口收汇核销期限的，企业应不迟于7月31日办理出口收汇核销手续。自8月1日起，外汇局不再办理出口收汇核销手续，不再出具核销单。企业确需外汇局出具相关收汇证明的，外汇局参照原出口收汇核销监管有关规定进行个案处理。

六、加强部门联合监管

企业应当严格遵守相关规定，增强诚信意识，加强自律管理，自觉守法经营。国家外汇管理局与海关总署、国家税务总局将进一步加强合作，实现数据共享；完善协调机制，形成监管合力；严厉打击各类违规跨境资金流动和走私、骗税等违法行为。

本公告涉及有关外汇管理、出口报关、出口退税等具体事宜，由相关部门另行规定。之前法规与本公告相抵触的，以本公告为准。自2012年8月1日起，本公告附件所列法规全部废止。

来源：中国海关总署网站（http://www.customs.gov.cn/）

任务二　做好索赔与理赔工作

一、违约的法律责任

违约责任是指合同当事人一方不履行合同义务或履行合同义务不符合合同约定所应承担的民事责任。在国际买卖合同中，都规定了双方的权利和义务，如果一方违约，则就应承担违约的法律责任。根据违约的情况和对另一方造成的后果不同，承担的违约责任也有所不同。

《联合国国际货物销售合同公约》把违约情况分为根本性违约和非根本性违约两种。《联合国国际货物销售合同公约》第二十五条规定："一方当事人违反合同的结果，如使另一方当事人蒙受损害，以至于实际上剥夺了他根据合同规定有权期待得到的东西，即为根本违反合同。"对于根本性违约，受损方可以要求解除合同，同时有权向违约方提出损害赔偿。而对于非根本性违约，则受损方可要求对方采取补救措施及要求损害赔偿而不能宣布合同无效。而我国《合同法》第一百零七条规定，当事人一方不履行合同义务或履行合同义务不符合约定的，应当承担继续履行、采取补救措施或赔偿损失等违约责任。

虽然不同的法律和国际条约对违约责任的划分有所区别，但总体来说大致可把违约一方应承担的违约责任归为以下几类：

（1）强制履行。是指违约方根据对方当事人的请求继续履行合同规定的义务的违约责任形式。如卖方已交货，而买方未及时付款，则卖方可要求法院判令买方必须履行其支付货款的义务。

（2）采取其他补救措施。采取补救措施作为一种独立的违约责任形式，是指矫正合同不适当履行（质量不合格）、使履行缺陷得以消除的具体措施。例如当卖方所交货物质量不符合合同规定，买方可要求其承担更换、降价及修理等违约责任。

（3）损害赔偿。即赔偿损失，是指违约方以支付金钱的方式弥补受害方因违约行为所遭受的损失。

（4）违约金。即指当事人一方违反合同时，应当按照合同的约定向对方支付的一定数量的金钱。违约金从本质来讲是一种定额损害赔偿。

（5）解除合同。即宣告合同无效。我国《合同法》和《联合国国际货物销售合同公约》

均规定，遭受损害的一方在宣告合同无效时，仍享有要求损害赔偿的权利。

二、索赔与理赔的含义

索赔（Claim）是指受损失方向违约方提出损害赔偿的要求。而理赔是指违约方受理受损方提出的赔偿要求。可见，索赔和理赔是同一个问题的两个方面。

（一）索赔对象

在国际贸易中，有时会发生买方或卖方违约的情况，有时候也会因为意外事故或承运人的失误造成货物损失或数量短少。根据造成损失的原因和责任不同，应分别向不同的对象进行索赔。主要包括：

（1）向合同违约方索赔。凡属于合同当事人的责任所造成的损失，应向违约方索赔。如卖方所交货物质量、数量、规格等不符合合同规定；货物包装不符或破损导致货物受损等情况均应向卖方索赔。又如，在 FOB 贸易术语下，买方不按时指派船只到港装货，或买方拒不收货等情况造成卖方损失的，均应向买方索赔。

（2）向保险公司索赔。如果是承保范围内的货物损失，应向保险公司索赔。如由于运输过程中自然灾害、意外事故及其他承保范围内的事故导致的损失和费用，则应向保险公司索赔。

（3）向承运人索赔。凡属于承运人责任所造成的损失，应向承运人索赔。如货物数量少于运输单据所载明的数量；提单为清洁提单，但货到目的港出现包装破损、货物残损等情况，且是由承运人原因造成的，则应向承运人索赔。

课内讨论 13-1

我国外贸公司A与德国B公司签订了一份500箱蘑菇罐头的进口合同，贸易术语采用FOB，以即期信用证付款。接到对方的装运通知后，我 A 公司投保了平安险和战争险。B 公司凭已装船清洁提单及其他有关单据向银行收妥货款。但货到目的港后，经复验发现以下情况：

1. 其中 10 箱罐头外包装良好，但罐内细菌超标。
2. 实收货物 498 箱，短少 2 箱。
3. 其中 5 箱罐头因为船舱水管破裂遭水浸泡，导致罐头发霉。

请分析上述情况，进口商应分别向谁索赔，并说明理由。

（二）索赔依据

索赔依据包括法律依据和事实依据。法律依据是指当事人之间签订的合同以及相关国家的法律、法规及国际公约或国际惯例。事实依据是指索赔时用以证明违约事实存在的书面证明文件。一方当事人提出索赔要求时，必须出示相应的索赔依据，如提供的索赔证据不足，或者出具证明的机构不符合要求，则对方有权拒绝理赔。例如，因交货品质不符而向卖方索赔时就需规定的商检机构出具检验证书作为事实依据；而对于买方拒绝付款的情况，则需要银行出具的买方拒付证书作为证明文件。

（三）索赔期限

索赔期限即提出索赔的有效期，逾期索赔无效。索赔期限有约定索赔期限和法定索赔期限两种情况。

约定索赔期限指双方当事人在合同中约定的索赔期限。在实践中，具体索赔期限长短应根据货物的性质、运输、商检等情况而定。索赔期限起算的规定主要方法有：货物到达目的地后××天起算；货物到达目的港卸离海轮后××天起算；货物到达买方营业处所或用户所在地××天起算；货物经检验后××天起算。

法定索赔期限是指根据有关法律或国际公约受损害方有权向违约方要求损害赔偿的期限。法定索赔期限通常都较长，如《联合国国际货物销售合同公约》规定的索赔期限为自买方实际收到货物之日起两年之内。我国《合同法》也规定索赔期限为买方自标的物收到之日起两年内，但如果标的物有质量保证期的，适用质量保证期。法定索赔期限只适用于合同中未约定索赔期限的情况。

（四）索赔金额

索赔金额是指受损方向违约方索取的损害赔偿金额。正确而合理地确定索赔项目和金额是公平合理地处理索赔的基础。对索赔项目和金额的确定，既不能让国家蒙受不应有的损失，也不能脱离实际损失的情况，提出无理要求。如果合同预先规定有约定的损害赔偿的金额，应按约定的金额赔偿；如未约定损害赔偿的金额，则应根据实际损失确定适当赔偿金额。

相关链接

合理索赔金额的确定

根据《联合国国际货物销售合同公约》的规定，对于合理索赔金额应采取如下方法确定：

1. 一方当事人违反合同应负的损害赔偿额，应与另一方当事人因他违反合同而遭受的包括利润在内的损失额相等。

2. 如果合同被宣告无效，且在宣告无效后一段合理时间内，买方已以合理方式购买替代货物，或者卖方已以合理方式把货物转卖，则要求损害赔偿的一方可以取得合同价格和替代货物交易价格之间的差额。

3. 如果没有进行购买或转卖，则可以取得合同规定的价格和宣告合同无效时的时价之间的差额。

4. 受损方应该采取措施减轻由于另一方违反合同而引起的损失。如果受损方不采取这种措施，违反合同一方可以要求从损害赔偿中扣除原可以减轻的损失数额。

三、进出口贸易合同中的索赔条款

实践中，买卖双方通常都在合同中订立索赔条款。索赔条款有两种规定方式，一种是“异议与索赔条款”，另一种是“罚金条款”。在一般商品的进出口合同中，大都只订立“异议与索赔条款”，只有在大宗商品和机械设备的进出口合同中，才在订立“异议与索赔条款”基础上再订立“罚金条款”。

1. 异议索赔条款

异议索赔条款（Discrepancy and Claim Clause）主要适用于交货品质、数量和包装等方面的违约行为。其内容主要包括索赔的依据、索赔的期限，有时还包括索赔的办法和金额等。例如：

品质异议需于货到目的港（地）之日起30天内提出，数量异议需于货到目的港（地）之日起15天内提出，但均须提供经卖方同意的公证行的检验证明。如责任属于卖方者，卖方于收到异议20天内答复买方并提出处理意见。

In case of quality discrepancy, claim should be lodged by the Buyers within 30 days after the arrival of the goods at the port of destination, while for quantity discrepancy,claim should be lodged by the Buyers within 15 days after the arrival of the goods at the port of destination. In all cases, claims must be accompanied by Survey Reports of Recognized Public Surveyors agreed to by the Sellers. Should the responsibility of the subject under claim be found to rest on the part of the Sellers, the Sellers shall, within 20 days after receipt of the claim, send their reply to the Buyers together with suggestion for settlement.

2. 罚金条款

罚金条款（Penalty Clause）也称为违约金条款，是指当合同一方当事人未履行其义务，依据约定应当向对方支付一定数额的罚金。罚金条款一般适用于卖方延期交货，或者买方迟延开立信用证或延期接货等情况。例如：

买方因自身原因不能按合同规定的时间开立信用证，应向卖方支付罚金，罚金按延迟开证每10天收取信用证金额的1%，不足10天按10天计。但罚金不超过买方应开信用证金额的10%。

Should the Buyers for its own sake fail to open the Letter of Credit on time stipulated in the contract, the Buyers shall pay a penalty to the Sellers. The penalty shall be charged at the rate of 1% of the amount of the letter of Credit. Any fractional days less than ten days shall be deemed to be ten days for the calculation of penalty. However, the penalty shall not exceed 10% of the total value of the Letter of Credit which the Buyers should have opened.

任务三 认定不可抗力事件

一、不可抗力的概述

（一）不可抗力的含义

不可抗力（Force Majeure），又称为人力不可抗拒，是指买卖合同签订后，不是由于订约者任何一方当事人的过失或疏忽，而是由于发生了当事人既不能预见和预防，又不能避免和克服的事件，以至于无法履行或无法如期履行合同，遭受意外事件的当事人可以免除或延期履行合同。

在进出口贸易中，不可抗力是一项法定免责条款。《联合国国际货物销售合同公约》第七十九条规定：“当事人对不履行义务，不负责任，如果他能证明此种不履行义务，是由于某种非他所能控制的障碍，而且对于这种障碍，没有理由预期他在订立合同时能考虑到或能避免或克服它或它的后果。”我国《合同法》第一百一十七条也规定：“因不可抗力不能履行合同的，根据不可抗力的影响，部分或者全部免除责任，但法律另有规定的除外。”

（二）不可抗力的产生原因

导致不可抗力产生的原因很多，大致可以划分为两类。一类是由自然原因导致不可抗力，如洪水、火灾、暴风雪、地震、旱灾等人类无法控制的自然力量；另一类是由社会原因导致的不可抗力，如战争、罢工、政府禁令、暴动等。但要注意的是，在具体认定不可抗力时，不能把所有的由自然原因和社会原因导致的事件都作为不可抗力。比如汇率变动、商品价格大幅波动等商业风险则不能认定为不可抗力。

（三）不可抗力的后果

按照相关的法律和国际惯例，不可抗力的法律后果有延迟履行合同、部分履行和解除合同三种。当合同一方当事人遭遇不可抗力时，究竟如何处理则根据不可抗力事件的性质、规模和对履行合同的影响程度而定。如果不可抗力事件导致当事人完全丧失履行合同义务的能力，则应主张解除合同；如不可抗力事件只是暂时对当事人造成影响，使其无法按时履行合同，则应主张延迟履行合同；如不可抗力事件只是使得当事人丧失部分履约能力，则应主张部分履行合同。

课内讨论 13-2

某年 4 月初，我国某贸易商 A 公司与英国 B 公司签订了一份 100 公吨小麦的出口合同，交货期为当年的 6 月至 8 月，签约后不久，A 公司的购货地发生水灾，当地小麦歉收，于是 A 公司以不可抗力为由要求免除交货责任。但遭到英国 B 公司拒绝。请问，A 公司要求以不可抗力免除交货的理由是否充分？

二、进出口贸易合同中的不可抗力条款

合同双方为了避免因对不可抗力事件的理解、处理不一致而导致纠纷，通常都在合同中订立不可抗力条款。合同中的不可抗力条款内容通常包括不可抗力事件的范围、不可抗力的处理原则与方法、不可抗力事件的通知及证明。

（一）不可抗力事件的范围

贸易合同中对不可抗力事件的范围有以下三种规定方法：

1. 概括式

概括式是指在合同中不明确规定哪些属于不可抗力事件，而只是笼统地规定："由于公认的不可抗力原因，导致卖方不能交货、不能全部交货或延迟履行，卖方对此不承担责任。"这种规定方法过于笼统，对不可抗力事件解释模糊，容易使合同双方对不可抗力事件的认定出现差异，从而引起争议，一般不宜采用。

2. 列举式

列举式是指在合同中明确、详细列明哪些事件属于不可抗力。如在合同中规定："由于地震、洪水、火灾、海啸、战争、罢工、政府禁令导致卖方不能交货、不能全部交货或延迟履行，卖方对此不承担责任。"这种规定方法虽然明确了不可抗力事件的范围，但容易产生遗漏，一般不宜采用。

3. 综合式

综合式则结合了概括式和列举式的优点，在合同中既列明常见的不可抗力事件，又加列上"以及双方同意的其他不可抗力事件"的文句。如："由于地震、洪水、火灾、海啸、战争、

罢工、政府禁令以及双方同意的其他不可抗力事件导致卖方不能交货、不能全部交货或延迟履行，卖方对此不承担责任。”这种方法既明确又灵活，是贸易合同中常见的规定方法。

（二）不可抗力的处理原则与方法

不可抗力发生后，应按照合同中约定的处理原则与方法进行处理。根据不可抗力事件的性质、规模和对履行合同的影响程度，不可抗力的法律后果有延迟履行合同、部分履行和解除合同三种。

（三）不可抗力事件的通知与证明

按照相关法律和国际惯例，遭遇不可抗力的一方要取得免责权利，必须及时通知另一方，并提供必需的证明文件，以及提出处理意见。在进出口贸易中，为了避免争议，通常在合同中明确规定，一方遭遇不可抗力后通知对方的期限、方式及出具不可抗力证明的机构。不可抗力证明文件通常由当地商会或公正行出具。在我国，一般由中国国际贸易促进委员会或其分会出具。例如在合同中规定“卖方需用电报或电传通知对方，并在15天内以航空挂号邮件方式向买方提交由中国国际贸易促进委员会出具的此类事件的证明书”。

任务四　选择解决争议的方式

一、解决争议的方式

在进出口贸易中，买卖双方在合同的履行过程中产生争议是一种普遍的现象。关键是如何正确地处理和解决争议，维护自身利益。通常贸易双方解决争议的方式有四种：友好协商、调解、仲裁和诉讼。

（一）友好协商

友好协商（Negotiation）指争议发生后，当事双方为取得一致意见共同商量，以求达成和解。协商通常是发生争议后首先采用的方式。这种方式处理争议迅速，不会影响双方的关系，有利于双方贸易的进一步开展。

（二）调解

调解（Conciliation）指双方当事人自愿将争议提交给第三方进行调解。若调解成功，双方应签订和解协议，作为一种新的契约予以执行。如不成功，则可以进一步寻求仲裁或诉讼程序。在贸易实践中，参与调解的第三方大都是专业调解机构，也可以是仲裁机构或法院。

（三）仲裁

仲裁（Arbitration）指争议双方当事人在争议发生前或争议发生后达成协议，自愿将他们之间的争议提交给双方所同意的第三者进行裁决，仲裁机构做出的裁决是终局的，对双方都有约束力。仲裁是解决民事经济纠纷的重要方式之一。如通过协商或调解均无法解决争议，则可以申请仲裁裁决。

（四）诉讼

诉讼（Litigation）是指一方当事人向法院起诉，控告合同的另一方违约，要求法院受理案件并依法进行裁决的一种争议解决方式。诉讼具有强制性，只要法院受理，另一方就不得拒绝（即使缺席，法院也可单方面裁决）。诉讼方式的缺点在于争议解决时间长，费用高，并且易使双方关系恶化，不利于进一步贸易关系的发展。

在以上四种争议解决方式中，前两种解决争议的方式比较有限，而诉讼方式也存在相应的缺陷。因此，在贸易实践中，仲裁是被广泛采用的一种争议解决方式。

二、仲裁

（一）仲裁的特点

相对于诉讼而言，仲裁具有以下特点：

（1）仲裁机构受理案件以双方当事人自愿为基础。与诉讼的强制性特点不同，如果一方当事人不同意仲裁，则仲裁机构就不具备管辖权。

（2）仲裁更具有灵活性。由于仲裁充分体现当事人的意思自治，仲裁机构、仲裁地点以及仲裁中的诸多具体程序等都可由当事人协商确定。仲裁与诉讼相比更加灵活。

（3）仲裁速度快。仲裁机构受理案件后，一般会在相对较短的时间内进行审理并做出最终裁决。如我国《仲裁规则》规定仲裁庭应在组庭后的九个月内做出仲裁裁决书，如适用于简易审理程序，则90天内就可以做出最终裁决。而诉讼从案件受理到最终判决则可能会达到数年时间。

（4）仲裁裁决具有终局性。仲裁裁决是终局的，对双方当事人均有约束力。双方当事人均不得向法院或其他机构提出变更要求。而诉讼则允许上诉，并有可能改判。

（5）仲裁有利于保守商业秘密，不会恶化双方贸易关系。仲裁以不公开审理为原则，当事人的商业秘密不会因仲裁活动而泄露。同时，与合同一方当事人单方面提起诉讼不同，仲裁是以双方自愿为基础，因此双方不会有太过于激烈的冲突，这使得仲裁不会像诉讼那样使得双方关系恶化。

（二）仲裁协议

1. 仲裁协议及其作用

仲裁协议是双方当事人共同约定将已经发生或可能发生的争议提交仲裁机构裁决的书面协议。它是整个仲裁活动的前提和基本依据。仲裁协议的作用表现在：

（1）仲裁协议对双方当事人具有法律约束力。首先，仲裁协议约束当事人只能将争议提交仲裁解决，不得向法院起诉。其次，当事人必须依仲裁协议所确定的仲裁范围、仲裁地点、仲裁机构等内容进行仲裁，不得随意更改。最后，仲裁裁决一旦做出，当事人应当执行裁决结果。

（2）仲裁协议是仲裁机构受理案件的依据。仲裁协议使规定的仲裁机构取得对该案件的管辖权，任何其他仲裁机构均无权受理案件。

（3）仲裁协议排除了法院对案件的管辖权。即法院不得受理订有仲裁协议的案件，即使一方对仲裁裁决结果不服，向法院提起诉讼，法院也不得受理。

2. 仲裁协议的形式

仲裁协议必须是书面的，有两种形式：

（1）仲裁条款。所谓仲裁条款，是指双方当事人在合同中订立的，将今后可能因该合同所发生的争议提交仲裁的条款。该条款作为合同的一项内容订立于合同中，是合同的组成部分。仲裁条款是仲裁实践中最常见的仲裁协议的形式。

（2）仲裁协议书。仲裁协议书是指当事人之间订立的，表示愿意将他们之间已经发生或可能发生的争议提交仲裁解决的专门协议。仲裁协议书是单独的仲裁协议，是在合同中没有规定仲裁条款的情况下，双方当事人为了专门约定仲裁内容而专门订立的协议。仲裁协议书可以在争议发生之前，也可以在争议发生之后订立。

（三）仲裁裁决的承认与执行

裁决的承认是指法院或其他主管机关对仲裁裁决的效力做出确认，并赋予其强制执行力的司法行为。仲裁裁决的执行是指当事人自动履行裁决结果，或者通过法院根据当事人申请依法强制执行裁决结果。

仲裁裁决一经做出，就具备法律效力，对双方当事人均具有约束力。败诉一方应自觉履行仲裁裁决。但在实践中，败诉方拒不履行裁决的情况时有发生，由于仲裁机构不具备强制执行权，因此胜诉方通常可向法院申请强制执行。

（四）合同中的仲裁条款

国际货物买卖合同中的仲裁条款一般应包括仲裁地点、仲裁机构、仲裁的程序规则、仲裁裁决的效力及仲裁费用的负担等内容。

1. 仲裁地点的选择

仲裁地点的选择至关重要，这关系到仲裁使用的法律规则。在实践中，一般仲裁地点在哪个国家，就适用于哪一个国家的法律。因此，应首先力求在本国进行仲裁；如果不行则可以规定在被诉国或者第三国进行仲裁。

2. 仲裁机构的选择

国际贸易中的仲裁机构分为临时仲裁机构和常设仲裁机构。临时仲裁机构是指由争议双方共同指定仲裁员组成临时仲裁庭，专门就双方的争议进行审理、裁决，争议处理完毕即宣告解散。常设仲裁机构是指依据一国的立法或国际条约成立的，有固定的名称、地点、组织和仲裁程序规则的仲裁机构。国际上具有影响力的常设仲裁机构有国际商会仲裁院、美国仲裁协会、斯德哥尔摩商会仲裁院、伦敦国际仲裁院等。我国涉外常设仲裁机构有中国国际经济贸易仲裁委员会和中国海事仲裁委员会。

3. 仲裁的程序规则

仲裁的程序规则即进行仲裁的手续、步骤和做法。包括仲裁的申请、答辩、仲裁庭的组成、案件的审理与裁决等内容。一般各常设仲裁机构都有自己的仲裁程序规则，当事人无须另外规定规则。但有时也可要求仲裁庭按双方当事人约定的仲裁规则进行仲裁。

4. 仲裁裁决的效力

为了进一步说明仲裁裁决的效力，在仲裁条款中，一般都列明："仲裁裁决是终局的，对双方当事人均有约束力。"即对于裁决结果，任何一方当事人均不得向法院起诉，也不得向其他任何机构提出变更仲裁裁决的请求。

5. 仲裁费用

即在合同中应明确规定仲裁费用的负担问题。按照惯例，一般由败诉方承担，也可以按双方协商规定。如规定："仲裁费用由当事双方各承担一半。"

课内讨论 13-3

2011 年 1 月 10 日，香港 A 公司与江苏省 B 公司在南京市签订进出口合同。合同规定：A 公司向 B 公司出售一套乳胶手套制造设备，价款 CIF 南京 50 万美元，其中 40 万美元以信用证支付，余款 10 万美元应在 2 年内结清。此外，合同中还约定了出现争议提交中国国际经济贸易仲裁委员会仲裁的条款。合同签订后，A 公司交付了设备，B 公司支付了首期 40 万美元。后来，双方就设备投产后的产品生产质量等问题产生争议。B 公司因此迟迟未付 10 万美元的余款。在 2 年的付款期限过后，A 公司在多次催要剩余货款无效情况下，依照合同中的仲裁条款，向中国国际经济贸易仲裁委员会申请仲裁。经审理，仲裁委员会做出裁决：要求 B 公司于 2011 年 10 月 15 日前分两次支付给 A 公司货款 10 万美元，逾期加计年利率为 12.5% 的利息。但 B 公司对仲裁裁决持异议，拒绝履行仲裁裁决，并向江苏省中级人民法院提出诉讼请求。同期，因 B 公司未履行仲裁裁决，A 公司随即向仲裁机关所在地的北京市中级人民法院申请执行。请问：江苏省中级人民法院可否接受 B 公司的诉讼请求，北京市中级人民法院可否接受 A 公司强制执行的申请？

模块五

习 题 册

项目一

国际市场调研与寻找贸易机会

一、单项选择题

1.（　　）是主要针对国际市场上影响外贸企业生产销售的非直接环境因素的调查。

A. 国际市场宏观环境调研　　B. 国际市场微观环境调研

C. 国际市场营销环境调研　　D. 国际市场行业环境调研

2.（　　）主要包括目标市场国的相关法律法规，关于竞争的法规，关于倾销与反倾销的法规，保护消费者权益的相关法律法规，有关知识产权和环境保护的相关法律法规。

A. 法律环境　　B. 人文环境　　C. 经济环境　　D. 人口环境

3.（　　）又叫作工商名录，收录了国内外著名的贸易公司及商号的名称、电话、传真、公司地址、主要经营项目等情况。

A. 搜索引擎　　B. B2B 网站　　C. 企业黄页　　D. 企业白页

4. 以下哪一个不是以 B2B 为主的外贸交易平台？（　　）

A. 中国制造网　　B. 阿里巴巴　　C. 速卖通　　D. 环球资源网

5. 对现成的由他人搜集、记录、整理、积累的资料即间接资料、第二手资料，进行再搜集、整理和分析，从而间接地获得对自己有用的信息并加以利用的调研方法是（　　）。

A. 间接调研　　B. 直接调研　　C. 文字调研　　D. 问卷调研

二、多项选择题

1. 市场调研的目的包括：（　　）。

A. 开拓市场　　B. 设计研发　　C. 减少纠纷　　D. 案头研究

2. 国际市场微观环境包括：（　　）。

A. 经济环境　　B. 人口环境

C. 竞争者环境　　D. 购买者环境

3. 国际市场经济环境因素包括：（　　）。

A. 经济发展水平　　B. 产业布局

C. 人口数量　　D. 参加国际组织的情况

4. 国际市场社会文化因素包括：（　　）。

A. 人口规模　　B. 家庭因素　　C. 价值观念　　D. 宗教

三、判断题

1. 在选择 B2B 网站时除需要考虑网站自身的知名度以外，还需要考虑资金成本。（　）

2. 国外客户，特别是比较大的采购商，全部都从网络获得商业信息。（　）

3. 法兰克福时尚消费品展览会是法国的展览会。（　）

4. 在广州举办的中国进出口商品交易会一年举办一次。（　）

5. 间接调研搜集信息，方法可自选，过程可控制，能得到较强针对性、适用性、及时性、可靠性的信息。（　）

四、案例分析题

我国某出口公司出口一批小地毯去沙特阿拉伯，由于当地小地毯市场竞争激烈，产品销路一直不好。后经了解，原来是这个批次小地毯的颜色暗沉，而当地人偏好颜色艳丽的商品。于是，该公司迅速调整进货品种，并要求厂商在小地毯上加装一个可以指明朝拜方向的指南针。该批次产品一到市场就被抢购一空。从该公司的经历中得到什么启示？

五、操作题

利用课本所提供的 B2B 网站或搜索引擎寻找美国市场上经营牛仔休闲服或厨具的客户。

项目二

熟悉进出口贸易业务流程

一、单项选择题

1. 以下哪一项不是贸易磋商环节？（　　）

A. 询盘　　B. 发盘　　C. 还盘　　D. 寻找客户

2. 出口退税属于贸易的哪个阶段？（　　）

A. 交易前准备阶段　　B. 贸易磋商阶段

C. 贸易后续工作　　D. 合同履约阶段

3. FOB 条件下出口商无须办理（　　）。

A. 组织货源　　B. 报关　　C. 制单结汇　　D. 办理运输

4. CIF 条件下进口商无须办理（　　）。

A. 办理进口证件　　B. 投保　　C. 报检　　D. 报关

5. 卖方在货物装运后，制单结汇前还须要做的一项重要工作是（　　）。

A. 航邮货运单据　　B. 确认订单

C. 寄送合同　　D. 发装运通知

二、多项选择题

1. 进出口业务流程通常包括以下哪几个部分？（　　）

A. 交易前的准备　　B. 磋商及签约

C. 履约　　D. 贸易后续工作

2. 以下哪几项工作是贸易的履约阶段需要经历的？（　　）

A. 报关　　B. 装运　　C. 询盘　　D. 制单结汇

3. 以下哪几项是 FOB 条件下进口商履约的工作环节？（　　）

A. 办理运输　　B. 报检　　C. 投保　　D. 制单结汇

4. 以下哪几项是 CIF 条件下出口商履约的工作环节？（　　）

A. 办理运输　　B. 开立信用证　　C. 投保　　D. 制单结汇

三、判断题

1. 出口贸易中，出口商一旦结汇，则意味着整个出口交易结束。　　（　　）

2. 出口贸易中应该先报关后报检。（　）
3. CIF 条件下出口商应在装船后办理投保手续。（　）
4. 进口贸易中，如发现货物损坏，应凭商检机构出具的检验证书进行索赔。（　）
5. 选定客户及建立贸易关系属于贸易的履约阶段。（　）

四、思考题

1. 进出口贸易一般要经过哪些程序？
2. 出口交易前的准备工作有哪些内容？进口交易前的准备工作又有哪些？

项目三

选择进出口贸易方式

一、单项选择题

1. 寄售是一种（　　）的贸易方式。

A. 展销结合　　B. 经销　　C. 委托代售　　D. 独家代理

2. 创办于 1957 年，是我国进出口商品的第一大交易会的是（　　）。

A. 世博会　　B. 上交会　　C. 广交会　　D. 药博会

3. 企业对个人消费者展开的网上零售活动，又称为（　　）。

A. B2B　　B. C2C　　C. B2C　　D. F2C

4. 出口商与国外经销商达成协议，在一定时间内把指定商品在指定地区的独家经营权授予该经销商的贸易方式是（　　）。

A. 展卖　　B. 代理　　C. 包销　　D. 定销

5. 以下哪一个不是典型的 B2C 类跨境电商平台？（　　）

A. 亚马逊　　B. 速卖通

C. 兰亭集势　　D. 阿里巴巴

二、多项选择题

1. 寄售有以下哪几个特点？（　　）

A. 寄售是现货交易

B. 寄售人与代销人之间是委托代售关系

C. 寄售人与代销人之间是买卖关系

D. 货物出售前的风险由货主承担

2. 展卖方式对卖方而言有以下哪几个优势？（　　）

A. 利于扩大产品宣传　　B. 利于直接了解客户需求

C. 利于尽早收回货款　　D. 有利于招揽潜在买主

3. 加工贸易包括以下哪几项？（　　）

A. 来料加工　　B. 来件装配　　C. 进料加工　　D. 补偿贸易

4. 跨境电商的特征包括（　　）。

A. 全球性　　B. 无形性　　C. 匿名性　　D. 区域性

三、判断题

1. 现汇贸易就是用现金进行结算。（　）
2. 包销与定销相比，更有利于进出口方建立稳定的买卖关系。（　）
3. 来料加工贸易中，加工方主要赚取销售利润。（　）
4. 补偿贸易只能用进口的设备、物资所生产的产品去偿还进口设备、物资的贷款。（　）
5. F2C 贸易模式，产品需要经过中间商环节才能到达消费者。（　）

四、思考题

1. 按商业模式来划分，跨境电商可分为哪几类？
2. 请比较跨境电商与传统外贸在流通渠道上有什么区别。

项目四

对外报价

一、单项选择题

1. FOB 中划分买卖双方风险界限的是（　　）。

A. 装运港的船上　　B. 货交第一承运人处置

C. 货交买方处置　　D. 目的港船舷

2. 卖方承担责任、费用和风险最小的一种贸易术语是（　　）。

A. FOB　　B. CIF　　C. CFR　　D. EXW

3. 卖方承担责任、费用和风险最大的一种贸易术语是（　　）。

A. DDP　　B. DAP　　C. FCA　　D. CIP

4. FOB 条件下卖方的义务是（　　）。

A. 负责出口报关　　B. 负责投保

C. 负责租船订舱　　D. 负责进口报关

5. 在 CPT 条件下负责出口报关的是（　　）。

A. 买方　　B. 卖方　　C. 承运人　　D. 船方

6. 在 CIP 条件下，买卖双方的风险划分界限是（　　）。

A. 工厂门口　　B. 装运港船舷　　C. 目的港船舷　　D. 货交承运人

7. 与 CIP 有许多相似之处的贸易术语是（　　）。

A. CFR　　B. FOB　　C. CIF　　D. FCA

8. EXW 规定的买卖双方风险划分界限是（　　）。

A. 卖方所在地货交买方处置时　　B. 货交第一承运人

C. 目的港　　D. 目的地

9. 我国出口公司向德国出口核桃 3 000 吨，一般应采用哪种贸易术语对我方最好？（　　）

A. FOB 汉堡　　B. FOB 青岛

C. FOB 北京机场　　D. CIF 汉堡

10. 我某公司按 CIF 出口一批货物，但因海轮在运输途中遇难，货物全部灭失，买方（　　）。

A. 可借货物未到岸之事实而不予付款　　B. 应该凭卖方提供的全套单据付款
C. 可以向承运人要求赔偿　　D. 由银行决定是否付款

11. 在实际业务中，FOB条件下，买方常委托卖方代为租船、订舱，其费用由买方负担。如到期订不到舱，租不到船，（　　）。

A. 卖方不承担责任，其风险由买方承担　　B. 卖方承担责任，其风险也由卖方承担
C. 买卖双方共同承担责任、风险　　D. 双方均不承担责任，合同停止履行

12. 下列我方出口单价写法正确的是（　　）。

A. 每吨1 000美元FOB伦敦　　B. 每打100欧元FOB净价减1%折扣
C. 每码3.50港元CIFC2%香港　　D. 500英镑CFR净价伦敦

13. 就卖方承担的费用而言，下列描述中正确的是（　　）。

A. FOB＞CFR＞CIF　　B. CIF＞CFR＞FOB
C. FOB＞CIF＞CFR　　D. CIF＞FOB＞CFR

14. 某出口商品报价为每千克200美元FOBC3%上海，现客户要求将佣金增加到5%，在保持出口净收入不变的情况下，应报每千克（　　）FOBC5%上海价。

A. 203.70美元　　B. 194美元　　C. 210美元　　D. 204.21美元

15. 凡货价中不包含佣金和折扣的被称为（　　）。

A. FOB价　　B. 净价　　C. 出厂价　　D. 含佣价

16. 一笔国际货物买卖合同，采用CFR含佣金2%对外成交，总值为10 000美元，该批货物的总运费为900美元，则该笔交易外汇净收入为（　　）美元。

A. 10 000　　B. 8 900　　C. 9 100　　D. 9 800

17. 我国企业某商品对外商报价不含佣金CFR价为每吨4 000美元，后外商要求报CIFC4%的价格，保险费率1%，投保加成率10%，如果要保证我国企业的净收入保持不变，则对外改报的CIFC4%价格为（　　）。

A. 4 213.01美元　　B. 4 212.50美元
C. 4 206.27美元　　D. 4 205.76美元

18. 某商品出口总成本为1 500 000元，出口后外汇净收入为220 000美元，按近期中国银行的外汇牌价为100美元，折合人民币799元，则出口盈亏率为（　　）。

A. 14.7%　　B. 15.8%　　C. 17.2%　　D. 19.1%

19. 在一般的国际贸易买卖合同中，价格都表现一定量的特定货币（例如每吨500美元），通常不再规定支付货币。根据国际贸易的特点，用来计价的货币（　　）。

A. 只能是出口国货币
B. 只能是进口国货币
C. 只能是第三国的货币
D. 可以是出口国货币，也可以是进口国货币或者是第三国货币

20. 国际贸易货款的支付中选用计价货币的原则是（　　）。

A. 收硬付硬　　B. 收硬付软　　C. 收软付硬　　D. 收软付软

21. 出口成本核算中外汇净收入采用的贸易术语是（　　）。

A. CIF　　B. CFR　　C. FOB　　D. DDP

22. 出口总成本加上利润对外报价需要除以（　　）。

A. 外汇买入价　　B. 外汇卖出价　　C. 外汇中间价　　D. 外汇现钞价

23. 进口成本核算中进口成本采用的贸易术语是（　　）。

A. FOB　　B. CFR　　C. CIF　　D. EXW

24. 出口总成本是指（　　）。

A. 进货成本　　B. 进货成本+各项费用

C. 进口成本+出口前的费用–出口退税　　D. 对外销售价格

25.（　　）是含佣价。

A. FOB S　　B. FOB C　　C. FOB R　　D. FOB T

二、多项选择题

1. 按 CFR EX Ship's Hold 术语成交，出口一批大宗货物，采用承租船运输，在租船时，可按（　　）装卸条件订立合同。

A. 管卸　　B. 管装卸

C. 不管装卸　　D. 不管装卸平舱理舱

2. 国际货物买卖合同中的单价条款包括（　　）。

A. 计量单位　　B. 单位价格金额

C. 计价货币　　D. 贸易术语

3. 有关贸易术语的国际贸易惯例有（　　）。

A.《2010 年通则》　　B.《1941 年美国对外贸易定义修订本》

C.《1932 年华沙—牛津规则》　　D.《汉堡规则》

4. 贸易术语的性质是（　　）。

A. 表示交货条件　　B. 表示成交价格的构成因素

C. 表示付款条件　　D. 表示保险险别

5. FOB、CFR、CIF 与 FCA、CPT、CIP 术语的主要区别是（　　）。

A. 适用的运输方式不同　　B. 交货地点不同

C. 风险转移的地点不同　　D. 装卸费用的负担不同

6. 根据《2010 年通则》的解释，下列贸易术语中，仅适用于水上运输方式的是（　　）。

A. FOB　　B. FAS　　C. EXW　　D. CIP

7. 在采用 FOB 术语成交，利用程租船运输的大宗货物的交易中，如果卖方不愿承担装船费用，可选用（　　）。

A. FOB Liner Terms　　B. FOB Under Tackle

C. FOB Stowed　　D. FOB Trimmed

8. 按照《2010 年通则》的解释，FOB、CFR 和 CIF 的共同点表现为（　　）。

A. 都是装运合同　　B. 交货地点都在装运港

C. 均适用于水上运输方式　　D. 风险划分都以装运港船上为界

9. 按照《2010 年通则》的规定，在下列贸易术语中适用于多种运输方式的是（　　）。

A. EXW　　B. FCA　　C. FAS　　D. DAT

10. 我国进出口商品的作价原则是（　　）。

A. 根据国际市场价格水平　　B. 结合国别（地区）政策

C. 结合购销意图　　D. 以营利为目的

11. 以下我方出口商品单价写法正确的是（　　）。

A. 每吨 500 美元 CIF 纽约，包括佣金 3%

B. 每吨 500 美元 CIFC 3%纽约

C. 每打 50 美元 FOB 广州黄埔

D. 每台 6 000 日元 FOB 上海，含 2%的折扣

12. 下列我某公司业务员的出口报价，（　　）是正确的。

A. USD58/PER METRIC TON CIF LONDON

B. USD58/PER METRIC TON FCA SHANGHAI

C. USD58/PER METRIC TON FOB LONDON

D. USD58/PER METRIC TON CIF SHANGHAI

13. 佣金的表示方法有（　　）。

A. 在价格中表明所含佣金的百分比　　B. 用字母“C”表示

C. 用绝对数表示　　D. 在价格条款中写明“明佣”字样

14. 国际贸易术语的作用主要是（　　）。

A. 为了节省谈判时间

B. 为了保密

C. 为了简化合同内容和节约费用

D. 为了明确双方的各自应承担的手续、费用、风险与责任

15. 我某公司出口某大宗商品，单价为“USD2 000 per M/T CIF ex ship's hold Hamburg”。据此，我方与船方订立程租船合同时，有关装卸费的规定，应采用（　　）条款与承运人订立租船合同。

A. F.I.　　B. F.O.　　C. F.I.O.　　D. Liner Terms

16. 在国际货物买卖中，非固定价格的定价方法有（　　）。

A. 后定价格　　B. 暂定价格　　C. 商定价格　　D. 部分固定价格

17. 选择贸易术语时应考虑的因素有（　　）。

A. 运输条件　　B. 货源情况　　C. 运费因素　　D. 运输途中的风险

18. 以 CIF 贸易术语成交合同时，出口人必须提交的单据至少包括（　　）。

A. 商业发票　　B. 保险单　　C. 提单　　D. 商检证书

19. 出口企业进行成本核算的指标有（　　）。

A. 出口外汇净收入　　B. 出口成本价格

C. 出口换汇成本　　D. 出口盈亏率

20. 成交一批由上海出口到英国伦敦的羊毛，下列贸易术语不正确的是（　　）。

A. FOB 上海　　B. FOB 伦敦　　C. CFR 英国　　D. CIF 上海

21. 上海某公司业务员的进口报价正确的是（　　）。

A. USD100.00/PER M/T CFR SHANGHAI　　B. USD100.00/PER M/T FCA NEW YORK

C. USD100.00/PER M/T FOB SHANGHAI　　D. USD100.00/PER M/T CIF SHANGHAI

22. 影响出口成本价格的因素为（　　）。

A. 出口商品收购价　　B. 各项经营管理费用

C. 出口运费　　D. 出口退税

23. 佣金的表示方法可以有（　　）。

A. 每吨 335 美元 CIF 纽约包含佣金 2%

B. 每吨 220 美元 CIFC 2%伦敦

C. 每吨 300 美元 FOB 上海净价

D. 按照成交价总金额支付 USD1 000

24. 贸易术语选用考虑的原则是（　　）。

A. 增收节支外汇、运保费

B. 适合所使用的运输方式

C. 按照实际需要，灵活掌握

D. 安全收汇，安全收货

25. 国际贸易中作价方法主要有（　　）。

A. 固定作价

B. 暂不固定作价

C. 暂定价格

D. 滑动价格

三、判断题

1. 某商品出口总成本为 1 500 000 元，出口后外汇净收入为 220 000 美元，按近期中国银行的外汇牌价为 100 美元折合人民币 644 元，则出口盈亏率为 14.7%。（　　）

2. 买卖双方按 CFR Liner Terms 成交，卖方发运的货物必须采用班轮装运。（　　）

3. 买方采用 FOB 进口散装货物，用程租船运输，如买方不愿承担装船费用，可采用 FOB Stowed。（　　）

4. 国际贸易惯例对于买卖合同中的当事人都具有普遍的法律约束力。（　　）

5. 某出口商品每千克 100 美元 FOBC 3%上海，现客户要求将佣金增加到 5%，在保持出口净收入不变的情况下，应报每千克 101.85 美元 FOBC 5%上海价。（　　）

6. 我国从汉堡进口货物，如按 FOB 条件成交，需由我方派船到汉堡港口接运货物；而按 CIF 条件成交，则由出口方洽租船舶将货物运往中国港口。可见，按 FOB 进口承担的货物运输风险比按 CIF 进口大。（　　）

7. 我某公司以 CFR 条件向美国出口一批货物，装运后因我方未及时向对方发出装运通知，结果导致买方未能办理货物运输保险。船开航后不久便触礁沉没，货物全部损失，故对方拒绝付款。我方可以以货物灭失发生在越过船舷之后，CFR 规定货物运输中的风险应由买方承担为由，要求对方支付货款。（　　）

8. 按 CIF 贸易术语成交，只要货物已在运输途中灭失，即使卖方按期向买方提交了符合合同规定的全套单据，买方也有权拒收单据和拒付货款。（　　）

9. 按照 CIF Landed New York 条件成交，卖方要负担将货物运到纽约的责任、费用及风险，并承担在目的港的卸货费用。（　　）

10. 按 FCA、CPT 和 CIP 三种贸易术语成交，就卖方承担的风险而言，FCA 最小，CIP 最大。（　　）

11. 我某公司出口某商品 500 吨，国内收购价为 150 元/吨（含增值税 17%），另加其他费用 10%，出口退税率 17%。外销价为每公吨 30 美元 CIF 上海，其中运费和保险费占 5%。则该商品的出口换汇成本为 6.65 人民币元/美元。（　　）

12. 出口商通过中间商与国外成交一批货物，中间商要求签订合同后马上支付佣金，我方应该接受中间商的条件。（　　）

13. 出口商在采用计价货币时候应该考虑其汇率变化的趋势，通常出口应收取硬货币。（ ）

14. 如果出口换汇成本低于计价货币汇率的买入价表明出口商存在盈利。（ ）

15. 买卖双方在合同中规定“按照提单日期的国际市场价格计算。”这是一种固定作价的方法。（ ）

四、计算题

1. 我某公司出口货物1 000公吨，出口价格为每公吨2 000美元CIF纽约，现客户要求改报FOB天津价。已知该种货物每公吨出口运费为150美元，原报CIF价中，投保险别为一切险，保险费率为1%，按CIF价的110%投保。求应报的FOB天津价。

2. 我方公司向西欧某客商推销商品，发盘价格为每公吨1 150英镑CFR西欧某港口，对方复电要求改按FOB中国口岸定价，并给予2%佣金，查自中国口岸至西欧某港口的运费为每公吨170英镑，我方如要保持外汇收入不变，怎样改按买方要求条件报价？

3. 某出口公司对外报价某商品每公吨2 000美元CIFC 2%旧金山，外商要求将佣金率提高至4%。在保持我方净收入不变的情况下，应报价多少？

4. 我外贸公司出口某商品1 000箱，该货每箱收购价人民币100元，国内费用为收购价的15%，出口后每箱可退税人民币7元，外销价每箱19美元CFR曼谷，每箱货应付海运运费1.20美元，试计算该商品的换汇成本。

5. 我某公司向荷兰某商出口货物100箱，每箱60美元CIF鹿特丹，按CIF加一成投保一切险，保险费率为0.6%，总运费为1 000美元。已知该货退税后的出口总成本为3万元人民币，结汇时银行买入价为1美元=6.45元。试计算该出口商品的盈亏率。

6. 某出口商品每公吨进货成本7 000元，商品流通费2 000元，成交价格为CIFC3每公吨1 200美元，其中包含运费42.70美元，保险费8.58美元，佣金36美元。求该商品的换汇成本？

7. 某出口公司与西欧某中间商达成一笔交易，合同规定我方出口某商品25 000公斤，每公斤15美元，CFRC 2%汉堡。海运运费为每公斤0.15美元。出口收汇后出口公司向国外中间商汇付佣金。计算：（1）该出口公司向中国银行购买支付佣金的美元共需多少人民币？（2）该出口公司的外汇净收入为多少美元？（按当时中行牌价：100美元=644.45/645.44人民币元）

8. 青岛某公司出口某商品20公吨，纸箱装，每箱净重20公斤，毛重22.26公斤，每箱尺码42×28×25立方厘米。该货出口总成本为每公吨2 200元人民币，外销价为每公吨750美元CFR仰光，海运运费W/M12级计算，查青岛至仰光12级货基本运费为96美元/运费吨，港口附加费32%，燃油附加费28%。试计算该商品换汇成本及盈亏率（按1美元兑6.85元人民币计算）。

9. 我某公司出口某商品5万公吨，国内收购价（含17%增值税）为1.50人民币元/公斤，另加其他费用10%，退税率为11%，出口外销价为每公吨200美元FOB上海，含佣金3%。试计算该商品的出口换汇成本和出口盈亏率（美元兑换人民币汇率为6.45）。

10. 我某进出口公司对德国企业按照投保平安险费率0.8%，投保加成10%，报价为每公吨8 100欧元CIF汉堡，而德商来电要求保险加成为20%，投保一切险费率1%，我方同意照办，则我方报价应改为多少？请用中、英文写出报价条款（计算结果保留两位小数）。

五、操作题

根据《2010 年通则》判断下列价格条款是否正确，如有错或不完整，请予更正或补充。

1. RMB1 500 FOB 天津。
2. £100 per doz. CFR.
3. per case 32.60 CIF London.
4. US$15 per set CIF USA.
5. per M/T USD 200 Hamburg.
6. 每打 25 美元 CIF 纽约，货物在路途如发生灭失或损坏，买方可以拒付货款。
7. 每包 25 港币 CFR 新加坡，卖方保证于 2007 年 12 月 30 日将货物运至买方所在营业地

六、简答与案例分析题

1. 沈阳 A 出口公司拟向日本大阪某进口商出口货物一批，A 公司可在其仓库将货物装入集装箱后交付至承运人，承运人用卡车将集装箱经高速公路运至大连，然后在大连港装上集装箱班轮运往日本大阪。A 公司提出按 CIP 大阪成交，但日商要求按 CIF 大阪成交。试从 A 公司角度分析按 CIF 大阪条件与按 CIP 大阪条件成交有何不同？

2. 我某出口公司与外商按 CIF Landed London 条件成交出口一批货物，合同规定，商品的数量为 500 箱，以信用证方式付款，5 月份装运。买方按合同规定的开证时间将信用证开抵卖方。货物顺利装运完毕后，卖方在信用证规定的交单期内办好了议付手续并收回货款。不久，卖方收到买方寄来的货物在伦敦港的卸货费和进口报关费的收据，要求我方按收据金额将款项支付给买方。问：我方是否需要支付这笔费用？为什么？

3. 我方以 FCA 贸易术语从意大利进口布料一批，双方约定最迟的装运期为 4 月 12 日，由于我方业务员疏忽，导致意大利出口商在 4 月 15 日才将货物交给我方指定的承运人。当我方收到货物后，发现部分货物有水渍，据查是因为货交承运人前两天大雨淋湿所致。据此，我方向意大利出口商提出索赔，但遭到拒绝。问：我方的索赔是否有理？为什么？

4. 我国无锡某公司采用 FOB 上海向美国出口货物一批，装运期为 5 月份，集装箱装运。我方 4 月 26 日收到买方发来的装船通知，告知我方载货船舶将于 5 月 15 日到达装运港。为了及时装运，我公司业务员于 5 月 10 日将货物从无锡运至上海码头仓库，不料货物因当夜仓库发生火灾而全部损失。

问：（1）以上损失是否应该由我方承担？为什么？

（2）若采用 FCA 无锡交货，该损失是否应该由我方承担？为什么？

（3）采用 FCA 贸易术语和 FOB 贸易术语在交货地点、运输方式和单据、结汇时间等方面存在哪些不同？

5. 我某公司以 FOB 条件出口一批冻鸡。合同签订后接到买方来电，称订舱较为困难委托我方代为订舱。为了方便合同履行，我方接受了对方的要求。但由于船期比较紧张，时至装运期我方在规定装运港无法订到合适的舱位，且买方又不同意改变装运港。因此，到装运期满时货仍未装船，买方因销售季节即将结束便来函以我方未按期订舱履行交货义务为由撤销合同。试问：我方应如何处理？

6. 我方从泰国 A 公司进口一批大米，签定“CFR 上海”合同，货轮在台湾海峡附近沉没。A 公司未及时向我方发出装船通知，我方未办理投保，无法向保险公司索赔。故我方要

求对方承担责任，但泰国 A 公司以货物离港，风险已经转移给我方为由拒绝承担责任。问：泰国 A 公司的行为是否合理？究竟由谁承担责任？为什么？

7. 我某出口公司按 CIF 条件、凭不可撤销即期议付信用证支付方式向科威特 ABC 公司出售货物一批。ABC 公司按合同规定开来不可撤销即期议付信用证，并经我方审核无误。我出口公司在信用证规定的装运期限内将货物在装运港装上开往目的港的海轮，并在装运前向中国人民保险公司按 CIC 条款办理了货物运输保险。但装货海轮在开航后不久起火爆炸沉没，该批货物全部灭失。你认为，我出口公司该如何处理？并说明理由。

8. 我方按 CIP 南京条件进口 10 公吨化肥，其经海上运输，抵达上海港后转为公路运输运至南京。我方受领货物后，卖方要求我方支付货款和公路运费，请问卖方的行为是否合理？

9. 我某出口公司对某日商出口大米，做出发盘，其中规定：每公吨 CIF 大阪 150 美元，装运港是大连，现日商要求我方改报 FOB 大连价，我出口公司对价格应如何调整？如果最后按 FOB 条件签订合同，买卖双方在所承担的责任、费用和风险方面有何差别？

10. 我某外贸公司按照 CIF 伦敦向英商出售一批货物。卖方在规定的装运期内装船并取得相应单据。货物在运输过程途中时逢埃以战争爆发，苏伊士运河关闭，只能绕道非洲南端。事后买方就航行途中发生的绕航费用、货物湿损以及未能按预计时间到达向我方提出索赔。问：我方是否应当赔偿？为什么？

项目五

选用适合的支付方式

一、单项选择题

1. 托收支付方式属于（　　），业务过程中使用（　　）；信用证支付方式属于（　　），业务过程中使用（　　）。

A. 商业信用/商业汇票；商业信用/商业汇票

B. 商业信用/银行汇票；商业信用/银行汇票

C. 商业信用/商业汇票；银行信用/商业汇票

D. 银行信用/商业汇票；银行信用/银行汇票

2. 票汇业务中使用的汇票是（　　）。

A. 银行即期汇票　　B. 商业即期汇票

C. 银行远期汇票　　D. 商业远期汇票

3. 下列不属于我国《票据法》规定汇票期限的是（　　）。

A. 即期付款　　B. 见票后若干天付款

C. 出票后若干天付款　　D. 提单日后若干天付款

4. 国际货物买卖合同中的支付条款规定为："D/A at 30 days after sight." 如汇票提示、承兑日为 5 月 25 日，则最迟付款日应为（　　），交单日应为（　　）。

A. 6 月 24 日，6 月 24 日　　B. 6 月 25 日，5 月 25 日

C. 6 月 25 日，6 月 24 日　　D. 6 月 24 日，5 月 25 日

5. 汇票的抬头是指（　　）。

A. 出票人　　B. 受票人　　C. 受款人　　D. 承兑人

6. 支票支付条件下，付款人应为（　　）。

A. 出口人　　B. 银行　　C. 承运人　　D. 收货人

7. 对于尚未到期的远期已承兑汇票，由银行根据票面金额，扣除截止到付款日的利息，将余款付给持票人的行为，称为（　　）。

A. 贴现　　B. 提示　　C. 承兑　　D. 背书

8. 下列汇票抬头中，无须由持票人背书即可转让的是（　　）。

A. pay to ABC Co. only
B. pay to the order of ABC Co.
C. pay to ABC Co. or order
D. pay to bearer

9. 票汇业务中，使用的汇票是（　　）。
A. 即期、商业汇票
B. 即期、银行汇票
C. 远期、商业汇票
D. 远期、银行承兑汇票

10. 在汇付中汇款人和汇出行之间的契约是（　　）。
A. 信用证
B. 汇款申请书
C. 托收委托书
D. 汇票

11. 买卖双方以 D/P 即期付款条件成交签约。卖方装运货物后，委托托收行并通过代收行向买方收款，但买方拒绝付款赎单。对此，（　　）。
A. 托收行应负责向卖方付款
B. 卖方自行负担货款损失
C. 代收行应负责向卖方付款
D. 由卖方、托收行及代收行协商共同负担损失

12. 对于托收方式下 D/P 和 D/A 的区别正确的是（　　）。
A. D/P 是跟单托收，D/A 是光票托收
B. D/P 是付款后交单，D/A 是承兑后交单
C. D/P 是即期付款，D/A 是远期付款
D. D/P 是银行信用，D/A 是商业信用

13. 托收业务中，远期付款交单（D/P 30 Days After Sight），使用的汇票是（　　）。
A. 即期、商业汇票
B. 即期、银行汇票
C. 远期、商业承兑汇票
D. 远期、银行承兑汇票

14. 买卖双方以 D/P・T/R 见票后 30 天条件成交签约，货到目的港后，买方凭 T/R 向代收行借单提货，事后收不回货款，（　　）。
A. 代收行应负责向卖方偿付
B. 由卖方自行承担货款损失
C. 由卖方与代收行协商共同承担损失
D. 由卖方、托收行及代收行协商共同承担损失

15. 在几种托收方式当中，对卖方来说风险更大的是（　　）。
A. 票汇
B. 即期付款交单
C. 远期付款交单
D. 承兑交单

16. 根据《UCP600》，银行可拒收的保险单据是（　　）。
A. 保险单据的签发日期迟于运输单据的签发日期
B. 当信用证未规定保险金额时，保险金额不低于 CIF 或 CIP 金额的 110%
C. 当信用证未规定保险险别时，保险险别是一切险
D. 保险单上货物的描述使用统称，但与信用证的规定一致

17. 根据《UCP600》，信用证规定装运期为“ON OR ABOUT JULY 15TH 2016”时，实际装运期应当理解为 2016 年（　　）至（　　）。
A. 7 月 9 日；7 月 19 日
B. 7 月 10 日；7 月 19 日
C. 7 月 10 日；7 月 20 日
D. 7 月 9 日；7 月 20 日

18. 适于在常年定期、定量供货的情况下使用的信用证为（　　）。

A. 红条款信用证　　B. 保兑信用证

C. 循环信用证　　D. 议付信用证

19. 根据《UCP600》，如信用证无其他规定，则商业发票应做成（　　）抬头，由（　　）签发。

A. 开证行；受益人　　B 开证申请人；受益人

C. 开证行；议付行　　D. 开证申请人；开证行

20. 根据《UCP600》，以下哪一种表述是正确的？（　　）

A. 不可撤销信用证在任何情况下都不能撤销或修改

B. 可转让信用证只能转让一次

C. 备用信用证项下的开证行承担第二性付款责任

D. 延期付款信用证项下受益人须提交远期汇票和单据

21. 信用证规定到期日为 2016 年 8 月 15 日，最迟装运日为 2016 年 7 月 31 日。如果提单出单日为 2016 年 7 月 10 日，则受益人最迟交单日应为（　　）。

A. 7 月 30 日　　B. 8 月 15 日

C. 7 月 10 日　　D. 7 月 31 日

22. 信用证业务中的“严格相符原则”是指（　　）。

A. 单单、单证相符　　B. 单据与货物相符

C. 信用证与合同相符　　D. 单单、单货、单证、货证都相符

23. A 公司向 B 公司出口货物一批，B 公司通过 C 银行开给 A 公司一份不可撤销即期议付信用证。当 A 公司于货物装运后持全套单据向当地银行办理议付时，B 公司倒闭。根据《UCP600》，C 银行（　　）。

A. 可以 B 公司倒闭为由拒绝付款　　B. 仍应承担付款责任

C. 可以推迟付款　　D. 既可以付款，也可以拒绝付款

24. 信用证支付方式属于（　　），业务过程中使用（　　）。

A. 商业信用/商业汇票　　B. 商业信用/银行汇票

C. 银行信用/商业汇票　　D. 银行信用/银行汇票

25. 国外来证规定：“针织布 4 000 千克，每千克 5 美元；针织女衫约（about）4 000 件，每件 5 美元；针织男衫 4 000 件，每件 6 美元；总金额约（About）64 000 美元，禁止分批装运。”为此，我出口数量最高应掌握：针织布（　　）千克；针织女衫（　　）件；针织男衫（　　）件。

A. 4 000；4 000；4 000　　B. 4 400；4 400；4 400

C. 4 200；4 400；4 000　　D. 4 200；4 400；4 200

26. 信用证和货物合同的关系是（　　）。

A. 信用证是货物合同的一部分　　B. 货物合同是信用证的一部分

C. 信用证从属于货物合同　　D. 信用证独立于货物合同

27. 托收方式与信用证支付方式的相同点是（　　）。

A. 都是逆汇　　B. 都使用银行汇票

C. 都是银行信用　　D. 都对卖方有利

28. 信用证规定到期日为 2016 年 5 月 31 日，而未规定最迟装运期，则可理解为（　　）。

A. 最迟装运期为 2016 年 5 月 10 日　　B. 最迟装运期为 2016 年 5 月 16 日

C. 最迟装运期为 2016 年 5 月 31 日　　D. 该信用证无效

29. 真远期信用证和假远期信用证的重要区别之一就是信用证项下远期汇票贴现的利息，前者由（　　）承担，后者由（　　）承担。

A. 卖方/买方　　B. 买方/卖方　　C. 卖方/卖方　　D. 买方/买方

30. 信用证结算方式下，银行可以拒付的理由是（　　）。

A. 货与合同不符　　B. 信用证与合同不符

C. 进口商要求拒付　　D. 单证不符

二、多项选择题

1. 在国际贸易中，常用的支付方式有（　　）。

A. 现金　　B. 汇付　　C. 托收　　D. 信用证

2. 采用 D/A 托收货款时，卖方发货后出具的汇票不可能是（　　）。

A. 光票　　B. 跟单汇票　　C. 即期汇票　　D. 银行汇票

E. 远期汇票

3. 为了适应中间商转售他人货物的需要，最好采用（　　）。

A. 假远期信用证　　B. 对背信用证

C. 可转让信用证　　D. 循环信用证

4. 远期汇票付款时间的规定方法，主要有（　　）。

A. 见票后若干天付款　　B. 出票后若干天付款

C. 提单签发日后若干天付款　　D. 指定日期付款

5. 某公司分别以 D/P at 30 days after sight 和 D/A at 30 days after sight 两种支付条件对外出口了两批货物，关于这两笔业务，下列叙述正确的有（　　）。

A. 前者是进口人在到期日付清货款才可取得货运单据，后者是进口人在见票时承兑后即可取得货运单据

B. 前者没有遭进口人拒付的风险，而后者存在这种风险

C. 前者的风险比后者大

D. 两者都有遭进口人拒付的风险

6. 延期付款与分期付款的区别是（　　）。

A. 付清货款的时间不同　　B. 货物所有权转移时间不同

C. 有关利息负担不同　　D. 担保人不同

7. 在信用证业务的有关当事人之间，存在契约关系的有（　　）。

A. 开证申请人与开证行　　B. 开证申请人与受益人

C. 开证行与受益人　　D. 开证申请人与通知行

8. 关于信用证与合同关系的表述正确的是（　　）。

A. 合同是银行审核信用证的依据　　B. 信用证的开立以买卖合同为依据

C. 信用证的履行不受买卖合同的约束　　D. 银行只认信用证，不认合同

9. 国际保理合同应符合如下基本条件（　　）。

A. 贸易融资　　B. 信用风险担保

C. 销售分户账管理和催收应收账款　　D. 资信调查和信用评估

10. 可转让信用证转让时，属于可以变动的条款包括（　　）。

A. 信用证申请人　　B. 信用证金额

C. 商品的单价　　D. 交单日及最迟装运日期可以减少或缩短

11. 在国际贸易中，属于逆汇的支付方式有（　　）。

A. 预付　　B. 汇付　　C. 托收　　D. 信用证

12. 假远期信用证与远期信用证的区别是（　　）。

A. 开证基础不同　　B. 信用证条款不同

C. 利息的负担者不同　　D. 收汇的时间不同

13. 常见的银行保函有（　　）。

A. 投标保证书　　B. 履约保证书　　C. 付款保证书　　D. 还款保证书

14. 信用证支付方式的特点是（　　）。

A. 信用证是一种银行信用　　B. 信用证是一种商业信用

C. 信用证是一种自足文件　　D. 信用证是一种单据业务

15. 下列说法中，（　　）是正确的。

A. 远期本票的当事人有两个，出票人、收款人

B. 商业本票有即期和远期之分

C. 远期本票不需承兑

D. 本票的付款人是出票人

16. 远期付款交单和承兑交单的区别是（　　）。

A. 交单条件不同　　B. 出口人承担风险不同

C. 进口方取得货运单据的时间不同　　D. 付款时间不同

17. 已装船提单的签发期为 7 月 15 日，信用证规定的有效期为 8 月 15 日，交单期限为装运日后的 15 天，如果信用证要求卖方提交保险单，则保险单的出单日期可以为（　　）。

A. 7 月 30 日　　B. 7 月 15 日　　C. 7 月 25 日　　D. 7 月 10 日

18. 采用托收方式结汇出口方应该注意的问题有（　　）。

A. 尽可能采用 CIF 或者 CIP 贸易术语，由本方保险和安排运输

B. 对对方信用不了解，要收取一部分不少于来回运费和相关费用的定金

C. 代收行不能由对方指定

D. 为了降低货物风险，应该把提单收货人写成银行，货物直接交运银行

19. 备用信用证与跟单信用证的区别主要是（　　）。

A. 备用信用证属于商业信用，而跟单信用证属于银行信用

B. 银行付款的条件不同

C. 适用的范围不同

D. 收款人要求银行付款时所需提供的单据不同

三、判断题

1. C 作为一张指示抬头汇票的收款人，将汇票背书转让给被背书人 D，但当 D 向汇票付款人 B 要求付款时遭到拒付。D 可以向背书人 C 和出票人 A 追索。（　　）

2. 汇票、本票和支票都可分为即期和远期两种。（　　）

3. 在票汇情况下，买方购买银行汇票寄卖方，因采用的是银行汇票，故这种付款方式属于银行信用。（ ）

4. 在出口采用票汇预付款的交易中，出口企业一旦收到国外进口人提供的银行汇票或银行本票，即可发运货物。（ ）

5. 信用证是一种银行开立的无条件承诺付款的书面文件。（ ）

6. 在信用证支付方式下，受益人只要在信用证规定的有效期内向银行提交符合信用证规定的全部单据，银行就必须履行付款的义务。（ ）

7. 对于受益人而言，使用即期付款信用证和假远期信用证没什么区别。（ ）

8. 备用信用证方式下，银行负第一性付款责任；而银行保函方式下，银行负第二性付款责任。（ ）

9. 不可撤销信用证列有“议付到期日”，而未列有“交单期”，则应被理解为“双到期”，即最迟交单日与到期日为同一天。（ ）

10. 采用保兑信用证，则开证行和保兑行都承担第一性付款责任。（ ）

11. 在国际贸易中，银行汇票一般附有货运单据。（ ）

12. 一份国外开立的不可撤销信用证中规定由某银行保兑，受益人应首先要求开证行付款，只有在开证行无力偿付时，保兑行才履行付款责任。（ ）

四、案例分析题

1. 天津M出口公司出售货物一批给香港G商，价格条件为CIF香港，付款条件为D/P见票后30天付款，M出口公司同意G商指定香港汇丰银行为代收行。M出口公司在合同规定的装船期限内将货物装船，取得清洁提单，随即出具汇票，连同提单和商业发票等委托中行通过香港汇丰银行向G商收取货款。5天后，所装货物安全运抵香港，因当时该商品的行市看好，G商凭信托收据向汇丰银行借取提单，提取货物，并将部分货物出售。不料，因到货过于集中，货物价格迅速下跌，G商以缺少保险单为由，在汇票到期时拒绝付款，你认为M出口公司应如何处理此事？并说明理由。

2. 我某公司向外国某商进口一批钢材，货物分两批装运，支付方式为不可撤销即期信用证，每批分别由中国银行开立一份信用证。第一批货物装运后，卖方在有效期内向银行交单议付，议付行审单后，即向该商议付货款，随后中国银行对议付行做了偿付。我方在收到第一批货物后，发现货物品质与合同上写的不符，因而要求开证行对第二份信用证项下的单据拒绝付款，但遭到开证行拒绝。你认为开证行这样做是否有理？

3. 我某轻工进出口公司向国外客户出口某商品一批，合同中规定以即期不可撤销信用证为付款方式，信用证的到期地点规定在我国。为保证款项的收回，应议付行的要求，我商请香港某银行对中东某行（开证行）开立的信用证加以保兑。在合同规定的开证时间内，我方收到通知银行（即议付行）转来的一张即期不可撤销保兑信用证。我出口公司在货物装运后，将有关单据交议付银行议付。不久接保兑行通知：“由于开证行已破产，我行将不承担该信用证的付款责任。”

问：（1）保兑行的做法是否正确？为什么？ （2）对此情况，我方应如何处理？

五、操作题

1. 请根据以下信用证，做出正确的选择。

16AUG26, 09:05:27

LOGICALTERMINALP05

ISSUE OF A DOCUMENTARY CREDIT

PAGE 00001

FUNC SWPR3

UMR00574

MSGACK　DWS7651 AUTH OK, KEY C394680346023HD38603, BKCHCNBJ LUMIFRPP RECORD

BASIC HEADER	F 01 BKCHCNBJA300 8306 B41602	
APPLICATION HEADER	0 700 1737 970825 LUMIFRPPAXXX 1952 217075 160825 2337	
	* BANQUE LEUMI FRANCE S.A.	
	* PAIRS	
USER HEADER	SERVICE CODE	103:
	BANK PRIORITY	113:
	MSG USER REF:	108: ETRANGER/01296
	INFO.FORM CI	115

SEQUENCE OF TOTAL:	* 27: 1/1
FORM OF DOC. CREDIT:	* 40A: IRREVOCABLE
DOC. CREDIT NUMBER:	* 20: 55583
DATE OF ISSUE:	* 31C: 160826
EXPIRY	* 31D: DATE 161004 PLACE AT OUR COUNTERS
APPLICANT	* 50: BOUTONNERIE SAINT DENIS 193 EUE SAINT DENIS 75002
BENEFICIARY	* 59: CHEN HUA IMPORT/EXPORT CO. NO.869 GUANGZHOU ROAD, SHANGHAI, CHINA
AMOUNT	* 32B: CURRENCY USD　AMOUNT52050.00
PERCENTAGE CREDIT	
AMOUNT TOLERANCE	* 39B: MAXIMUM
AVAILABEL WITH/BY	* 41D: AT SIGHT OF DOCUMENTS IN ORDER AT OUR COUNTERS　BY PAYMENT
PARTIAL SHIPMENT	43P: PROHIBITED
TRANSHIPMETN	43T: PROHIBITED
LOADING IN CHARGE	44A: CHINA PORT
FOR TRANSPROT TO	44B: MARSEILLES
LATEST DATE OF SHIP.	44C: 160919 BY SINOTRANS
DESCRIPT. OF GOODS	45A: NYLON HOOK AND LOOP FASTENERS SALES BASIS:CIF MARSEILLES
DOCUMENTS REQUIRED	46A:

1. ORIGINAL MANUALLY SIGNED COMMERCIAL INVOICE IN 6 FOLD SATING GOODS, DESTINATION,

QUANTITIES AND UNIT PRICE STRICTLY CONFORM TO PROFORMA INVOICE DATED 16.08.18

2. PACKING LIST IN 4 FOLD

3. WEIGHT NOTE IN 4 FOLD

4. FULL SET OF CLEAN ON BOARD OCEAN BILLS OF LADING MADE OUT TO THE ORDER OF BANQUE LEUMI FRANCE SA 100 RUE REAUMUR 75002 PARIS NOTIFY BOUTONNERIE SAINT DENIS 193 RUE SAINT DENIS 75002 PARIS MARKED FREIGHT PREPAID SHOWING'SHIPPED ON BOARD'DULY DATED AND SIGNED BY THE CARRIER AND QUOTE BANQUE LEUMI FRANCE SA DOCUMENTARY CREDIT NO.55583

5. ORIGINAL PLUS COPY OR PHOTOCOPY CERTIFICATE OF ORIGIN FORM A GSP

6. ORIGINAL PLUS DUPLICATE INSURANCE POLICY

COVERING ALL RISKS FOR 110% INVOICE GOODS VALUE.CLAIM PAYABLE IN FRANCE BY USD

7. BENEFICIARY'S STATEMENT IN 2 FOLD STATING NO MARK OF COUNTRY/ORIGIN INDICATED ON SHIPPED GOODS OR ON CARTONS

ADDITIONAL CONDITION 47A:

1. IN CASE OF PRESENTATION OF DISCREPANT DOCUMENTS EUR 55(OR COUNTER VALUE) HANDLING CHARGES FOR EACH SET OF DISCREPANT DOCUMENTS AND EUR 22 (OR COUNTER VALUE) FOR EACH TELEX OR SWIFT WILL BE ON BENEFICIARY'S ACCOUNT AND DEDUCTED FROM THE PROCEEDS

2. ANY OF OUR PAYMENT EFFECTED AGAINST DISCREPANT DOCUMENTS NOT CONSTITUTE AN AMENDMENT OF THIS L/C, NOR OUR AUTHORIZATION TO NEGOTIATE/PAY WITH DISCREPANT DOCUMENTS APPLY TO FUTURE DRAWINGS

3. 5PCT MORE OR LESS IN SHIPPING QUANTITY IS ACCEPTABLE

DETAILS OF CHARGES 71B: ALL BANKING CHARGES OUTSIDE FRANCE ARE FOR ACCOUNT OF BENEFICIARY

PRESENTATION PERIOD 48: DOCUMENTS MUST BE PRESENTED WITHIN 15 DAYS AFTER THE DATE OF SHIPMENT BUT WITHIN VALIDITY OF THE CREDIT.

CONFIRMATION * 49: WITHOUT

INSTRUCTIONS 78: ALL DOCUMENTS PRESENTED IN CONFORMITY WITH THE TERMS OF THE CREDIT IN ORDER AT OUR COUNTERS WE SHALL EFFECT PAYMENT

THIS CREDIT IS ISSUED SUBJECT TO UNIFORM CUSTOMS AND PRACTICE FOR DOCUMNETARY CREDITS (2007 REVISION) ICC PUBL. 600.

（1）这张信用证是由（　　）开立的。

A. BOUTONNERIE SAINT DENIS　　B. BANQUE LEUMI FRANCE S.A.

C. BANK OF CHINA SHANGH BRANCH

（2）这张信用证的类型为（　　）。

A. 不可撤销保兑信用证　　B. 不可撤销议付信用证

C. 即期付款信用证

（3）CHEN HUA IMPORT/EXPORT CO.是信用证的（　　）。

A. 开证申请人　　B. 受益人　　C. 开证银行

（4）该张信用证规定货物运达目的港为（　　）。

A. 马赛　　B. 巴黎　　C. 没有规定

（5）这张信用证项下对汇票的要求为（　　）。

A. 必须提交汇票　　B. 无须提交汇票　　C. 禁止提交汇票

（6）根据这张信用证，出口运费应在（　　）支付。

A. 到目的港后由进口商　　B. 到目的港后由出口商

C. 离起运港前由出口商

（7）据信用证规定，可以承运货物的船公司为（　　）。

A. COSCO　　B. SINOTRANS　　C. 没有具体规定

（8）在这张信用证上规定受益人提交的原产地证明为（　　）。

A. 商会原产地证明　　B. 普惠制产地证明

C. 受益人出具的原产地证明

（9）按照这张信用证的规定，由（　　）承担单据不符点的费用。

A. 议付行　　B. 开证申请人　　C. 受益人

（10）这张信用证规定受益人提交的提单的收货人是（　　）。

A. 由开证行指定　　B. 进口商代理　　C. 进口商

（11）这张信用证规定提单上必须注明（　　）。

A. 集装箱封识号　　B. 通知人为 CHEN HUA IMPORT/EXPORT CO.

C. 信用证号码

（12）信用证要求发票上的货物描述应与（　　）一致。

A. 合同规定　　B. 形式发票　　C. 买方订单

（13）开证银行用（　　）的方式将信用证传递到通知行。

A. SWIFT　　B. MAIL　　C. COURIER SERVICE

（14）这张信用证规定的到期地点为（　　）。

A. 通知行柜台前　　B. 开证行柜台前　　C. 受益人所在国

（15）根据这张信用证可以判断出（　　）。

A. 货运重量单共交八份　　B. 改证费用由开证申请人支付

C. 数量允许有溢短装

（16）这张信用证规定受益人向银行提交单据的期限为（　　）。

A. 信用证签发后 15 天　　B. 提单签发后 15 天

C. 发票签发后 15 天

（17）信用证中规定如有货损，可以（　　）赔付。

A. 在法国用欧元　　B. 在法国用美元　　C. 在中国用欧元

（18）这张信用证规定提交保单份数为（　　）。

A. 三份副本　　B. 一式二份　　C. 一份正本和二份副本

（19）这张信用证对货物运输的规定为（　　）。

A. 允许分批装运，不允许转运　　B. 允许分批装运和转运

C. 不允许分批装运和转运

（20）这张信用证中的保险单注明投保（　　）。

A. 中国人民保险公司的平安险　　B. 中国人民保险公司的一切险

C. 英国伦敦保险业协会货物险

项目六

进出口贸易磋商与签订合同

一、单项选择题

1. 交易磋商的两个基本环节是（　　）。

A. 询盘、接受　　B. 发盘、签合同

C. 接受、签合同　　D. 发盘、接受

2. 下列条件中，（　　）不是构成发盘的必备条件。

A. 发盘的内容必须十分确定　　B. 主要交易条件必须齐全

C. 向一个或一个以上特定的人发出　　D. 发盘人承受约束的意旨

3. 关于逾期接受，《公约》规定（　　）。

A. 逾期接受无效

B. 逾期接受是一个新的发盘

C. 逾期接受完全有效

D. 逾期接受是否有效，关键看发盘人如何表态

4. 某发盘人在其订约建议中加有“仅供参考”字样，则这一订约建议为（　　）。

A. 发盘　　B. 递盘　　C. 邀请发盘　　D. 还盘

5. 发盘的撤回和撤销的区别在于（　　）。

A. 前者发生在发盘生效后，后者发生在发盘生效前

B. 前者发生在发盘生效前，后者发生在发盘生效后

C. 两者均发生在发盘生效前

D. 两者均发生在发盘生效后

6. 下列哪一项内容的修改不属于实质性变更发盘的内容？（　　）

A. 解决争端的办法　　B. 数量、支付方式

C. 交货时间和地点　　D. 要求分两批装运

7. 根据《联合国国际货物销售合同公约》的规定，发盘和接受的生效采取（　　）。

A. 投邮生效原则　　B. 签订书面合约原则

C. 口头协商原则　　D. 到达生效原则

8. 指出下列哪个发盘有效。（　　）

A. 请改报装运期10日复到有效

B. 你15日电每公吨30英镑20日复到

C. 你15日电可供100件参考价每件8美元

D. 你15日电接受，但以D/P替代L/C

9. 我某进出口公司于2016年5月15日上午8:50用电报向美国S公司发盘，5月20日复到我公司有效。5月18日上午10:00同时接到S公司的接受和撤回接受的电传。根据《公约》的规定，对此接受（　　）。

A. 可以撤回　　B. 不得撤回，必须与我某公司签约

C. 在我某公司同意的情况下，才可撤回　　D. 不得撤回

10. 某进出口公司于2016年3月6日向英国伦敦某公司发一实盘，限3月10日复到有效，当天下午三点发现价格报错，比内部掌握价低30%，按照《公约》只要立即通知受盘人，而且该通知先于或与原发盘同时到达（　　）。

A. 这个实盘可以撤销　　B. 此发盘可以撤回

C. 若受盘人未接受可撤销　　D. 该发盘不可撤销

11. 我某出口公司于2016年7月14日向某外商发盘，注明8—9月装运，17日复到有效，16日接对方来电称："14日电接受，8月份装船。"于是（　　）。

A. 这笔交易达成　　B. 需经出口公司确认后交易才能达成

C. 属于实质性变更，这笔交易不能达成　　D. 属于非实质性变更，交易达成

12. 我公司星期一对外发盘，限对方周五复到有效，对方于星期二回电还盘并邀请我方发盘，此时，国际市场价格上涨，我方未予以答复，客户又于星期三来电表示接受我方周一发盘，在上述情况下（　　）。

A. 接受有效　　B. 接受无效

C. 如我方未提出异议，则合同成立　　D. 属于有条件接受

13. 关于合同与确认书表述正确的是（　　）。

A. 两者法律效力不同　　B. 两者适用范围不同

C. 两者内容繁简相同　　D. 两者法律效力等同

二、多项选择题

1. 在实际业务中表示接受的方式有（　　）。

A. 发货　　B. 开立信用证　　C. 缄默　　D. 做广告

2. 根据《公约》规定，接受生效的时间为（　　）。

A. 接受送达发盘人时　　B. 受盘人采取某种行为时

C. 接受通告一经投邮或交给电报局发出时　　D. 受盘人做出接受答复时

3. 根据《公约》规定，受盘人对下列哪些内容提出添加或更改，均作为实质性变更发盘条件？（　　）

A. 价格　　B. 付款　　C. 品质　　D. 数量

4. 构成一项发盘应具备的条件有（　　）。

A. 向一个或一个以上的特定人发出　　B. 表明发盘人受该发盘的约束

C. 发盘的内容必须十分确定　　D. 发盘必须规定有效期

5.《公约》规定，一项已经生效的发盘不能撤销的条件是（　　）。

A. 发盘规定了有效期　　B. 发盘未规定有效期

C. 发盘中明确规定该发盘是不可撤销的　　D. 发盘中未表明可否撤销

6. 构成一项有效接受必须具备的条件是（　　）。

A. 接受必须由特定的受盘人做出　　B. 接受必须是无条件地接受

C. 接受必须在发盘有效期内送达发盘人　　D. 接受必须表示出来

7. “你 10 日电我方接受，但支付条件由 D/P 改为 L/C 即期”，该电文是（　　）。

A. 有效接受　　B. 还盘

C. 对原始发盘的拒绝　　D. 实质性变更发盘条件

8. 根据我国《合同法》第十一条规定，“书面形式是指合同书、信件和数据电文等可以有形地表现所载内容的形式”，其中数据电文包括（　　）。

A. 电报、电传　　B. 传真　　C. 电子数据交换　　D. 电子邮件

9. 我国外贸企业所使用的买卖合同包括（　　）。

A. 正式书面合同　　B. 确认书　　C. 协议书　　D. 备忘录

10. 在国际贸易中，合同成立的有效条件是（　　）。

A. 当事人必须具有签订合同的行为能力　　B. 合同必须有对价或约因

C. 合同的形式和内容必须符合法律的要求　　D. 合同当事人的意思表示必须真实

11. 根据我国《合同法》的规定，下列可以作为书面合同的是（　　）。

A. 电报、电传　　B. 传真

C. 电子数据交换　　D. 电子邮件

E.合同或者信件

12. 签订书面合同的目的是（　　）。

A. 作为合同成立的依据　　B. 作为合同生效的条件

C. 作为履行合同的依据　　D. 符合有关法律的规定

三、判断题

1. 询盘、发盘和接受是洽商交易不可缺少的步骤。（　　）

2. 询盘又称询价，即一方向交易的另一方询问价格。（　　）

3. 发盘的撤回和撤销是同一回事。（　　）

4. 发盘可由买方或卖方发出，而其中的买方发盘也可称为递盘。（　　）

5. 一项发盘表明是不可撤销的发盘，则意味着发盘人无权撤回该发盘。（　　）

6. 发盘在其生效前是可以修改或撤回的。（　　）

7. 只要对发盘做出无条件地接受，则此项接受肯定为有效接受。（　　）

8. 一项有效的发盘，一旦被受盘人无条件地全部接受后，合同即告成立。（　　）

9. 我某公司与国外洽谈一笔茶叶交易，经过双方对交易条件往返磋商之后，已就价格、数量、交货期等达成协议，我方公司于是在 8 月 6 日致电对方：“确认售与你方茶叶一批，请先电汇一万美元.”对方于 8 月 9 日复电：“确认你方电报，我方购茶叶一批，条件按你方电报规定，已汇交你方银行一万美元，该款在交货前由银行代你方保管。”这笔交易于是达成。（　　）

10. 从法律效力来看，合同和确认书这两种形式的书面合同没有区别。（　　）

四、案例分析题

1. 我国某公司于2月1日向美商报出一批农产品，在发盘中除列明各项必要条件外，还表示："Packing in bags." 在发盘有效期内美商复称："Refer to your telex first accepted，packing in new bags." 我方收到上述复电后，即着手备货。数日后，该农产品国际市场价格猛跌，美商来电称："我对包装条件已作了变更，你未确认，合同并未成立。" 而我公司则坚持合同已经成立。于是双方发生争执。你认为，此案应如何处理？试简述理由。

2. 我某出口企业于8月2日向法商发盘供应东北大豆2 000公吨，限8月8日复到，法商表示接受的电传于8月9日上午送到我方，当时我方即电话通知对方其接受有效，并着手备货，一周后，东北大豆价格剧烈下跌，法商于8月17日来电称："9日电传是在你方发盘已失效时做出，属无效接受，故合同不能成立。" 你认为法商这一说法合理吗？

3. 我某外贸企业向国外询购某商品，不久接到外商3月20日的发盘，有效期至3月26日。我方于3月22日复电："如能把单价降低5美元，可以接受。" 对方没有反应。后因用货部门要货心切，又鉴于该商品行市看涨，我方随即于3月25日又去电表示同意对方3月20日发盘所提的各项条件。试分析此项交易是否达成。

4. 我方某公司与美国A公司洽谈进口电脑配件。经往来电传磋商，就合同的主要条件全部达成协议，但在最后一次我方所发的表示接受的电传中列有"以签订确认书为准"的文字。事后美方拟就合同草稿，要我方确认，我方在审核该合同时，发现某些条款的措辞尚待进一步研究，故未及时给予签字确认。不久，该商品的国际市场价格趋疲，美商来电催促我方按合同书的规定开立信用证，我方以合同尚未有效成立为由拒绝开证。我方的做法是否合理？为什么？

五、操作题

1. A（卖方）为B厂（买方）动力煤的供应者，6月12日向买方B厂发出了5 000公吨的报盘。同日，收到B厂发出之同样内容的递盘后发现市场价涨，于14日再去电买方，将原发盘每公吨38美元调高到42美元。双方往返电报如下：

Seller A outgoing tel. dated June 12, 2012

FIRM HERE 13 STEAMCOAL 5 000 MT USD38 PERMT FOB CHINAPORT

SHIPMENT JULY OTHER TERMS SAME LAST

Buyer B outgoing tel. dd June 12, 2012

FIRMBID STEAMCOAL 5 000 MT USD38 PERMT FOB CHINAPORT

SHIPMENT JULY OTHER TERMS SAME LAST REPLY 13

Seller A outgoing tel. dd June 14, 2012

OCT 12 STEAMCOAL WE RENEWOFFER SUBJECT USD42 PERMT REPLY 16

（1）试问6月12日A、B去电和A14日去电都属于发盘的哪个环节？

（2）B厂以12日去电与A12日来电内容完全一致，坚持要按原价成交，A不依，因此发生争议，B上诉法院。你认为谁将胜诉？根据什么？

2. 缮制销售确认书。

巴基斯坦海外贸易公司（Overseas Trading Company, limited, P.O.Box 332Karachi, Pakistan）是一家专营代客买卖的进出口佣金商，该公司与上海星光进出口公司已交往多年，双方已就"一般交易条件"达成协议，其中规定：除双方另有协议者外，价格按CIF条件包括佣金 3%；保险按发票金额的 110%投保一切险和战争险，以 1981 年 1 月 1 日中国保险条款为准；支付方式为即期议付信用证。

2016 年 3 月间，海外贸易公司又来电洽购样品号为 NN725 长毛绒玩具熊猫，与星光进出口公司交换电文如下：

Mar. 4th (Incoming):

WE ARE INTERESTED IN SAMPLE NO. NN725 PLUSH TOY PANDA PLEASE FAX PRESENT PRICE AVAILABLE QUANTITY FOR JULY 2016 SHIPMENT.

Mar. 5th (Outgoing)

YOURS 4TH　SAMPLE NO. NN725 PLUSH TOY PANDA IN CARTONS OF 12 PIECES EACH PIECE PACKED IN A POLY BAG REFERENCE PRICE USDOLLARS 10.00 PER PIECE CIFC3 KARACHI AUGUST SHIPMENT.

Mar. 6th(Incoming):

YOURS FIFTH ABDULLA COMPANY P.O. BOX 345 KARACHI INTERESTED IN 24 000 PIECE CIFC5 KARACHI JULY SHIPMENT PLEASE OFFER.

Mar. 7th (Outgoing):

YOURS SIXTH OFFER SUBJECT REPLY HERE NINTH 20 000 PIECE USD10.00 PER PC CIF C3 AUGUST SHIPMENT IRREVOCABLE SIGHT L/C.

Mar. 9th(Incoming):

YOURS 7TH 24 000 PIECES USD 8.50 CIFC5 SHIPMENT JULY CREDIT 30 DAYS SIGHT REPLY IMMEDIATELY.

Mar. 10th (Outgoing):

YOURS 9TH AS MANY ORDERS RUSH IN MARKET TENDS UPWARD YOUR PRICE TOO LOW REGRET UNABLE TO COUNTER OFFER.

Mar. 12th(Incoming):

YOURS 10TH BID 24 000 PIECES USD9.00 PER PIECE CIFC5 INSURANCE AMOUNT 120 PERCENT OF CIF INVOICE VALUE JULY SHIPMENT CREDIT 30 DAYS SIGHT PLEASE REPLY HERE BEFORE FOURTEENTH.

Mar. 13th(Outgoing):

YOURS 12TH WE CAN ONLY SUPPLY 16 000PIECES IN JULY SHIPMENT OTHER 8 000 PIECES IN AUGUST SHIPMENT BEST USD9.60 PER PIECE CIFC3 PAYMENT AS USUAL SIGHT CREDIT REPLY HERE 15TH

Mar. 15th(Incoming):

YOURS 13TH ACCEPTED USD9.50 L/C AT 30 DAYS SIGHT L/C WILL BE OPENED BY ABDULLA COMPANY P.O. BOX345 KARACHI PLEASE SEND US CONTRACT IMMEDIATELY.

Nov. 16th (Outgoing):

YOURS FIFTEENTH S/C NO 0703225 AIRMAILLED

（1）试判断上述来往函电中，哪几则属于发盘（用左上角“△”表示）。

（2）试根据上述来往函电，用英文制作一份售货确认书（交易条件要求完整、准确）。

上海星光进出口公司

销 售 确 认 书

SALES CONFIRMATION

TO: S/C NO:______________

DATE: ______________

兹确认售与你方下列货物，其条款如下：

We hereby confirm having sold to you the following goods on terms and conditions as stated bellow:

货物名称及规格 Name of Commodity， Specifications	包装 Packing	数量 Quantity	单价 Unite Price	总值 Amount

装运(Shipment):

保险(Insurance):

付款(Payment):

备注(Remarks):

请签署并退回一份以供存档

Please sign and return one copy for our file

（买方 Buyer） （卖方 Seller）

项目七

办理信用证业务

一、单项选择题

1. 进口商申请开立信用证，应以（　　）为依据。

A. 开证申请书　　B. 贸易合同

C. UCP600　　D. 进口商需求

2. 开立信用证必须以签订的合同为依据，为保证“证同一致”，正确的做法是（　　）。

A. 在信用证中注明“参阅×××号合同”

B. 在信用证中列明合同要求明确的所有条款

C. 在信用证中注明“系×××号合同项下货物”

D. 将合同副本作为附件附在信用证后

3. 如信用证未明确规定交单期，则出口商向银行交单的日期不能晚于运输单据出单日期后的第（　　）天。

A. 7　　B. 10　　C. 15　　D. 21

4. 关于不可撤销信用证的修改，以下说法正确的是（　　）。

A. 信用证的修改可由开证行自行决定

B. 任何情况下都不能修改

C. 开证行修改信用证后可直接寄给受益人

D. 信用证修改通知书必须经原通知行转交

5. 信用证的开证时间，如果合同只规定最后装运期，那么买方应在合理的时间内开证，这个时间是（　　）。

A. 在发票日之前

B. 装运期的最后一天

C. 不晚于保险单日期

D. 一般掌握在合同规定的交货期前半个月或一个月开到卖方

二、多项选择题

1. 根据信用证开立的方式，信用证可分为（　　）。

A. 信开信用证　　B. 电开信用证

C. SWIFT 信用证　　D. 全电本

2. 审核信用证的依据有（　　）。

A. 贸易合同　　B. UCP600

C. 依据实际情况　　D. 相关贸易政策

3. 对于不可撤销信用证开出后，对其中条款的修改，下列说法不正确的是（　　）。

A. 不容许任何形式的修改

B. 只能在一定范围内修改

C. 在信用证有效期内，任何一方的任何修改，都必须经买卖双方协商一致同意后，由申请人通过开证行办理修改

D. 买卖双方都可直接要求开证行修改

4. 如果信用证没对货物数量订有增减条款，只要同时符合下列哪些条件，该货物的出运数量允许有 5%的增减幅度？（　　）

A. 信用证未规定数量不得增减

B. 支取金额不超过信用证金额

C. 货物的数量不是包装单位或个数计数的，如长度、体积、容量、重量

D. 信用证不准分批装运

5. 下列信用证条款中，属于软条款的是（　　）。

A. 商检证书由开证申请人签发

B. 承运船只由买方指定，船名以信用证修改书的方式通知，交单时必须提交信用证修改书

C. 加拿大的海关发票一式两份

D. 货物样品寄交开证申请人认可，认可传真作为单据之一

三、判断题

1. 进口人在向银行申请开证时，只要填写开证申请书即可，不必递交进出口贸易合同的副本以及所需的如进口许可证等附件。（　　）

2. 开证申请书是开证银行与进口商之间的契约。（　　）

3. 对于信用证内容的修改，可以全部接受，也可以部分接受。（　　）

4. 不可撤销信用证列有“议付到期日”，而未列有“最迟装运期”，则该信用证无效。（　　）

5. 申请开立信用证时，进口商在合同中对出口商所做的有关规定应转化为单据，具体规定在信用证中。（　　）

6. 开证申请书中的开证人声明是开证人申请开立信用证应承担的义务和责任的书面承诺。（　　）

某信用证修改书规定：“最迟装运期和议付到期日分别展延一个月；汇票付款期由即期付款改为见票后 30 天付款。”根据《UCP600》，受益人可接受装运期和到期日的修改，拒绝汇票付款期的修改。（　　）

四、案例分析题

1. 我国 A 公司向加拿大 B 公司以 CIF 术语出口一批货物，合同规定 4 月份装运。B 公

司于4月10日开来不可撤销信用证。此证按《UCP600》规定办理。证内规定：装运期不得晚于4月15日。此时我方已来不及办理租船订舱，立即要求B公司将装期延至5月15日。随后B公司来电称：同意展延船期，有效期也顺延一个月。我A公司于5月10日装船，提单签发日5月10日，并于5月14日将全套符合信用证规定的单据交银行办议付。试问：我国A公司能否顺利结汇？为什么？

2. 我某丝绸进出口公司向中东某国出口丝绸织制品一批，合同规定：出口数量为2 100箱，价格为2 500美元/箱CIF中东某港，5—7月分三批装运，即期不可撤销信用证付款，买方应在装运月份开始前30天将信用证开抵卖方。合同签订后，买方按合同的规定依时将信用证开抵卖方，其中汇票条款载有"汇票付款人为开证行/开证申请人"字样。我方在收到信用证后未留意该条款，即组织生产并装运，待制作好结汇单据到付款银行结汇时，付款银行以开证申请人不同意付款为由拒绝付款。问：(1) 付款银行的做法有无道理？为什么？(2) 我方的失误在哪里？

3. 我某食品进出口公司向澳洲某国出口鲜活制品一批，双方规定以即期信用证为付款方式。买方在合同规定的时间内开来信用证，证中规定："一旦开证人收到单证相符的单据并承兑后，我行立即付款。"我方银行在审核信用证时，把问题提出来，要求受益人注意该条款。但某食品进出口公司的业务员认为该客户为老客户，应该问题不大，遂根据信用证的规定装运出口。当结汇单据交到付款行时，付款行以开证人认为单据不符不愿承兑为由拒付。

问：银行拒付有无道理？我方的失误在哪里？

五、操作题

1. 根据成交条件审核信用证，将结果填入信用证审核结果单。

成 交 条 件

商品：100%cotton terry tea towels

Art.No.K13009HA-A

金额：USD22 000.00 CIFC2NEWYORK

装运：2016年5月出运，分批、转运不允许

付款：即期信用证支付

保险：加一成，投保中国人民保险公司一切险和战争险。

合同号码：GWQ178

信　用　证

FROM:THE FIRST CITIZEN BANK OF NEW YORK, NEW YORK

ADVISING BANK: BANK OF CHINA

ANHUI BRANCH 313 CHANGJIANG MIDDLE ROAD

ANHUI 230061 CHINA

FORM OF DOCUMENTARY CREDIT	40A: IRREVOCABLE
DOCUMENTARY CREDIT NUMBER	20: 0002LCC150487
DATE OF ISSUE	31C: 30TH, MAR.2016
DATE AND PLACE OF EXPIRY	31D: MAY 31, 2016 AT OUR COUNTER

APPLICANT 50: MESSRS TOMAS & BROTHER CO.LTD.
50600 DETERIOT AVE.306, WESTLAKE, OHIO 33415 USA
BENEFICIARY 59: ANHUI TEXTILES IMP.& EXP.CORP
NO.658 CHANGJIANG ROAD, HEFEI, CHINA
CURRENCY CODE, AMOUNT 32B: USD22 000.00 (SAY U.S. DOLLARS TWENTY TWO THOUSAND ONLY)
AVAILABLE WITH…BY… 41D: ANY BANK BY NEGOTIATION
DRAFT AT… 42C: 30 DAYS AFTER DATE OF B/L
DRAWEE 42D: MESSRS TOMAS & BROTHER CO., LTD.
PARTIAL SHIPMENT 43P: PROHIBITED
TRANSHIPMENT 43T: ALLOWED
LATEST DATE OF SHIPMENT 44C: 15 MAY, 2016
DESCRIPTION OF GOODS AND/OR SERVICES 45A:
100% COTTON TERRY TEA TOWELS
ART.NO.K23009HA-A
DOCUMENTS REQUIRED 46A:
+BENEFICIARY'S SIGNED COMMERCIAL INVOICE IN DUPLICATE, PLUS ONE PHOTOCOPY
+PACKING LIST IN DUPLICATE
+FULL SET OF ORIGINAL CLEAN ON BOARD OCEAN BILLS OF LADING PLUS 1 N/N COPY MARKED FREIGHT COLLECT MADE OUT TO ORDER AND NOTIFY APPLICANT WITH NAME AND FULL ADDRESS
+INSPECTION CERTIFICATE ISSUED BY APPLICANT CERTIFYING THAT GOODS HAVE BEEN INSPECTED BY THEM AND FOUND CONFORM IN ALL POINT
ADDITIONAL CONDITIONS 47A:
+A FEE OF USD50.00 OR ITS EQUIVALENT WILL BE DEDUCTED FROM THE PROCEEDS OF EACH SET OF DISCREPANT DOCUMENTS, WHICH REQUIRE OUR OBTAINING ACCEPTANCE FROM APPLICANT
+INSURANCE TO BE COVERED BY ULTIMATE BUYER
+5 PERCENT MORE OR LESS BOTH IN CREDIT AMOUNT AND QUANTITY OF EACH ITEM ACCEPTABLE
CHARGES 71B:
ALL BANKING CHARGES OUTSIDE NEW YORK ARE FOR THE ACCOUNT OF BENEFICIARY
PERIOD OF PRESENTATION 48:
DOCUMENTS TO BE PRESENTED WITHIN 21 DAYS AFTER THE DATE OF SHIPMENT BUT WITHIN THE VALIDITY OF THE CREDIT
CONFIRMATION 49: WITHOUT
INSTRUCTIONS 78:
+UPON RECEIPT OF DOCUMENTS CONFORMING TO THE TERMS AND CONDITIONS OF THIS CREDIT, WE SHALL PAY THE PROCEEDS AS DESIGNATED
+NEGOTIATING BANK MUST FORWARD ALL DOCUMENTS TO US IN ONE LOT
+REIMBURSEMENT UNDER THIS L/C, IF APPLICABLE, IS SUBJECT TO ICC UNIFORM RULES FOR BANK TO BANK REIMBURESEMENTS

THE FIRST CITIZEN BANK OF NEW YORK, NEW YORK

信用证审核结果单

根据____________号合同，由______________（开证行）开立的__________号信用证经审核存在下列问题：

序号	项目代号	存在问题	修改意见
1			
2			
3			
4			
5			
6			
7			
8			
9			

项目八

出口备货

一、单项选择题

1. 在品质条款的规定上，对某些比较难以掌握其品质的工业制成品或者农副产品，我们可以在合同中规定（　　）。

A. 溢短装条款　　B. 增减价条款

C. 品质公差或者品质机动幅度　　D. 规定采用商品净重计价

2. 对于价值比较低，外包装比较轻的商品，往往采取（　　）计算其重量。

A. 以毛做净　　B. 法定重量　　C. 净重　　D. 理论重量

3. 某公司与外商签订了一份出口某商品的合同，合同中规定的出口数量为 500 公吨。在溢短装条款中规定，允许卖方交货可增减 5%，但是未对多交部分货物如何计价给予规定。卖方依照合同多交了 20 公吨，根据《公约》的规定，该 20 公吨货物应该采用（　　）作价。

A. 市场价　　B. 议定价　　C. 合同价　　D. 参考价格

4. 我某进出口公司拟向欧洲出口服装一批，在洽谈合同条款时候，就服装款式可以要求对方提供（　　）。

A. 样品　　B. 规格　　C. 商标牌号　　D. 产地

5. 某公司出口电扇 1 000 台，纸箱包装，合同和信用证均规定不允许分批装运。装船时候有 40 台包装破裂，风罩变形，不能出口。根据《UCP600》的有关规定，只要货款不超过信用证总金额，交货数量允许有 5%的增减。据此，发货人（　　）。

A. 可以装运 960 台　　B. 必须装运 1 000 台

C. 可以装运 950～1 050 台的任意数量　　D. 可以装运 950 台

6. “龙口粉丝”中用来表面商品品质的方法是（　　）。

A. 凭商标或品牌　　B. 凭标准

C. 凭规格　　D. 凭产地名称

7. 品质公差条款一般用于（　　）。

A. 制成品交易　　B. 初级产品交易

C. 纺织品交易　　D. 谷物类产品交易

8. 包装上仅有买方指定的商标或牌名，但无生产国别的包装方式是（　　）。

A. 无牌中性包装　　B. 定牌中性包装

C. 卖方习惯包装　　D. 惯常方式包装

9. 海关征税大多用（　　）。

A. 理论重量　　B. 公量

C. 约定重量　　D. 法定重量和实物

10. 在国际上，对冷冻鱼或冻虾等没有公认规格和等级的商品，其交货时规定品质的方法常用（　　）。

A. 良好平均品质　　B. 上好可销品质

C. 看货买卖　　D. 凭样品买卖

11. 若合同规定由品质公差条款，则在公差范围内，买方（　　）。

A. 不得拒收货物　　B. 可以拒收货物

C. 可以要求调整价格　　D. 可以拒收货物也可以要求调整价格

12. 在国际贸易中，关于包装由谁供应的通常做法是（　　）。

A. 由卖方提供包装，包装连同商品一起交付买方

B. 由卖方提供包装，但交货后，卖方将原包装收回

C. 由买方提供包装或包装材料

D. 由厂家免费提供包装

13. 某卖方同意以每吨 300 美元的价格向买方出售 1 200 吨一级大米，麻袋包装，合同和信用证金额都为 36 万美元。但卖方实际交付货物时，大米的价格已发生了波动。因价格波动，一级大米的价格是 350 美元/吨，而三级大米的价格为 300 美元/吨，则（　　）。

A. 卖方可交三级大米替代一级米　　B. 卖方应按合同规定交货

C. 因价格波动卖方可按比例少交 5%的货物　　D. 卖方可以多交 5%货物，且采用市场价格

14. 某公司向国外某客商出口 50 吨小麦，卖方实际交货时多交了 2 吨，下列买方的决定错误的是（　　）。

A. 收取 52 吨货物　　B. 拒收 52 吨货物

C. 收取多交货物的 1 吨　　D. 拒收多交的 2 吨货物

15. 在交货数量前加上“约”或“大约”字样，按《UCP600》的规定，这种约定可解释为交货数量不超过（　　）的增减幅度。

A. 5%　　B. 10%　　C. 1%　　D. 15%

16. 在国际货物贸易中，对交易双方无约束力的样品是（　　）。

A. 卖方样品　　B. 买方样品　　C. 参考样品　　D. 对等样品

17. 一般来说，在合同规定机动幅度的条件下行使选择权的是（　　）。

A. 买方　　B. 卖方　　C. 船方　　D. 保险公司

18. 对于机动幅度范围内超出或低于合同数量的多装或少装部分，一般的计价方法是（　　）。

A. 按合同价格　　B. 按市价　　C. 卖方决定　　D. 买方决定

19. 联合国欧洲经济委员会简化国际贸易程序工作组制定的标准运输标志中不包括（　　）。

A. 参考号　B. 收货人代号　C. 几何图形　D. 原产地标志

20. 对一些按固定规格生产和买卖的商品，计重方法是（　）。

A. 毛重　B. 净重　C. 公量　D. 理论重量

E. 法定重量

21. 按国际惯例，买卖商品按重量计价时，如果合同中未明确规定计量方法，应按（　）。

A. 毛重　B. 净重　C. 理论重量　D. 法定重量

22. F.A.Q.是指（　）。

A. 大路货　B. 上好可销品质　C. 质量劣等　D. 退货

二、多项选择题

1. 唛头的主要内容包括（　）。

A. 目的地的名称或代号　B. 收发货人的代号

C. 件号、批号　D. 装运港的名称或代号

2. 在国际贸易中，溢短装条款包括的内容有（　）。

A. 溢短装的百分比　B. 溢短装的质量

C. 溢短装的选择权　D. 溢短装的作价

3. 以下（　）属于运输包装的标志。

A. 运输标志　B. 条形码

C. 指示性标志　D. 警告性标志

4. 看货买卖常用于下列贸易方式中的哪个？（　）

A. 招标　B. 投标　C. 寄售　D. 拍卖

E. 展卖

5. 在国际贸易中，常见的计重方法有（　）。

A. 毛重　B. 净重　C. 公量　D. 理论重量

6. 合同中的数量条款为“1 000 M/T With 5%more or less at Seller’s option”，则卖方交货数量可以是（　）。

A. 1 000 M/T　B. 1 050 M/T

C. 950 M/T　D. 950 M/T 到 1 050 M/T 之间任意数量

7. 某公司向国外某商人出口 50 公吨小麦，卖方实际交货时多交了 2 公吨，买方可就卖方多交的 2 公吨货物做出（　）的决定。

A. 收取 52 公吨货物　B. 拒收 50 公吨货物

C. 拒收 52 公吨货物　D. 拒收多交货物中的 2 公吨货物

8. 下列可用公量计重的商品有（　）。

A. 棉花　B. 羊毛　C. 马口铁　D. 钢板

9. 在国际贸易中，常用的度量衡制度有（　）。

A. 公制　B. 英制　C. 美制　D. 国际单位制

10. 包装标志按其用途，可分为（　）。

A. 运输标志　B. 指示性标志　C. 警告性标志　D. 识别标志

11. 以实物表示商品品质的方法用（　）。

A. 看货买卖　B. 凭样品买卖

C. 凭规格买卖　　D. 凭等级买卖

E. 凭标准买卖

12. 采用中性包装的目的是（　　）。

A. 避开进口国家地区的关税和非关税壁垒　　B. 适应交易特殊需要

C. 使出口厂商加强对外竞销　　D. 使出口厂商扩大出口

13. 在货物买卖合同中，数量机动幅度的选择权可由（　　）。

A. 船方行使　　B. 卖方行使　　C. 买方行使　　D. 中间商行使

14. 为了正确掌握出口商品的成交量，在商订合同时应考虑的因素有（　　）。

A. 国外市场的供求状况　　B. 国内货源供应情况

C. 国际市场的价格动态　　D. 国内支付能力

15.《联合国国际货物销售合同公约》规定卖方若短交，买方（　　）。

A. 可允许卖方在规定交货期满届前补齐　　B. 可保留索赔权利

C. 可拒绝不合理开支　　D. 不可索赔

三、判断题

1. 包装费用一般包括在货价之内，不另计收。（　　）

2. 按买方来样，我复制一样品寄交买方确认，这个样品即为复样。（　　）

3. 交货数量的机动幅度可由卖方选择也可由买方选择，不论由谁选择，每次装货均不得超过承运人宣布的船舶装载量。（　　）

4. 若卖方交货违反约定的包装条件，买方可提出损害赔偿要求，但不得拒收货物。（　　）

5. 在我国危险货物的运输包装上，要标明我国和国际上所规定的两套危险品标志。（　　）

6. 商品的公量主要是适用于吸湿性较强价值较高的产品，其表示方法可以等于商品干净重×（1+公定回潮率）。（　　）

7. “小心轻放”属于警告性标志。（　　）

8. 某外商来电要求我方提供大豆，要求按含油量 20%，含水分 15%，不完善粒 6%，杂质 1%的规格订立合同，对此，在一般情况下，我方可以接受。（　　）

9. 若卖方交付货物的品质在约定的品质机动幅度或品质公差范围内，除非买卖双方另有规定，一般不另行增减价格。（　　）

10. 以毛作净就是以净重代替毛重。（　　）

11. 在工业制成品的买卖中，如果卖方交付的商品在品质公差范围内，买方无权拒收货物，也不得要求调整价格。（　　）

12. 中国 A 公司向《公约》缔约国 B 公司出口大米，合同规定数量为 50 000 公吨，允许卖方可溢短装 10%。A 公司在装船时共装了 58 000 公吨，遭到买方拒收全部货物。按公约的规定，买方有权这样做。（　　）

13. 为了适应国际市场的竞争需要，我方出口商品，应尽量按买方样品成交。（　　）

14. 在出口贸易中，为了明确责任，最好采用既凭样品买卖，又凭规格买卖的方法成交。（　　）

15. 运输标志如果没有在合同中规定由谁制作，一般由卖方确定并制作。（　　）

16. 毛重是指净重加上皮重。 （ ）

17.《联合国国际货物销售合同公约》成员国之间进行交易，若卖方交货数量少于约定的数量，只要卖方在规定的交货期届满前补交了原来少交的货物，则在任何情况下，买方都无权提出损害赔偿的请求。 （ ）

18. 溢短装部分的货物，除非合同另有规定，一般按合同价格计算。 （ ）

19. 货物外包装上的标志就是运输标志，也就是通常所说的唛头。 （ ）

20. 我国生产的出口商品，在采用定牌出口时，一般不需注明“中国制造”的字样。 （ ）

21. 良好平均品质（FAQ）是指一定时期内某地出口货物的平均品质水平，一般是指中等货物而言。 （ ）

四、计算题

1. 某公司出口生丝，买卖双方约定标准回潮率为11%。现有生丝105公吨，经过测定，回潮率为13%，问：符合双方约定回潮率的重量应为多少公吨？

2. 某公司出口水产品10公吨。合同规定为箱装，每箱净重为10公斤，数量和金额均允许增减5%。问：该批货物最多能装多少箱？最少应装多少箱？

五、案例分析题

1. 我国某出口公司与某国进口商按每公吨500美元的FOB价格于大连成交某农产品200公吨，合同规定包装条件为每25千克双线新麻袋装，信用证付款方式。该公司凭证装运出口并办妥了结汇手续。事后对方来电称：该公司所交货物扣除皮重后实际到货不足200公吨，要求按净重计算价格，退回因短量多收的货款。我公司则以合同未规定按净重计价为由拒绝退款。要求：分析该公司的做法是否可行，并说明理由。

2. 某笔交易合同订明由我方提供双层旧麻袋装，装船时，因缺这种麻袋就自行换成单层新麻袋，也没有要求对方额外支付费用，但对方认为我方包装不符合规定，向我方索赔。请问：对方是否有理？

3. 我国内某单位向英国出口大豆一批，合同规定水分最高为14%，杂质不超过2.5%，在成交前我方曾向买方寄过样品，订约后我方又电告买方成交货物与样品相似，当货物到达英国后，买方提出货物与样品不符，并出示相应的检验证书证明货物的质量比样品低7%，并以此要求我方赔偿15 000英镑的损失，请问：在此情况下，我方是否可以以该项交易并非凭样品买卖为由而不予理赔？

4. 甲方与乙方订立了一份CIF合同，甲方出售200箱番茄酱罐头给乙方。合同规定“每箱装24罐×100克”，即每箱装24罐，每罐100克。但卖方在出货时，却装了200箱，每箱24罐，每罐200克，货物重量比合同多了1倍，但买方拒绝收货，并主张撤销合同。买方有这种权利吗？为什么？

5. 我国某公司与日本进行一笔煤炭出口，合同规定“成交中国煤炭1 000公吨，5%增减，由卖方选择，增减部分按合同价格结算”。货物运抵日本后，经日本海关检查发现煤炭实际吨数为10 500公吨。据此日商提出降价5%的要求，否则拒收多交的500公吨煤炭。请问：日商做法是否合理？

六、操作题

1. 我国 ABC TRADING CO. LTD.与日本大阪 NYK TRADE AND DEVELOPMENT CORP. 成交货物一批，数量为 15 000 件，纸箱包装，每箱 15 件，货物从上海运往日本大阪（OSAKA），双方签订的合同号码为 01–368–98，请根据以上信息制作一份标准运输标志。

2. 我国某公司和美国某公司签订一份出口东北大豆的合同，采用单层麻袋（Single Gunny Bag），允许 5%的溢短装，共 1 000 公吨，请对双方所签订的合同内容不符合约定的部分进行修改。

1. SELLER: SHANGHAI IMP&EXP CORP.
BUYER: GRANDSTAR TRADING CO. LTD.
2. DESCRIPTION: CHINESE NORTHEAST SOYBEAN
MOISTURE:14%
OIL CONTENT:18%
PROTEIN:34.5%
IMPURITY:2%
BROKEN PART: 5%
3. QUANTITY: 1 000 TON
4. UNIT PRICE: USD 321.00 PER M/T CIF NEW YORK
5. PACKING: IN BULK

项目九

办理进出口贸易货物运输业务

一、单项选择题

1. 在程租船方式下，如果规定“FOB”，其含义是（　　）。

A. 船方不负担装卸费　　B. 船方负担装卸费

C. 船方只负担装货费，而不负担卸货费　　D. 船方只负担卸货费，而不负担装货费

2. 按照下列价格术语（　　）的解释，提单上应显示运费支付方式为“预付”。

A. FCA　　B. EXW　　C. FOB　　D. CFR

3. 经过背书才能转让的提单有（　　）。

A. 不记名提单　　B. 记名提单　　C. 指示提单　　D. 航空提单

4. 根据《UCP600》规定，海运提单的签单日期为（　　）。

A. 货物到始发港的日期　　B. 货物装运完毕的日期

C. 货物托运单填写的日期　　D. 运输合同中的装运日

5. 按照 CFR 条件成交的货物，货物装船后，卖方应向买方及时发出装船通知，这涉及（　　）。

A. 卖方的交货态度问题　　B. 货运保险的问题

C. 货物转运的问题　　D. 货物的安全问题

6. 承运人加注了托运货物表面状况不良等批语的提单是（　　）。

A. 不清洁提单　　B. 简式提单　　C. 转船提单　　D. 清洁提单

7. 根据《UCP600》的解释，若信用证未明确规定是否“允许分批装运”“允许转运”，则应理解为（　　）。

A. 允许分批装运，但不允许转运　　B. 允许分批装运和允许转运

C. 不允许分批装运，但允许转运　　D. 不允许分批装运也不允许转运

8. 以下关于海运提单的缮制方法正确的是（　　）。

A. 每份正本提单都必须由船长或其代理人正式签字

B. 提单签发的日期可以晚于信用证规定的装运期

C. 货物名称栏可以填写货物的统称

D. 收货人栏必须填写收货公司名称

9. 班轮运输的费用应包括（ ）。

A. 包括装卸费，但不包括滞期费和速遣费　B. 包括装卸费，也包括滞期费和速遣费

C. 包括装卸费和滞期费，但不包括速遣费　D. 包括装卸费和速遣费，但不包括滞期费

10. （ ）方式，船方仅对船舶的维护、修理、机器正常运转和船员的工资负责，对船舶的调度，货物的运输，以及其他开支不负责。

A. 班轮运输　B. 定程租船　C. 定期租船　D. 光船租船

11. 海运提单起多种作用，其中它不是（ ）。

A. 承运人向收货人出具的货物收据　B. 承运和托运人之间签订的运输契约证明

C. 代表货物处置权的凭证　D. 承运人和托运人之间的协议

12. 与国际多式联运单据的签发人相比，联运提单签发人（ ）。

A. 仅对第一程运输负责　B. 对全程运输负责

C. 对第二程运输负责　D. 不负责

13. 下列各种运输单据中只有（ ）起物权凭证作用。

A. 铁路运单　B. 航空运单　C. 海运提单　D. 邮包运输

14. 规定装运期的方法很多，最好不采用（ ）。

A. 限某年某月装运　B. 收到信用证后若干天装运

C. 限某年某月以前装运　D. 尽快装运

15. 国际贸易中最主要的运输方式是（ ）。

A. 航空运输　B. 铁路运输　C. 海洋运输　D. 公路运输

16. 如果在运价表内的计收运费的标准为“M”，这表示是按（ ）计收。

A. 货物的毛重　B. 货物的体积　C. 商品的价格　D. 货物的件数

17. 所谓空白抬头，空白背书提单是指（ ）。

A. 提单的收货人一栏什么也不填，也不背书

B. 提单的收货人一栏内填上“空白”二字，在提单的背面也写上“空白”二字

C. 提单的收货人一栏填上“TO ORDER”，在提单背面由托运人签字

D. 提单的收货人一栏填上“TO ORDER”，在提单背面由承运人签字

18. 根据《UCP600》的规定，如果信用证中没有明确的说明是否可以分批装运，那么可以理解为（ ）。

A. 可以分批装运　B. 不可以分批装运

C. 由卖方决定是否分批装运　D. 由船方决定是否分批装运

19. 根据《UCP600》的规定，在分批装运中，卖方应严格按照规定发货，如果其发货中的任何一批没有按规定发货，那么（ ）。

A. 卖方可以继续发货　B. 可以在以后发货中补足

C. 以后各批货物均告失效　D. 重新发货

20. 根据《UCP600》的规定，如果在合同中没有明确写明是否可以转船，那么一般可以理解为（ ）。

A. 不可以转船　B. 由卖方决定

C. 由船公司决定　D. 可以转船

二、多项选择题

1. 《UCP600》规定，除非信用证另有规定，银行不接受（　　）。

A. 舱面提单　　B. 过期提单　　C. 倒签提单　　D. 班轮提单

2. 班轮运输最基本的特点是（　　）。

A. 班轮公司与货主之间的权利、义务及责任豁免均以签发的提单条款为依据

B. 是一种灵活的运输方式

C. "四固定"

D. "一负责"

3. 构成国际多式联运应具备的条件是（　　）。

A. 要有一个国际多式联运合同

B. 使用一份包括全程运输的多式联运单据

C. 由一个多式联运经营人对全程运输总负责

D. 全程单一的运费费率

E. 至少是两种不同运输方式的组合

4. 在海运进出口合同中，对装运港和目的港的规定有多种办法，其中正确的是（　　）。

A. 规定一个装运港和一个目的港

B. 大宗商品交易则规定两个或两个以上的装运港和目的港

C. 采用选择港的办法

D. 只规定装运港，不规定目的港

5. 多式联运单据与联运提单的主要区别是（　　）。

A. 使用的范围不同　　B. 签发人不同

C. 运费费率不同　　D. 签发人对运输负责的范围不同

6. 装运期的规定方法很多，其中比较明确合理的规定方法是（　　）。

A. 某年某月装运　　B. 规定在某一天装运

C. 收到信用证后若干天装运　　D. 立即装运

7. 过期提单是指（　　）。

A. 货物实际装船时间晚于提单签发时间的提单

B. 晚于提单上所载明货物到达目的港的提单

C. 晚于货物实际装运日期 21 天签发的提单

D. 交单时间超过提单签发日期 21 天的提单

8.《UCP600》对分批装运所作的规定主要有（　　）。

A. 运输单据表面注明货物是使用同一运输工具并经同一路线运输的，即使运输单据注明的装运日期及装运地不同，只要目的地相同，也不视为分批装运

B. 除非信用证另有规定，允许分批装运

C. 除非信用证另有规定，不允许分批装运

D. 如信用证规定在指定的时间内分批装运，若其中有一批未按信用证规定装运，信用证对该批及以后各批货物均告失效

9. 集装箱托运方式可以分为（　　）。

A. 整箱托运　　B. 拼箱托运　　C. 分批托运　　D. 承包托运

10. 提单按照提单收货栏的不同填写方法，可以分为（　　）。

A. 记名提单　　B. 不记名提单　　C. 指示提单　　D. 清洁提单

11. 提单按照运输方式分，可以分为（　　）。

A. 直达提单　　B. 转船提单　　C. 联运提单　　D. 舱面提单

12. 国际铁路货物联运运单是（　　）。

A. 铁路承运货物的凭证　　B. 铁路向收货人交付货物的依据

C. 铁路核收运费的依据　　D. 发货人据以结算货款的凭证

13. 约定装运通知的意义有（　　）。

A. 便于货物交接　　B. 表明货运风险已转移

C. 便于买方早日着手准备提货事宜　　D. 便于办理货运保险或进行追加保险

14. 在海运提单的缮制中，关于货物的品名描述是（　　）。

A. 只要不与信用证相抵触，可以写货物的统称

B. 必须与货物的商业发票的名称一致

C. 可以加形容词或描述语

D. 有规格的必须写规格

15. 国际邮包运输具有的性质是（　　）。

A. 集装箱　　B. 多式联运　　C. 门到门　　D. 航空运输

E. 手续简便

16. 对于货主而言，选择海运方式的主要考虑因素有（　　）。

A. 运输服务的高质量　　B. 运输的时间

C. 运输的费用　　D. 运输的可靠性

三、判断题

1. 买卖合同规定为“Shipment：to be effected not later than May 29th，2016 from Shanghai to Kuwait”比规定为“Shipment：to be effected on May 29th，2016 from Shanghai to Kuwait”妥当。（　　）

2. 海运提单的签发日期是指货物开始装船的日期。（　　）

3. 在实际业务中，速遣费通常为滞期费的一半。（　　）

4. 班轮运费计收标准中的“W/M Plus Ad.Val”是指计收运费时，应选三者中较高者计收。（　　）

5. 所有运输单据都是承运人签发给托运人的货物收据，故都是物权凭证，都可凭以向目的地代理人提货。（　　）

6. 采用联运提单时，由于联运提单签发人收取了全程运费，故需要对全程负责。（　　）

7. 空白抬头、空白背书的提单是指既不填写收货人，又不要背书的提单。（　　）

8. 使用班轮运输货物时，货方不再另行支付装卸费。船货双方也不计算滞期费和速遣费。（　　）

9. 某商品每箱体积为30 cm×40 cm×50 cm，毛重为62 kg。如果班轮运费计收标准为W/M，则船公司应按尺码吨计收运费最有利。（　　）

10. 邮政收据（Parcel Post Receipt）是邮政运输的主要单据，它既是邮局收到寄件人的邮

包后所签发的凭证，也是收件人凭以提取邮件的凭证。（ ）

11. 如出口合同规定装运时间为“Shipment during May/June 2016 in two equal lots”，则我出口企业必须将货物于 2016 年 5 月和 6 月两个月中，每月装运一批，每批数量相等。（ ）

12. 买卖合同规定“Shipment：to be effected on May 29th，2016 from Shanghai to Kuwait”，此运输条款的拟定存在不妥。（ ）

13. 预借提单和倒签提单都是托运人和承运人串通弄虚作假的行为。（ ）

14. 航空运单代表货物所有权，可以通过背书转让。（ ）

15. 一般银行和买方不接受不清洁提单。（ ）

16. 空白抬头、空白背书的提单是指提单上收货人应记载成“To Order”，但转让提单时需要 Shipper 作背书。（ ）

17. 我方与外商以 CIF 价达成一笔出口合同，制作海运提单时，运费一栏应填写“Freight to Collect”。（ ）

18. 在采用租船方式运输大宗货物时，租船合同和买卖合同中均应订立装卸率和滞期速遣条款。（ ）

19. 由于在不同时间、不同港口将货物装在同一航次同一条船上，故应算作分批装运。（ ）

20. 按 CFR 条件成交时，如卖方装船后未向买方发出装船通知，则运输途中的风险损失应由卖方承担。（ ）

四、计算题

1. 某公司出口箱装货物，报价为每箱 50 美元 CFR 伦敦。英商要求改报 FOB 价，我应报价多少？（已知：该货物体积每箱长 45 厘米、宽 40 厘米、高 25 厘米，每箱毛重 35 千克，运费计算标准为 W/M，每运费吨基本运费为 120 美元，并加收直航附加费 20%，港口附加费 10%）

2. 从我国厦门运往国外某港口一批货物，计收运费标准为 W/M 共 500 箱，每箱毛重 25 公斤，每箱体积为 50 厘米×30 厘米×20 厘米，基本运费率为每运费吨 60 美元，特别燃油附加费率 5%，港口拥挤费率 10%，试计算 500 箱应付的运费。

3. 厦门运往南非德班港“漂白棉布”一批计 100 包。每包体积为长 110 厘米、宽 60 厘米、高 50 厘米。每箱重量为 35 千克。当时德班港的燃油附加费为 20%，港口拥挤附加费为 10%，试根据下列条件计算该货物的运费。

货物分级表

货　名	计算标准	等　级
农业机械	W/M	9
棉布及棉织品	W/M	10
小五金工具	W/M	10

中国—东非航线等级费率表（货币：人民币）　　元

Class	Rate	Class	Rate
1	320	7	440
2	325	8	465
3	335	9	485
4	355	10	505
5	370	11	540
6	395	12	565

五、案例分析题

1. 我某进出口公司以 FOB 上海与日本某公司成交矿砂一批，日商即转手以 CFR 悉尼价售给澳大利亚的某公司，日商来证价格为 FOB 上海，目的港为悉尼，并提出在提单上表明“运费已付”。问：日商为何这样做？我们应如何处理才使我方的利益不受损害？

2. 我某公司与美国某公司以 FOB 广州出口 5 000 箱货物，5 月份装运，合同和信用证均规定不允许分批装运。我方于 5 月 10 日将 2 000 箱货物装上“东风”轮，取得 5 月 10 日的海运提单；又于 5 月 15 日将 3 000 箱装上“吉祥”轮，取得 5 月 15 日的海运提单，两轮的货物在新加坡转船，均由“长虹”轮运往纽约港。问：我方的做法是否妥当？将导致什么后果？为什么？

3. 有一批货物共 1 000 箱，自 A 国港口装运至 B 国某港口，承运人签发了“已装船清洁提单”，但货运到目的港后，收货人发现下列情况：（1）少 10 箱货；（2）20 箱包装严重破损，内部货物大部分散失；（3）50 箱包装外表完好，箱内货物短少。试问：上述三种情况是否应属承运人的责任？为什么？

4. 某公司对外出口茶叶 300 箱，合同和信用证均规定“从 1 月份开始，每月 100 箱”。该公司于 1 月份装 100 箱，2 月份没装，3、4 月份各装 100 箱。请问：该公司这种做法是否会遭到银行拒付？为什么？

项目十

办理进出口贸易货物运输保险业务

一、单项选择题

1.“仓至仓”条款是（　　）。

A. 进口人负责运输起讫的条款　　B. 保险人负责保险责任起讫的条款

C. 出口人负责缴获责任起讫的条款　　D. 承运人负责付款责任起讫的条款

2. 下列保险条款中承保风险类似我国平安险的是（　　）。

A. ICC（A）　　B. ICC（B）

C. ICC（C）　　D. Institute War Clauses Cargo

3. 下列情况属于推定全损的是（　　）。

A. 船舱进水，食盐被海水全部溶解

B. 战时货物被敌对国捕获并作为战利品分发殆尽

C. 船舶在航行途中意外搁浅，船壳严重损坏，船上所载水果部分腐烂，由于当时气候条件恶劣，无法对船舶进行救助

D. 水泥被海水浸湿结成硬块

4. 保单出具后，因保险内容变更，保险人应被保险人要求签发的补充、变更原保单内容的凭证是（　　）。

A. 保险凭证　　B. 联合凭证　　C. 保险通知书　　D. 批单

5. 在（　　）情况下，构成实际全损。

A. 保险标的物已经丧失商业价值或者失去原有的用途

B. 共同海损

C. 货物具有一定残余价值，但对其修复费用超过完好状态时的价值

D. 单独海损

6. 船舶在发生保险责任范围内的危险时，被保险人为减少损失采取的行动称为（　　）。

A. 牺牲　　B. 委付　　C. 救助　　D. 施救

7. 我某公司以 CIF 条件出口服装共 600 箱，每箱装 36 件。该批货物在运输途中因遭遇偷窃而导致 50 箱服装灭失。在承保 CIC 的（　　）情况下，保险公司应负责赔偿。

A. F.P.A.　　B. W.P.A.　　C. All Risks　　D. T.P.N.D.

8. 根据“仓至仓”条款规定，当被保险货物从目的港卸离海轮时起算满（　　）天，不论货物是否进入收货人仓库，保险责任均告终止。

A. 60　　B. 45　　C. 30　　D. 15

9. 中国人民保险公司的海洋货物运输保险的索赔时效为（　　）。

A. 在货到目的港起最多不超过两年

B. 在货到目的港开始卸货时起不超过两年

C. 在货到目的港后将全部货物卸离海轮时起最多不超过两年

D. 在货到最终目的地仓库起最多不超过两年

10. 一般附加险中不包括（　　）。

A. 碰损破碎险　　B. 淡水雨淋险　　C. 黄曲霉素险　　D. 受潮受热险

11. 在海上货物保险中，一切险只能与（　　）共同使用。

A. 平安险　　B. 水渍险　　C. 一般附加险　　D. 特殊附加险

12. 以下险种中，保险人的责任期间以水上危险为限的是（　　）。

A. 一切险　　B. 战争险　　C. 罢工险　　D. 平安险

13. 根据我国“海洋货物运输保险条款”规定，“一切险”包括（　　）。

A. 平安险加 11 种一般附加险　　B. 一切险加 11 种一般附加险

C. 水渍险加 11 种一般附加险　　D. 11 种一般附加险加特殊附加险

14. 在海洋运输货物保险中，共同海损属于（　　）。

A. 部分损失　　B. 全部损失

C. 有时是部分损失，有时是全部损失　　D. 推定全损

15. 船舶在航行途中因故搁浅，船长为解除船货共同危险，下令将部分货物抛入海中，使船舶起浮，继续航行至目的港。上述搁浅和抛货的损失属于（　　）。

A. 前者属单独海损，后者属共同海损　　B. 均属单独海损

C. 前者属共同海损，后者属单独海损　　D. 均属共同海损

二、多项选择题

1. CIC 的特殊附加险包括（　　）。

A. 交货不到险　　B. 偷窃提货不着险

C. 进口关税险　　D. 舱面险

2. ICC 所规定的险别中可单独投保的是（　　）。

A. ICC（A）

B. ICC（B）

C. ICC（C）

D. 协会货物战争险条款、协会货物罢工险条款

3. 由于 ICC“恶意损害险”的承保责任范围已被列入 ICC（A）险的承保风险，所以只有在投保（　　）的情况下，才在需要时加保。

A. ICC（B）　　B. ICC（C）

C. 协会战争条款　　D. 协会罢工条款

4. 在我国海洋运输货物保险业务中，下列（　　）险别均可适用“仓至仓”条款。

A. TPND　　B. ALL RISKS
C. W.A. or W.P.A　　D. F.P.A

5. 共同海损分摊时，涉及的受益方包括（　　）。
A. 货方　　B. 船方　　C. 运费方　　D. 买方

6. 我国对外贸易货运保险可分为（　　）。
A. 海上运输保险　　B. 陆上运输保险
C. 航空运输保险　　D. 邮包运输保险

7. ICC规定的险别同CIC规定的险别，在承保范围上不相当的是（　　）。
A. ICC（B）与一切险　　B. ICC（A）与平安险
C. ICC（B）与水渍险　　D. ICC（C）与平安险

8. 向中国人民保险公司投保水渍险，如被保险货物发生（　　），保险公司不负责赔偿责任。
A. 市价跌落　　B. 发货人的包装不善引起的损失
C. 共同海损的牺牲、分摊和救助费用　　D. 淡水雨淋引起的部分损失

9. 为防止运输途中的货物被偷窃，应投保（　　）。
A. 一切险　　B. 一切险加偷窃提货不着险
C. 偷窃提货不着险　　D. 平安险加偷窃提货不着险

10. 构成共同海损的条件是（　　）。
A. 共同海损的危险必须是实际存在的，或者是不可避免的，而非主观臆测的
B. 船方所采取的措施必须是有意的、合理的，是为了船货的共同安全
C. 所做出的牺牲或支出的费用必须是非常性质的
D. 构成共同海损的牺牲和费用支出，最终还必须是有效的

11. 单独海损和共同海损的主要区别在于（　　）。
A. 单独海损是承保风险直接导致的损失，而共同海损则为解除共同危险有意做出的合理牺牲
B. 单独海损由受损方单独承担，共同海损由受益方共同分担
C. 单独海损仅指某项货物的损失，共同海损包括所有货物的损失
D. 单独海损只限货物一方受到损失，共同海损即指船、货各方均受到损失

12. 以下哪些属于基本险除外责任？（　　）
A. 被保险人的故意行为或者过失造成的损失
B. 由于发货人的包装不善的百分责任所引起的损失
C. 被保险货物在保险责任开始以前就存在的品质不良
D. 由于地震等自然灾害带来的不可抗力

13. 英国伦敦保险协会的《协会货物条款》（ICC）规定的C险所不包括的承包范围是（　　）。
A. 地震、火山爆发或雷电　　B. 海盗行为引起的损失
C. 抛货　　D. 浪击落海

14. 向中国人民保险公司投保平安险的情况下，如被保险货物发生（　　），保险公司不负赔偿责任。

A. 自然损耗　　B. 发货人责任引起的损失

C. 共同海损的牺牲、分摊和救助费用　　D. 由于自然灾害引起的部分损失

15. 在海上货物保险中，一般附加险通常是与（　　）险别共同使用。

A. 平安险　　B. 水渍险　　C. 一切险　　D. 特殊附加险

16. 原则上采用“仓至仓”条款作为保险公司起讫的保险条款包括（　　）。

A. 海洋货物运输中的基本险　　B. 战争险

C. 陆运一切险　　D. 航空运输一切险

17. 下列可归入推定全损的损失有（　　）。

A. 船只遭遇海难后沉没，货物与之同时沉入海底

B. 发生保险事故后，被保险人失去标的所有权，而收回该标的的费用，超过标的的价值。

C. 保险标的受损后，修理费用超过货物修复后的价值

D. 船舶和货物被敌方扣押，无法复得

18. 下列属于平安险承保范围的是（　　）。

A. 由自然灾害造成货物的全部或部分损失

B. 由意外事故造成货物的全部或部分损失

C. 共同海损的牺牲、分摊和救助费用

D. 在装卸或转运时由于一件或数件整件货物落海造成的全部或部分损失

19. 海上货物保险中，除合同另有约定外，哪些原因造成货物损失，保险人不予赔偿？（　　）

A. 交货延迟　　B. 被保险人的过失

C. 市场行情变化　　D. 货物自然损耗

20. 出口茶叶，为防止运输途中串味，办理保险时，应投保（　　）。

A. 串味险　　B. 平安险加串味险

C. 水渍险加串味险　　D. 一切险

三、判断题

1. 根据我国《海洋货物运输保险条款》的规定，三种基本险和战争险均适用“仓至仓”条款。（　　）

2. 海上风险是指海上发生的自然灾害和意外事故，但并不包括海上的一切危险。（　　）

3. 偷窃提货不着险和交货不到险均在一切险范围内，只要投保一切险，收货人若提不到货，保险公司均应负责赔偿。（　　）

4. 按照中国人民保险公司现行的保险条款规定，凡已投保了战争险，若再加保罢工险，保险公司不另行增收保险费。（　　）

5.《UCP600》规定，信用证如规定提交单据为保险单时，则银行不接受以保险凭证代替保险单以议付。（　　）

6. 保险凭证在法律上与保险单不具有同等法律效力。（　　）

7. 海洋运输冷藏货物险分为冷藏险和战争险两种。（　　）

8. 海洋运输散装桐油险的保险责任起讫按“仓至仓”条款负责。（　　）

9. 按FOB进口时，我在国内投保了一切险，因保险公司的承保责任起讫为仓至仓，故货

物在装船前发生承保范围内的损失，我可凭保险单和有关证明向保险公司索赔。（　）

10. 如果被保险货物运达保险单所载明的目的地，收货人提货后即将货物转运；则保险公司的保险责任于转运到目的地仓库时终止。（　）

11. 构成共同海损的条件之一是，在海难中船舶和货物都必须遭到一定的损失。（　）

12. 按 CIF 条件，出口玻璃制品时，因玻璃制品途中容易破损，故应在投保一切险的基础上加保破碎险。（　）

13. 平安险与水渍险的重要区别在于：前者保险公司不承保自然灾害造成的部分损失，而后者则承保此项损失。（　）

14. 航空运输货物保险期限适用“仓至仓”（W/W）条款，若被保险货物未运抵保险单所载明的仓库或储存处所，则货到最终卸货地卸离飞机后满 30 天为止。（　）

15. 战争险的保险期限仅限水上危险或运输工具上的危险，如货物未卸离运输工具，则保险责任最长延至货到目的港当日午夜起算满 15 天为限。（　）

四、计算题

1. 深圳某公司对某商出口茶叶 200 箱（每箱净重 30 千克），价格条款 CIF 伦敦每箱 50 英镑，向中国人民保险公司投保 FPA 平安险，以 CIF 价格加成 10%作为投保金额，保险费率为 0.6%。问：保险金额及保险费分别是多少？

2. 某商品对伦敦的出口价格为 CFR32 英镑，如果客户要求报 CIF 价格，并按发票的 120%投保水渍险和战争险（水渍险费率为 0.3%，战争险费率为 0.05%），应报价多少？

3. 棉布 2 万码，每码 0.91 美元 CIF NEWYORK 即期付款，给客户 3%回扣，保险按发票金额 110%投保一切险和战争险，（保险费率合计 0.7%），现客户来证要求按发票金额的 130%投保，超额保费可在信用证项下支取，计算保险费。

4. 出口商品 1 000 公吨 CFR 纽约，每公吨 100 美元，投保一切险加战争险，保险费率为 1%，投保加成 10%，应付保险费多少？（保留一位小数）

五、案例分析题

1. 某货轮从天津新港驶往新加坡，在航行途中船舶货舱起火，大火蔓延到机舱，船长为了船、货的共同安全，决定采取紧急措施，往舱中灌水灭火。火虽被扑灭，但由于主机受损，无法继续航行，于是船长决定雇用拖轮将货船拖回新港修理。检修后重新驶往新加坡。事后调查，这次事件造成的损失有：① 1 000 箱货被火烧毁；② 600 箱货由于灌水灭火受到损失；③ 主机和部分甲板被烧毁；④ 拖船费用；⑤ 额外增加的燃料和船长、船员工资。从上述各项损失性质来看，它们属于 GA 还是 PA？

2. 我某外贸公司按 CIF 条件进口一批货物，卖方向我国保险公司按 CIC 条款办理了货运保险。载货船舶经苏伊士运河曾一度搁浅，后经拖轮施救起浮继续航行，至马六甲海峡又遇暴风巨浪，卖方交运的 2 000 箱货物中有 400 箱货物遭不同程度的海水浸湿。试问：（1）拖轮费用和 400 箱货损属于何种损失？（2）在投保何种险别时，保险公司才承担赔偿责任？为什么？（3）如果在苏伊士运河未发生搁浅，在投保何种险别时，保险公司才对马六甲海峡发生的损失负责赔偿？为什么？（指 CIC 的最小险别）

3. 我国 G 公司以 CIF 价格条件引进一套英国产检测仪器，因合同金额不大，合同采用简式标准格式，保险条款一项只简单规定“保险由卖方负责”。一起到货后，G 公司发现其中一个部件变形影响其正常使用。G 公司向外商反映要求索赔，外商答复仪器出厂经严格检验，有质量合格证书，非他们责任。后经商检局检验认为是运输途中部件受到振动、挤压造成的。G 公司于是向保险代理索赔，保险公司认为此情况属“碰损、破碎险”承保范围，但 G 公司提供的保单上只保了“协会货物条款”（C），没保“碰损、破碎险”，所以无法赔付。G 公司无奈只好重新购买此部件。既浪费了金钱，又耽误了时间。试分析造成 G 公司损失的原因是什么，订立保险条款时应考虑哪些因素。

4. 中国 A 公司与美国 B 公司签订出口合同一份，贸易术语 CFR NEW YORK，A 公司按合同规定在 2016 年 5 月 20 日将货物运至码头装船，在运输过程中车辆遇险翻覆，货物受损，A 公司电告 B 公司事故，由于 CFR 是买方投保，A 提出按保险惯例，承包范围为仓至仓，所以要求 B 公司向保险公司索赔，保险公司是否应做出赔偿呢？

5. 某外贸公司按 CIF 术语出口一批货物，装运前已向保险公司按发票总值 110%投保平安险，6 月初顺利开航。载货船舶于 6 月 13 日在海上遇到暴风雨，致使一部分货物受到水渍，损失价值 2 100 美元。数日后，该轮又突然触礁，致使该批货物又遭到部分损失，价值为 8 000 美元。问：保险公司对该批货物的损失是否赔偿？为什么？

项目十一

办理进出口商品的报检与报关

一、单项选择题

1. 我国出入境检验检疫机构根据《中华人民共和国商检法》的规定，对非法定检验商品实施（　　）。

A. 强制检验　　B. 抽查检验　　C. 随机检验　　D. 定期检验

2. 在出口国检验、进口国复检这种检验条款（　　）。

A. 对卖方有利　　B. 对买方有利

C. 比较公平合理能照顾双方利益　　D. 对保险公司有利

3. 在国际货物销售合同的商品检验条款中，关于检验时间与地点，目前使用最多的是（　　）。

A. 在出口国检验　　B. 在进口国检验

C. 在出口国检验，在进口国复验　　D. 在出口国检验重量，在进口国检验质量

4. 以下不是检验证书的作用的是（　　）。

A. 作为证明卖方所交货物的品质、数量、包装等内容是否符合合同规定的依据

B. 确定检验标准和检验方法的依据

C. 作为出口商议付的有效单据之一

D. 作为海关放行的凭证

5. 美国担保人实验室（UL）是属于（　　）的检验机构。

A. 官方　　B. 半官方　　C. 民间　　D. 私人

6. 进口货物应自装载货物的运输工具申报进境之日起（　　）日内申报。

A. 15　　B. 14　　C. 12　　D. 7

7. 报关地点，进口货物为货物的进境地，一般为（　　）。

A. 进入关境的第一口岸　　B. 最终目的港

C. 货主所在地　　D. 最终仓库

8. 关于一般进出口货物的海关申报，下列表述不正确的是（　　）。

A. 进出口货物必须在进出境办结海关申报手续

B. 如需转关，出口货物的发货人或其代理人可以在设有海关的货物启运地申报

C. 如需转关，进口货物的收货人或其代理人可以在设有海关的货物指运地申报

D. 进口货物应自装货物的运输工具申报进境之日起 14 日申报

9. 出口货物的报关期限为货物运抵海关监管区后、装船前（　　），如果没有在这一规定的期限之前向海关申报，海关可以拒绝接受通关申报。

A. 2 天　　B. 3 天　　C. 12 小时　　D. 24 小时

10. （　　）是指在进出口环节缴纳了应征的进出口税费并完成所有必要报关手续，海关放行后不再进行监管，可以直接进入生产和消费领域流通的进出口货物。

A. 保税商品　　B. 特定减免商品

C. 暂准进口商品　　D. 一般进出口货物

11. 在国际货物买卖合同中，即使是同一种商品，由于（　　），检验结果往往也不大一样。

A. 实施检验依据的标准和方法不同

B. 实施检验的地点和人员不同

C. 实施检验的取样相同

D. 实施检验的人员和方法不同

二、多项选择题

1. 关于收发货人或其代理人配合海关查验的主要工作正确的表述是（　　）。

A. 搬移货物，开拆和重封货物的包装

B. 回答查验关员的询问

C. 协助海关提取需要进一步检验、化验或鉴定的货样

D. 填写查验记录单

2. （　　）由卖方负责出口报关，买方负责进口报关。

A. CIF　　B. FOB　　C. EXW　　D. FCA

3. 在出口国检验包括以下哪种检验方法？（　　）

A. 工厂检验　　B. 装船前检验

C. 最终用户地检验　　D. 目的港检验

4. 针对法定检验以外的商品，国家质检总局以及其分支机构需要进行抽检来保证产品质量，抽检的范围包括（　　）。

A. 可能危及人体健康、财产安全以及环境保护的商品

B. 出口数量大、质量不稳定或发生过较大质量事故的商品

C. 国内外消费者投诉较多，有较多贸易纠纷的商品

D. 国内外有特殊技术要求的商品

5. 报关按涉及的对象分，（　　）是属于报关内容。

A. 进出境的运输工具　　B. 货物

C. 物品　　C. 保税品

6. 属于报关申报单据的基本单据的有（　　）。

A. 进出口许可证　　B. 商业发票

C. 出口收汇核销单　　D. 装箱单

7. 一般进出口货物的报关程序包括（　　）。

A. 进出口申报　　B. 配合查验

C. 缴纳进出口税费　　D. 提取或装运货物

8. 海关查验方法有（　　）。

A. 彻底查验　　B. 抽查　　C. 外形查验　　D. 免查

9. 我国对外贸易商品检验主要是对商品的（　　）等进行的。

A. 价格　　B. 品质　　C. 规格　　D. 数量

10. 各种商品检验证书主要用来（　　）。

A. 作为证明卖方所交货物与合同规定相符的公证证明作用

B. 作为双方交接货物、结算货款的依据

C. 作为买方理赔和索赔的依据

D. 作为进出口国通关验收的有效证件

三、判断题

1. 为了确保我国进出口商品质量符合要求，对所有进出口商品都应一律实行法定检验。（　　）

2. 凡属法定检验范围的商品，在办理进出口清关手续时，必须向海关提供商检机构签发的检验证书，否则，海关不予放行。（　　）

3. 若买方没有利用合理机会检验货物，即放弃了检查权，从而丧失了拒收货物的权利。（　　）

4. 商品检验证书是商检机构对进出口商品检验、鉴定后，根据不同的检验结果或鉴定项目签发的各种检验证书、鉴定证书和其他证明书的统称。（　　）

5. 报验需要在货物发运前 24 小时前发出。（　　）

6. 任何企业可以自行报关。（　　）

7. 在查验过程中，货物的收、发货人或其代理人必须到场，并按海关要求负责办理货物的搬移、拆装箱和重封货物的包装等工作。（　　）

8. 货物和物品应由其收发货人或其代理人，按照货物的贸易性质或物品的类别，填写报关单，并随附指定单据报关。（　　）

9. 出口货物应自装载货物的运输工具申报进境之日起 14 日内申报。（　　）

10. 海关对进出口货物有违法嫌疑的或经海关通知查验，进出口货物收发货人或其代理人届时未到场的海关可以“自行开验”。（　　）

四、案例分析题

1. 买卖双方以 FOB 达成一笔交易，结算方法为信用证。商品检验条款规定：“以出口国商检局出具的检验证书为卖方议付的依据，货到目的港，买方有权对商品进行复验，复验结果作为买方索赔的依据。”卖方在办理装运，制作整套结汇单据，并办理完结汇手续之后，收到买方因货物质量与合同规定不符而向卖方提出索赔的电传通知及目的港检验机构出具的检验证明，但卖方认为，交易已经结束，责任应由买方自负。卖方的观点正确吗？为什么？

2. 我国某企业向美国出口货物一批，CIF 纽约。货到后，该美国企业将该产品转售给加拿大商人。货到美国后，美国企业发现商品存在瑕疵，但是为了按时完成合同，仍将货物运往加拿大。加拿大商人收到货后，向美国企业提出索赔。请问：美国企业是否可以凭加拿大开出的质检证书向我方索赔？

项目十二

制单结汇

一、单项选择题

1. 在信用证结算方式中，各方处理的是（　　）。

A. 货物　　B. 服务　　C. 单据　　D. 履约行为

2. 以下哪种结汇方式最有利于出口方尽快回笼资金？（　　）

A. 收妥结汇　　B. 押汇　　C. 定期结汇　　D. 托收

3. 如果信用证规定汇票的期限为 30 DAYS FROM DATE OF BILL OF LADING，提单日期为 MARCH 1ST，2016，则汇票的到期日应为（　　）。

A. 2016 年 3 月 30 日　　B. 2016 年 3 月 31 日

C. 2016 年 3 月 20 日　　D. 2016 年 4 月 19 日

4. 根据制单的“完整”原则，下列表述不正确的是（　　）。

A. 单据种类的完整　　B. 单据所填内容的完整

C. 每种单据份数的完整　　D. 所有单证都必须签署

5. 在商业单据中处于中心单据地位的是（　　）。

A. 商业发票　　B. 海关发票　　C. 海运提单　　D. 保险单

6.《UCP600》规定，商业发票必须由信用证受益人开具，必须以（　　）为抬头。

A. 开证行　　B. 开证申请人　　C. 指定付款行　　D. 议付行

7. 提单日期为 7 月 15 日，信用证的有效期为 8 月 15 日，按《UCP600》规定，受益人向银行交单的最迟日期为（　　）。

A. 7 月 15 日　　B. 8 月 5 日　　C. 8 月 15 日　　D. 7 月 31 日

8. 提单的抬头是指提单的（　　）。

A. Shipper　　B. Consignee　　C. Notify Party　　D. Voyage No

9. GSP Form A 是一种（　　）。

A. 品质证明书　　B. 普惠制产地证明书

C. 重量证明书　　D. 动植物检疫证明书

10. 信用证和托收项下的汇票抬头一般做成（　　）。

A. To Bearer　　B. Pay to ××× Only
C. Pay to the Order of ×××　　D. Open

11. 海运提单中的“Notify Party”一栏通常应填写（　　）。
A. 出口商　　B. 承运人　　C. 进口商　　D. 开证行

12. 如计算出的保险金额为“USD1 110.04”，则保单中小写金额一栏应该填写为（　　）。
A. USD1 110.04　　B. USD1 110.10　　C. USD1 110.00　　D. USD1 111.00

13. 以 CIF 出口时，如合同和信用证无特别规定，保险单中“INSURED”一栏应填（　　）。
A. 进口商名称　　B. 开证申请人名称　　C. 出口商名称　　D. 开证行名称

14. 我国的一般原产地证书主要由检验检疫局和（　　）出具。
A. 贸促会　　B. 中间商　　C. 出口商　　D. 商务部

15. 根据《UCP600》，信用证规定装运期为“ON OR ABOUT JULY 15TH 2016”时，实际装运期应当理解为 2016 年（　　）至（　　）。
A. 7 月 9 日；7 月 19 日　　B. 7 月 10 日；7 月 19 日
C. 7 月 10 日；7 月 20 日　　D. 7 月 9 日；7 月 20 日

二、多项选择题

1. 外贸制单的基本要求是（　　）。
A. 正确　　B. 完整　　C. 及时　　D. 简明及整洁

2. 信用证方式下，开证银行履约的前提条件是（　　）。
A. 单证相符　　B. 单同相符　　C. 单单相符　　D. 单货相符

3. 我国出口结汇方式可以分为（　　）。
A. 收妥结汇　　B. 押汇　　C. 定期结汇　　D. 预收结汇

4. 关于商业发票说法正确的有（　　）。
A. 是买卖双方记账的依据　　B. 是对装运货物的总说明
C. 是重要的结汇单据　D. 是缮制其他单据的依据

5. 提单抬头可以写成（　　）。
A. 空白抬头　　B. 指示性抬头
C. 记名收货人抬头　　D. 信用证受益人

6. 常见的包装单据有（　　）。
A. 装箱单　　B. 重量单　　C. 尺码单　　D. 货物明细单

7. 普惠制基本原则包括（　　）。
A. 普遍的　　B. 非歧视的　　C. 非互惠的　　D. 双向的

三、判断题

1. 如果合同与信用证有不符之处，应根据合同中的规定制单。（　　）
2. 商业发票的日期应在运输单据日期之前。（　　）
3. 商业发票上必须有出口商签盖。（　　）
4. 汇票是一个人向另一个人签发的，要求其见票时或在将来某一固定的时间或将来可以确定的时间，向某人或其指定人或持票人支付一定金额的无条件的书面支付承诺。（　　）
5. 指示性抬头汇票不能背书转让。（　　）
6. 保险凭证因其背面没有载明保险条款，因为不具备法律效力。（　　）
7. 保单签发日期不应早于货物离开仓库的日期和不晚于提单日期。（　　）

8. 原产地证书应由检验检疫局、贸促会或商务部出具，不能由出口商或生产厂家出具。（　　）

9. FORM A 是指一般原产地证书。（　　）

10. 信用证关于货物的描述为“blue cotton wears”，商业发票上显示为“colored cotton wears”是可以的。（　　）

四、操作题

认真阅读下列信用证和有关资料并根据其要求缮制全套单据。

ISSUE OF A DOCUMENTARY LETTER OF CREDIT

ISSUING BANK　51D: ASAHI BANK LTD.TOKYO

SEQUENCE OF TOTAL　*27: 1/1

FORM OF DOC. CREDIT　*40A: IRREVOCABLE

DOC. CREDIT NUMBER　*20: ABL–AN107

DATE OF ISSUE　31C: 160405

EXPIRY　*31D: DATE 160615 PLACE CHINA

APPLICANT　*50: ABC CORPORATION, 123 RED FLOWER STREET OSAKA, JAPAN

BENEFICIARY　*59: SHANGHAI XINHUA TEXTILES IMPORT AND EXPORT CO.LTD.
1036 SOUTH SUZHOU ROAD, SHANGHAI, CHINA

AMOUNT　*32B: CURRENCY USD　AMOUNT 30300.00

AVAILABLE WITH/BY　*41A: ANY BANK BY NEGOTIATION

DRAFT　42P: AT SIGHT

PARTIAL SHIPMENTS　43P: ALLOWED

TRANSHIPMENT　43T: ALLOWED

LOADING IN CHARGE　44A: SHANGHAI

FOR TRANSPORTATION TO...　44B: OSAKA, JAPAN

LATEST DATE OF SHIP.　44C: 160530

DESCRIPT. OF GOODS　45A:

LADIES GARMENT AS PER S/C NO. SH107

PACKING:10PCS/CTN

ART NO.	QUANTITY	UNIT PRICE
STYLE NO. AH–04B	1 000PCS	USD5.50
STYLE NO. ROCOCO	1 000PCS	USD5.10
STYLE NO. BORODAO	1 000 PCS	USD4.50
STYLE NO. FLORES	1 500 PCS	USD4.80
STYLE NO. PILAR	1 000 PCS	USD4.00
STYLE NO. ROMANTICO	500 PCS	USD8.00

DELIVERY TERMS: CIF OSAKA (INCOTERMS 2000)

DOCUMENTS REQUIRED　46A:

1. COMMERCIAL INVOICE SIGNED IN 5 ORIGINALS.

2. FULL SET (3/3) OF ORIGINAL CLEAN ON BOARD BILL OF LADING MADE OUT TO ORDER OF SHIPPER AND BLANK ENDORSED NOTIFY THE APPLICANT, MARKED FREIGHT PREPAID.

3. INSURANCE POLICY IN 2 FOLD IN THE CURRENCY OF THE CREDIT ENDORSED IN BLANK FOR CIF VALUE PLUS 10 PCT MARGIN COVERING THE INSTITUTE CARGO CLAUSES(A), THE INSTITUTE WAR CLAUSES, INDICATING CLAIMS PAYABLE IN JAPAN.

4. CERTIFICATE OF ORIGIN IN 1 ORIGINAL PLUS 1 COPY.

5. PACKING LIST IN 3 FOLD.

ADDITIONAL COND.　47A:

+ T.T REIMBURESEMENT IS PROHIBITED.

+ THE GOODS TO BE PACKED IN EXPORT STRONG COLORED CARTONS.
+ SHIPPING MARKS: ITOCHU
OSAKA
NO.1～600

DETAILS OF CHARGES 71B:

ALL BANKING CHARGES OUTSIDE JAPAN INCLUDING REIMBURSEMENT COMMSSION, ARE ON BENEFICIARY'S ACCOUNT.

PRESENTATION PERIOD 48:

DOCUMENTS TO BE PRESENTED WITHIN 10 DAYS AFTER B/L DATE, BUT WITHIN L/C VALIDITY.

CONFIRMATION *49: WITHOUT

INSTRUCTIONS 78: WE SHALL REIMBURSE AS PER YOUR INSTRUCTIONS

SEND TO REC.INFO. 72: CREDIT SUBJECT TO ICC PUBL. 600/2007 REV

相关资料：

发票号码	SH–25757	发票日期	2016–04–20	号码	GZ8/27685/1007
单位毛重	15.40 KGS/CTN	单位净重	13.00 KGS/CTN	单位尺码	（60×40×50）cm³/CTN
船名	DIEK335 V.007	商品原材料情况	完全自产	集装箱号码	SOCU1285745/20` MAKU5879524/20`
提单号码	KFT2582588	提单日期	2016–05–15	保险单号码	PIC201678141

1. 缮制汇票

凭
Drawn under ……………………………………………………………
信用证 第 号
L/C No……………………………………
日期
Dated ………………………………
按 息 付款
Payable with interest @………………% per annum
号码 汇票金额 中国，广州 年 月 日
No: ……………Exchange for Guangzhou， China………………
见票 日后（本汇票之副本未付）
At………………Sight of this FIRST of Exchange (Second of exchange being unpaid)
pay to the order of ……………………………………………………………………
或其指定人
付金额
The sum of

To ………………………

汇票

………………………………

2. 缮制商业发票

<table>
<tr><td colspan="6" align="center">上海新华纺织品进出口有限公司
SHANGHAI XINHUA TEXTILES I/E CO., LTD.
1036 Waima Road . Shanghai, China
商业发票
COMMERCIAL INVOICE</td></tr>
<tr><td colspan="3">Messrs:</td><td colspan="3">Invoice No.:
Invoice date:
S/C No.:
S/C date:</td></tr>
<tr><td colspan="3">Transport details:</td><td colspan="3">Terms of Payment:</td></tr>
<tr><td>Marks & Nos.</td><td colspan="2">Description of goods</td><td>Quantity</td><td>Unit Price</td><td>Amount</td></tr>
<tr><td></td><td></td><td>TOTAL:</td><td></td><td></td><td></td></tr>
<tr><td colspan="6"></td></tr>
<tr><td colspan="6">GROSS WEIGHT:</td></tr>
<tr><td colspan="6"></td></tr>
</table>

3. 缮制装箱单

上海新华纺织品进出口有限公司

SHANGHAI XINHUA TEXTILES I/E CO., LTD.

1036 Waima Road . Shanghai, China

装箱单

PACKING LIST

Messrs:	No.:
	Date:

Transport details:

Marks & Nos.	No & kind of pkgs	Description of goods	G. Weight (kgs)	N. Weight (kgs)	Measurement
TOTAL:					

4. 缮制海运提单

<table>
<tr><td colspan="2">Shipper</td><td rowspan="6">B/L No.

CARRIER

中远集装箱运输有限公司

COSCO CONTAINER LINES

Port-to-Port or Combined Transport

BILL OF LADING

ORIGINAL

RECEIVED in external apparent good order and condition except as otherwise noted.The total number of packages or units stuffed in the container. The weight, measure, marks, numbers, quality, contents and value mentioned in this Bill of Lading are to be considered unknown unless the contrary has expressly acknowledged and agreed to. The signing of this Bill of Loading is not to be considered as such an agreement. On presentation of this Bill of Lading duly endorsed to the Carrier by or on behalf of the Holder of Bill of Lading, the rights (Terms of Bill of Lading continued on the back hereof)</td></tr>
<tr><td colspan="2">Consignee</td></tr>
<tr><td colspan="2">Notify party</td></tr>
<tr><td>Pre-carriage by</td><td>Place of Receipt</td></tr>
<tr><td>Ocean Vessel Voy. No.</td><td>Port of loading</td></tr>
<tr><td>Port of Discharge</td><td>Place of delivery</td></tr>
</table>

<table>
<tr><td>Marks & Nos.
Container No.</td><td>No. & kind
of pkgs</td><td>Description of goods</td><td>Gross weight</td><td>Measurement</td></tr>
<tr><td></td><td></td><td></td><td></td><td></td></tr>
</table>

<table>
<tr><td colspan="3">Total No. of container or other pkgs or units (in words)</td><td colspan="5"></td></tr>
<tr><td colspan="3">Freight & charges</td><td colspan="2">Revenue Tons</td><td>Rate</td><td>Per</td><td>Prepaid</td><td>Collect</td></tr>
<tr><td rowspan="2">Ex rate</td><td>Prepaid at</td><td>Payable at</td><td colspan="6">Place and date of issue:</td></tr>
<tr><td>Total prepaid</td><td>No. of B(s)/L</td><td colspan="6" rowspan="2">Signed by

As agent for the carrier named above</td></tr>
<tr><td colspan="3">Laden on board the Vessel:
Date:

By:</td></tr>
</table>

5. 缮制保险单

中国人民财产保险股份有限公司

PICC Property and Casualty Company Limited

总公司设于北京　　一九四九年创立

Head Office Beijing　　Established in 1949

货　物　运　输　保　险　单

CARGO TRANSPORTATION INSURANCE POLICY

发票号码 Invoice No.			
合同号码 Contract No.		保单号次 Policy No.	
信用证号 Credit No.			

被保险人 Insured:	

中保财产保险有限公司（以下简称本公司）根据被保险人的要求，及其所缴付约定的保险费，按照本保险单承担险别和背面所载条款与下列特别条款承保下列货物运输保险，特签发本保险单。

This policy of Insurance witnesses that The People Insurance (Property) Company of China, Ltd. (hereinafter called the Company) at the request of the Insured and in consideration of the agreed premium paid by the Insured, undertakes to insure the under mentioned goods in transportation subject to the conditions of this Policy as per the Clauses printed overleaf and other special clauses attached hereon.

标记 Marks & No.	包装及数量 Quantity	保险货物项目 Description of goods	保险金额 Amount Insured

总保险金额

Total Amount Insured:

保险费 Premium	启运日期 Date of commencement	装载运输工具 Per conveyance

自 From	经 Via	至 To

承保险别 Conditions:

所保货物，如发生本保险单项下可能引起索赔的损失或损坏，应立即通知本公司下述代理人查勘。如有索赔，应向本公司提交保险单正本（本保险单共有2份正本）及有关文件。如一份正本已用于索赔，其余正本则自动失效。

In the event of damage which may result in a claim under this Policy, immediate notice be given to the Company Agent as mentioned hereunder. Claims, if any, one of the Original Policy which has been issued in **TWO** Original (s) together with the relevant documents shall be surrendered to be Comp any, if one of the Original Policy has been accomplished, the others to be void.

赔款偿付地点

Claim payable at

中国人民财产保险股份有限公司上海分公司

出单日期

PICC Property and Casualty Company Limited, Shanghai, Branch

Issuing date

6. 缮制原产地证书

<table>
<tr><td colspan="6">ORIGINAL</td></tr>
<tr><td colspan="3">1. Goods consigned from (Exporter's business name, address, country)</td><td colspan="3" rowspan="2">Reference No.:
GENERALIZED SYSTEM OF PREFERENCES
CERTIFICATE OF ORIGIN
(Combined declaration and certificate)
FORM A
Issued in THE PEOPLE'S REPUBLIC OF CHINA
(country)
See Notes overleaf</td></tr>
<tr><td colspan="3">2. Goods consigned to (Consignee's name, address, country)</td></tr>
<tr><td colspan="3">3. Means of transport and route (as far as known)</td><td colspan="3">4. For official use</td></tr>
<tr><td>5. Item number</td><td>6. Marks and numbers of packages</td><td>7. Number and kind of packages; description of goods</td><td>8. Origin criterion (see Notes overleaf)</td><td>9. Gross weight or other quantity</td><td>10. Number and date of invoices</td></tr>
<tr><td></td><td></td><td></td><td></td><td></td><td></td></tr>
<tr><td colspan="3">11. Certification
It is hereby certified, on the basis of control carried out, that the declaration by the exporter is correct.

Place and date, signature and stamp of certifying authority</td><td colspan="3">12. Declaration by the exporter
The undersigned hereby declares that the above details and statements are correct, that all the goods were
produced in --
(country)
and that they comply with the origin requirements specified for those goods in the Generalized System of Preferences for goods exported to
----
(importing country)

Place and date, signature and stamp of authorized signatory</td></tr>
</table>

项目十三

进出口贸易的后续工作

一、单项选择题

1. 出口退税申报时间是报关单上注明的出口日期起（　　）天内。

A. 60　　B. 90　　C. 120　　D. 180

2. 出口收汇时间，即期信用证下的货款，必须从寄单之日起算，港澳地区30天内，远洋地区（　　）天内结汇或收账。

A. 30　　B. 40　　C. 50　　D. 60

3. 采用仲裁方式解决的争议具有（　　）的特点。

A. 可以上诉

B. 属友好协商解决争议，其结果不具有法律的强制性

C. 可以多次交由不同的仲裁机构执行仲裁，直至达成双方满意的结果为止

D. 程序简便，费用低廉，办案迅速

4. 在我国出具不可抗拒事件证明文件的机关是（　　）。

A. 商务部　　B. 出入境检验检疫局

C. 海关　　D. 贸易促进委员会

5. 企业在取得有关部门批准其经营出口产品业务的文件和工商行政管理部门核发的工商登记证明后，应于（　　）日内办理出口企业退税登记。

A. 30　　B. 40　　C. 50　　D. 60

6.（　　）的情况下是构成不可抗力的必备条件之一。

A. 意外事故发生在合同签订之前

B. 事故由买方的过失造成的

C. 事故由卖方的过失造成的

D. 意外事故是由当时双方都无法控制和无能为力

7.（　　）是仲裁协议的核心内容。

A. 双方当事人只能以仲裁方式解决争议　　B. 排除法院对有关案件的管辖权

C. 使仲裁机构获得对有关案件的管辖权　　D. A、B、C 三个选项都不对

8. 我国进出口贸易中的仲裁条款里仲裁地点的规定一般采取（ ）的方法。

A. 规定在被告国仲裁 B. 规定在原告国仲裁

C. 规定在双方同意的第三国仲裁 D. 力争在我国仲裁

9. 多数国家都认定仲裁裁决是（ ）。

A. 终局性的 B. 可更改的 C. 无约束力 D. 不确定的

10. 某公司对外订立出口合同后，发生火灾，全部供出口的商品被毁。如果该合同中订有不可抗力条款，该公司可援引该条款（ ）。

A. 要求进口方按期付款 B. 要求免除对买方的赔偿责任

C. 要求撤销合同 D. 要求延期履行合同

11. 在国际贸易中一方违约使另一方遭受经济损失，受损方依法解除合同后（ ）。

A. 无权再提出损害赔偿要求

B. 有权再提出损害赔偿要求

C. 是否有权再提出损害赔偿要求，要视损失金额大小而定

D. 如果剔除解除合同，就不可以提出索赔

12. 我某粮油食品进出口公司与美国田纳西州某公司签订进口美国小麦合同，数量是 100 公吨，麦收前田纳西州暴雨成灾，到 10 月份卖方应交货时，小麦价格上涨，美方未交货，合同订有不可抗力条款，天灾属于该条款的范围，美方据此要求免责。此时，我方应（ ）。

A. 视构成不可抗力，予以免责，并解除合同

B. 视为构成不可抗力坚持美方应按合同规定交货

C. 视构成不可抗力但不要求损害赔偿，也不解除合同，而要求推迟交货时间

D. 不视为不可抗力，但是对方可以免责

13. 关于仲裁协议达成时间正确的是（ ）。

A. 仲裁协议必须在争议发生之前达成

B. 仲裁协议只能争议在发生之后达成

C. 仲裁协议可以在争议发生之前达成，也可以在争议发生之后达成

D. 仲裁协议可以在仲裁时候补交

14. 在同外商商订买卖合同中的仲裁条款时，关于仲裁地点有下列各种不同的规定，在其他各种交易条件不便的情况下，其中对我最有利的一种是（ ）。

A. 在双方同意的第三国仲裁 B. 在被告国仲裁

C. 在我国仲裁 D. 在对方国家仲裁

二、多项选择题

1. 仲裁与诉讼的方式相比具有（ ）的特点。

A. 受理仲裁的机构属于民间机构

B. 当事双方如通过仲裁解决争议必须先有仲裁协议

C. 仲裁采用一审终局制度，程序较诉讼简单

D. 仲裁裁决的结果没有法律约束力

2. 在我国，当事人采用仲裁方式解决国际经济贸易争议，（ ）。

A. 仲裁机构不得受理没有仲裁协议的争议案件

B. 仲裁协议可以在争议发生之前订立，也可以在争议发生之后订立

C. 法院不受理争议双方订有仲裁协议的争议案件

D. 当事人如对仲裁裁决不服，可向法院起诉或向其他机构申请变更仲裁裁决

3. 在进口业务中，向卖方索赔时应注意的问题是（　）。

A. 索赔依据充分

B. 在规定的索赔期限内提出索赔

C. 可根据卖方违约行为不同，采取不同的补救措施

D. 索赔金额应与因违约而遭受的包括利润在内的损失额相等

4. 仲裁的形式有（　）。

A. 临时仲裁　　B. 机构仲裁　　C. 法院仲裁　　D. 公证行仲裁

E.协会仲裁

5. 现行出口退税的方式主要有（　　）。

A. 先征后退方式　　B. "免、抵、退"税方式

C. 退税法　　D. 免抵法

6. 我国企业出口退税必须同时具备以下几个条件？（　）

A. 必须是增值税、消费税征收范围内的货物

B. 必须是报关离境出口的货物

C. 必须是出口销售的货物

D. 必须是已收汇并经核销的货物

7. 解决国际贸易争议的方式可归纳为（　）。

A. 友好协商　　B. 调解　　C. 仲裁　　D. 诉讼

8. 进口索赔的对象包括（　　）。

A. 进口方　　B. 承运人　　C. 保险公司　　D. 出口方

9. 《公约》认为违约的形式可分为（　　）。

A. 非根本性违约　　B. 违反要件　　C. 根本性违约　　D. 违反担保

10. 常见的索赔期限起算的规定方法有以下哪几种？（　）

A. 货物到达目的地后××天起算

B. 货物到达目的港卸离海轮后××天起算

C. 货物到达买方营业处所或用户所在地××天起算

D. 货物经检验后××天起算

11. 索赔时，买方向卖方提出的索赔事实依据包括（　　）。

A. 货物的品质、规格不符合合同规定　　B. 交货数量不足、重量短少

C. 掺杂掺假、以次充好、以旧换新　　D. 包装不良

12. 不可抗力事故的构成条件是（　　）。

A. 事故发生在订立合同以后

B. 发生了合同当事人无法预见、无法预防、无法避免和无法控制的客观情况

C. 事件的发生使合同不能履行或不能如期履行

D. 把遭遇意外事故的一方负全责

13. 下列属于不可抗力事件范围的有（　　）。

A. 战争　　B. 火灾

C. 政府禁令　　D. 能源危机引起的价格暴涨

14. 进出口合同中的不可抗力条款有以下（　　）规定方法。

A. 概括式　　B. 叙述式　　C. 列举式　　D. 综合式

15. 仲裁协议的作用，主要表现在（　　）。

A. 约束双方当事人只能以仲裁方式解决其争议，且不得向法院起诉

B. 排除法院对有关案件的管辖权

C. 使仲裁机构取得对争议的管辖权

D. 仲裁解决不了问题，还可提请上诉

16. 仲裁与诉讼的区别有（　　）。

A. 仲裁以争议双方当事人自愿为基础，而诉讼具有强制性

B. 仲裁的手续较为简单，而诉讼的手续较为复杂

C. 仲裁对双方的关系影响较小，而诉讼较伤和气

D. 仲裁的费用较低，而诉讼的费用较高

三、判断题

1. 违约方对受损方所提出的赔偿要求予以受理并进行处理，称为索赔。（　　）

2. 在进出口业务中，进口人收货后发现货物与合同规定不符合，在任何时候都可向出口人提出索赔。（　　）

3.《联合国国际货物销售合同公约》规定，如果一方当事人违反合同，另一方当事人可以宣告合同无效，并要求损害赔偿。（　　）

4. 罚金条款一般适用于卖方延期交货，或者买方延迟开立信用证和延期接运货物等情况。（　　）

5. 遇到不可抗力事故，遭受事故的一方即可以提出撤销合同。（　　）

6. 供货方如果生产机器设备发生故障，可援引不可抗力条款要求延期交货。（　　）

7. 仲裁协议必须在争议发生之前订立，否则，仲裁机构将不予置理。（　　）

8. 我出口合同中规定的买方复验商品品质/数量的期限，一般就是买方可向我提出有关的索赔要求的期限，超过约定索赔期限的索赔，在法律上无效。（　　）

9. 根据我国仲裁法规定，仲裁协议独立存在，合同的变更、解除、终止或者无效，不影响仲裁协议的效力。（　　）

10. 仲裁裁决对双方当事人都具有法律上的约束，当事人必须执行。（　　）

四、案例分析题

1. 我某公司向新加坡某公司出口牛皮一批，在合同的索赔期内，我方收到新加坡公司来函并邮寄来皮鞋一双。来函称该皮鞋是我方所交牛皮经转售给新加坡皮鞋厂做成的样品，两只皮鞋有严重色差，证明我方货物存在严重质量问题。要求我方重新按照合同规定的品质和数量交货。请问：新加坡公司的要求是否合理？

2. 某年古巴某公司向英国某公司出口食糖一批，合同规定 11—12 月交货。还规定“如发生政府干预行为，合同应予延长，以致撤销”。签约后，该年 8 月份，古巴出现洪灾，导致甘蔗严重歉收，为优先满足国内市场需求，政府则颁布禁令，不准食糖出口。古巴出口公司因此无法履约，提出延期交货或解除合同。英国进口公司不同意，并提出索赔。请问：英国公司的索赔要求是否合理？

3. 甲方与乙方签订了出口某种货物的合同一份，合同中的仲裁条款规定：“凡因执行本合同所发生的一切争议，双方同意提交仲裁，仲裁在被起诉人所在国家进行。仲裁裁决是终局的，对双方具有约束力。”在履行合同的过程中，乙方提出甲方所交的货物品质与合同规定不符，于是，双方将争议提交甲国仲裁。经仲裁庭调查审理，认为乙方的举证不实，裁决乙方败诉。事后，甲方因乙方不执行裁决向本国法院提出申请，要求法院强制执行，乙方不服。问：乙方可否向本国法院提请上诉？为什么？

4. 某年，我国某粮油进出口公司（以下简称我方公司）向澳大利亚某公司（以下简称澳方公司）出口核桃泥 200 公吨，交货期为当年的 9—12 月。合同规定，双方发生争议时先协商解决，如协商不能解决，提交仲裁机构解决，仲裁地点为中国，仲裁机构为中国对外经济贸易仲裁委员会。合同签订后，我方公司开始组织货源，但供应核桃泥的加工厂加工能力有限，致使货源不足，我方公司在交货期内只交了 100 公吨，其余 100 公吨经双方协商同意延长至次年 6 月份前交货。次年初，我国主要的核桃产地发生自然灾害，导致我方无法组织足够货源。于是我公司以“不可抗力”为理由，要求免除交货责任。但澳方公司拒绝，并称该商品市场价格已上涨，由于我方公司未交货已使其损失 2 万美元，因而向我方提出索赔。在协商不成的情况下，澳方公司根据仲裁条款向中国仲裁机构提出仲裁。请问：仲裁机构应如何裁决？

5. 某年 9 月意商售给英商一批蚕豆，合同规定 10 月交货，不料意政府于该年 10 月 20 日宣布禁止蚕豆出口，自宣布日起 10 日生效执行，意商以不可抗力事故为由要求解约，问：此说法可否成立？

主要参考文献

［1］黎孝先. 国际贸易实务［M］. 北京：对外经济贸易大学出版社，2007.

［2］陈平. 进出口业务实训教程［M］. 武汉：华中科技大学出版社，2009.

［3］吕红军. 国际货物贸易实务［M］. 北京：中国商务出版社，2008.

［4］胡俊文. 国际贸易实务实训教程［M］. 北京：机械工业出版社，2007.

［5］徐伟. 报关实务［M］. 北京：中国商务出版社，2006.

［6］吴百福，徐小薇. 进出口贸易实务教程［M］. 上海：上海人民出版社，2007.

［7］刘文广，项义军，张晓明. 国际贸易实务［M］. 北京：高等教育出版社，2005.

［8］张亚芬. 国际贸易实务与案例［M］. 北京：高等教育出版社，2002.

［9］郭双焦. 进出口贸易实务精品教程［M］. 北京：北京大学出版社，2009.

［10］袁建新. 国际贸易实务［M］. 上海：复旦大学出版社，2008.

［11］朱春兰，俞涔. 外贸单证［M］. 杭州：浙江大学出版社，2008.

［12］徐薇. 国际贸易单证实务与操作［M］. 北京：人民邮电出版社，2011.

［13］王晓东. 国际运输与物流［M］. 北京：高等教育出版社，2006.

［14］叶梅，黄敬阳. 国际运输与保险［M］. 北京：中国人民大学出版社，2004.

［15］程德钧. 国际贸易争议与仲裁［M］. 北京：对外经济贸易大学出版社，2002.

［16］中国国际贸易学会岗位专业培训考试办公室. 外贸业务理论与实务［M］. 北京：中国商务出版社，2012.